Charakterkunde der 4 Temperamente

Randy Rolfe

Charakterkunde der 4 Temperamente

Aha-Erlebnisse mit der ältesten Psychologie der Welt

Aus dem Englischen von Jochen Eggert

Integral

Die Originalausgabe erschien 2002 unter dem Titel
»The Four Temperaments«
im Verlag Marlowe & Company, an Imprint of Avalon Publishing Group, Inc., New York, USA.

Integral Verlag
Integral ist ein Verlag des Verlagshauses
Ullstein Heyne List GmbH & Co. KG

ISBN 3-7787-9118-4

Einbandgestaltung: Hauptmann und Kampa Werbeagentur, München – Zürich unter Verwendung der Fotos von Zefa (Gerth/Photex/Krahmer/Rainman).
Abbildungen im Innenteil: © 2002 by Robert Rayewsky
Gesetzt aus der Stempel Garamond
bei Franzis print & media GmbH, München
Druck und Bindung: Bercker, Kevelaer

Dem Geist gewidmet, der uns alle verbindet

Inhalt

Liste der Abbildungen

Einleitung

Temperament hat jeder

Bei der Lektüre von Aristoteles' *Physica* rätselte [Thomas] Kuhn über den Umstand, dass sie so »falsch« war. Wie konnte jemand, der über so viele Themen so glänzend zu schreiben wusste, derart irren, wenn es um Physik ging?

Dieses Rätsel ging ihm im Kopf herum ... und dann war Aristoteles auf einmal doch »stimmig«. Ihm ging nämlich auf, dass Aristoteles gewissen Grundbegriffen andere Bedeutungen gab als die neuzeitliche Physik. Der Ausdruck »Bewegung« beispielsweise bezeichnet bei Aristoteles nicht nur Positionsänderungen, sondern Veränderung überhaupt: die Rötung der Sonne ebenso wie ihr Sinken in Richtung Horizont. Für sich genommen, war Aristoteles' Physik einfach anders als die Physik Newtons, aber nicht minderwertig.

Kuhn wechselte von der Physik zur Philosophie und schrieb *Die Struktur wissenschaftlicher Revolutionen.* Den Schlussstein seines Modells bildete der Begriff des Paradigmas ... In Kuhns Sprachgebrauch verweist dieser Begriff auf einen Verbund von Verfahrensweisen und Ideen, die dem Wissenschaftler implizit zu verstehen geben, was er zu glauben und wie er vorzugehen hat. ... »Wenn zwei Leute dieselben Daten unterschiedlich auslegen«, sagte er, »ist Metaphysik im Spiel.«

John Horgan, *The End of Science*, S. 42–44.

Hätten Sie gewusst, dass es einen beinahe zweieinhalb Jahrtausende alten und heute kaum noch bekannten Ansatz gibt, nach dem Sie sich und Ihre Beziehungen besser einschätzen können?

Ich jedenfalls wusste es nicht, als ich mit fünfzehn im Englischunterricht saß und mich fragte, was es mit diesem Leben wohl auf sich habe. Immerhin trug ich aber im Herzen den heimlichen Gedanken, dass es mir irgendwie möglich sein werde, anderen beispielhaft zu vergegenwärtigen, wie man ein glückliches Leben führen kann, ein Leben der Erkenntnis und Erfüllung. Ich war neugierig, ich wollte so gern wissen, wie andere lebten und das Leben verstanden. Reisen in über zwanzig Länder – ein Teil des Beitrags, den meine Eltern zu meiner Bildung leisteten – hatten mir bereits vor Augen geführt, dass es unter den Menschen in aller Welt viel mehr Gemeinsamkeiten als Unterschiede gab und gibt. Was vor Jahrhunderten geschrieben worden war, erschien mir manchmal so lebendig und gegenwärtig, wie nur irgendein Artikel in der Abendzeitung sein konnte.

Deshalb war ich gleich Feuer und Flamme, als unsere Englischlehrerin, Mrs Riely, uns die Aufgabe stellte, das mittelalterliche Wissenschaftsverständnis zu erforschen. Es ging um das vierzehnte Jahrhundert, die Zeit Geoffrey Chaucers. Das war eine Frage, die mich fesselte: Würde dieses so weit zurückliegende Weltverständnis sich tatsächlich als so wunderlich und überholt erweisen, wie man uns, die erste Generation des Technologiezeitalters, glauben machen wollte?

Als ich mich in die Lehre von den vier Temperamenten und ihren *humores* oder »Säften« vertiefte, diese für über zwei Jahrtausende und noch vor hundert Jahren gültige allumfassende Philosophie des Charakters und der Gesundheit, war ich fasziniert. Da hatten unsere Altvorderen wirklich etwas entdeckt, dachte ich. Wie seltsam, dass dieses wirklich ganzheitliche Verständnis von Geist und Körper des Menschen verloren gegangen war.

Auf den Stapel Karteikarten, den ich schließlich als meinen Beitrag zum Klassenprojekt einreichte, schrieb Mrs Riely: »Sehr gut. Die musst du aufbewahren, sie werden noch lange nützlich für dich bleiben. Ab und zu hast du zu viel auf einer Karte unterzubringen versucht.« Damals überlegte ich, was sie wohl meinen mochte. Ich hatte mich doch nur mit der Metaphysik längst vergangener Zeiten vergnügt. Welcher Nutzen sollte mir daraus erwachsen? Als ich über dreißig Jahre später Vorüberlegungen zu diesem Buch anzustellen begann und meine alten Karteikarten hervorzog, konnte ich nur über den Weitblick meiner Lehrerin staunen. Das Leben hat stets mehr in petto, als wir uns vorstellen können.

Seit damals habe ich etwa vier laufende Meter Bücher über die Temperamente- und Säftelehre und verwandte Gebiete zusammengetragen, dazu noch acht Ordner mit eigenen Notizen. Ich glaube, ich habe die Temperamente, mein ewiges Hobby, intensiver studiert als beinahe jeder andere lebende Mensch, vielleicht mit der Ausnahme einiger Experten für Paracelsus und Avicenna.

Nachdem Angehörige, Studenten und Klienten mich im Laufe der letzten zwanzig Jahre immer wieder gedrängt haben, für sie ein Buch über die Temperamente zu schreiben, und nachdem es mir auch vergönnt war, durch meine Studien und im Leben die notwendigen Erfahrungen zu sammeln, traue ich es mir jetzt zu, Ihnen einen Geschmack vom Reichtum dieser alten Charakter- und Gesundheitslehre zu vermitteln. Durch die Temperamente und Säfte und ihre vielfältigen Auswirkungen auf alle Bereiche des Lebens erschließen sich uns zahllose Möglichkeiten, unser Leben zu verbessern – Gesundheit, Charakter, Liebesleben, Beruf, Freundschaft, Kindererziehung, Spiritualität und so weiter. Heute sehe ich auch, dass mein sehr abwechslungsreicher Werdegang – ich bin Ernährungsberaterin, Anwältin, Familienberaterin und Theologin – gar nicht so seltsam ist, wie er vielleicht wirkt, sondern mich vielleicht mehr als andere in die Lage versetzt, die Weisheit der Temperamente und Säfte in ihrer ganzen Bandbreite zu erfassen. Außerdem sehe ich mich durch diesen Hintergrund in die von der Antike ausgehenden Tradition jener großen Denker gestellt, die von vielen Ansätzen aus zu einer solchen Tiefe des Verstehens vordrangen, dass sie anderen beispielhaft ein glückliches, geglücktes Leben vorleben konnten.

Damit komme ich auf meine eingangs gestellte Frage zurück: Hätten Sie gewusst, dass es einen beinahe zweieinhalb Jahrtausende alten und heute kaum noch bekannten Ansatz gibt, nach dem Sie sich und Ihre Beziehungen besser einschätzen können?

Und ist Ihnen bekannt, dass dieses System, auch wenn die meisten nie davon gehört haben, bis ins zwanzigste Jahrhundert hinein die Grundlage der abendländischen Medizin und Charakterkunde war?

Warum sind manche Menschen wasserscheu und andere regelrechte Wasserratten? Warum mögen manche den breitschultrigen, kräftigen Körperbau und andere die gertenschlanke Statur? Weshalb bekommt der eine einen Wutanfall in einer Situation, in der sich ein anderer gekränkt in sich zurückzieht? Warum gibt es typische Führernaturen und typische Gefolgsleute? Warum sind manche ständig erkältet und andere nie? Warum braucht dieser für alles eine Erklärung, während jener einfach seiner Augenblickseingebung folgt und keinerlei Fragen stellt?

Ist das Zufall, Vererbung, der Einfluss der Sterne und Planeten, Prägung durch die Eltern – oder könnte noch etwas anderes im Spiel sein?

Sie werden in diesem Buch vier Kräfte kennen lernen, die in ihrem Zusammenwirken bestimmen, wer Sie sind und wer Sie sein möchten. Sie werden weiterhin erfahren, wie Sie diese Kräfte einsetzen können und so zum Ausgleich bringen, dass Sie in Harmonie mit Ihrem wahren Ich, aber auch im Einklang mit den Menschen in Ihrer Umgebung fühlen, denken und handeln können. Wie bei diesen anderen ein ausgewogenes Verhältnis der vier Kräfte aussehen müsste, werden Sie ebenfalls wissen, wenn Sie sich die Inhalte dieses Buchs erarbeitet haben.

Diese vier Kräfte waren schon in der Zeit vor Hippokrates (ca. 460 bis ca. 370 v. Chr.), dem berühmtesten griechischen Arzt der Antike, bekannt. Sie werden traditionell Humores oder Säfte genannt. In ihren unterschiedlichen Mischungsverhältnissen schaffen sie vier menschliche Grundcharaktere oder Temperamente. Sie sind so etwas wie die Essenz, das Strömen, die Kraft des Universums. Sie werden auch als Äther, Dünste, Winde oder Lüfte bezeichnet. Vor dem Zeitalter der Chemie und des Mikroskops glaubte man, die Dünste wirkten sich in ähnlicher Weise auf den Körper aus wie die Energien wechselnder Umwelt- und Witterungseinflüsse. Hippokrates setzte sie in direkten Zusammenhang mit den vier wichtigsten Körperflüssigkeiten.

Auch unser Wort »Humor« ist natürlich vom Begriff der Humores abgeleitet. In der Frühzeit der Renaissance wurden in Europa die alten arabischen Schriften entdeckt, in denen auch große Teile des Gedankenguts der griechischen Antike niedergelegt waren, darunter die Schriften des Hippokrates, die möglicherweise aus älteren ägyptischen Quellen schöpften. Die Lehre von den Einflüssen der vier Humores wurde in der Folge so etwas wie eine Modeerscheinung. Kein Geringerer als William Shakespeare griff diese Ideen auf und gestaltete die Temperamente in teils parodistisch überzeichneten Figuren. Überhaupt entstanden im England der Renaissance zahlreiche Satiren, die ihre Komik aus der übertriebenen Darstellung der Grundtemperamente bezogen, und es kam ihn Mode, solche Stücke nicht mehr als »Farce« oder »Komödie« zu bezeichnen wie bisher, sondern als »Humor«-Stücke.

Der Ausdruck »Humor« ist uns erhalten geblieben, aber von seinem Ursprung, der so genannten Säftelehre oder Humoralpathologie, weiß heute kaum noch jemand etwas. Ich bezeichne die Wissenschaft von den Säften als »Humorologie«.

Hakim G.M. Chishti gibt in seinem Buch *The Traditional Healer's Handbook: A Classic Guide to the Medicine of Avicenna* folgende kurze Zusammenfassung: »Die Lehre von den Säften – gemeint sind feinstoffliche Substanzen, die die richtige Temperierung aller Organe aufrechterhalten – gehört zum Grundbestand des medizinischen Denkens bei Hippokrates, Galen und Avicenna, in der chinesischen und ayurvedischen Medizin und in praktisch allen anderen traditionellen Systemen. Aber was für mehr als zwei Jahrtausende Konsens unter den führenden Vertretern der Medizin war, wird heute einfach nicht mehr wahrgenommen.«

Schon dieser kurze historische Überblick macht Ihnen vielleicht deutlich, von welch großem Einfluss die Säftelehre durch die Jahrhunderte gewesen ist. Unsere heutige Persönlichkeitstypologie geht zum größten Teil auf die Arbeit Carl Gustav Jungs zurück; er gab der überlieferten Charakterlehre ein modernes wissenschaftliches Gewand. Ihn faszinierte zudem der Philosoph, Arzt und Alchemist Paracelsus (1493–1541), der ein Meister der Humorologie war.

Spielt das alles heute noch eine Rolle?

Zumindest unterliegen Sie und ich auch heute noch dem tief greifenden Einfluss der vier Säfte, ob wir davon wissen oder nicht. Zu dieser Überzeugung werden vielleicht auch Sie kommen, wenn Sie weiterlesen und dann sowohl Ihr eigenes Leben als auch das Leben anderer genau betrachten: Wie gestalten sich Beziehungen, welche Vorlieben und Abneigungen sind vorhanden, welche Berufe werden gewählt, wie steht es mit der Gesundheit?

Dieses Buch möchte Ihnen zunächst als Einführung in die Lehre von den Säften und Temperamenten dienen, aber dann sollen Sie die Prinzipien auch spielerisch auf sich selbst anwenden und nutzbringend umsetzen können. Mir ging es hier nicht um eine erschöpfende Behandlung des Themas; vielmehr möchte ich Ihnen den Mund wässrig machen, Ihnen Anstöße geben,

Ihre Aufmerksamkeit schärfen. Vielleicht bekommen Sie Lust, einmal über Ihr eigenes Temperament und die Temperamente der Menschen in Ihrer Umgebung nachzudenken. Ich wünsche mir, dass Sie dieses neue Bewusstsein gleich zu Ihrem Vorteil nutzen können, und dieses Buch wird Ihnen dazu Anleitung geben.

In den Seminaren, die ich im Laufe der letzten fünfundzwanzig Jahre über Humorologie gehalten habe, wurde immer wieder geäußert, dass man andere, aber auch sich selbst mit seinen Vorlieben und Beziehungen nie wieder so sieht wie früher, sobald man sich einmal in das System der Säfte und Temperamente hineingedacht hat. Bedenken Sie also, dass es sich bei dem System, das wir betrachten wollen, nicht einfach um das Zeugnis einer längst vergangenen Zeit handelt, das wir lediglich seiner Kuriosität wegen ausgraben. Wir selbst sind hier ganz unmittelbar angesprochen und betroffen. Auch die neuesten Forschungen über Charakterbildung, Drüsenfunktion, Stoffwechselprozesse oder Entwicklungs- und Familienstrukturen widersprechen in keiner Weise den Erkenntnissen, die im Laufe der Jahrhunderte von den großen Humorologen gewonnen wurden. Im Gegenteil. Wie wir noch im Einzelnen sehen werden, bestätigen viele moderne Forschungsergebnisse die Wirksamkeit dieser vier humoralen Kräfte, die einander im Gleichgewicht halten und durch ihr wechselndes Zusammenwirken unser Leben gestalten: Unruhe und Schmerz, wenn das Gleichgewicht gestört ist, Frieden und Wohlbefinden, wenn dynamische Harmonie herrscht.

Jetzt ein paar Fallgeschichten, mit denen ich Ihre Neugier wecken möchte.

In der Zeit, in der ich meine Beratertätigkeit immer mehr nach den Gesichtspunkten der Humorologie auszurichten begann, hatte ich einmal mit einem Paar zu tun, bei dem die Beratung so ungewöhnlich erfolgreich verlief, dass ich die Sicherheit bekam, auf dem richtigen Weg zu sein. Sharon und Gabriel waren, wie sich in der ersten Sitzung herausstellte, in mancher Hinsicht so unterschiedlich veranlagt, dass es immer wieder zu Reibungen kam. Das fing damit an, dass sie sich nicht über ihre Ernährungsweise einigen konnten. Sharon wollte sich gern gesund ernähren, Gabe hatte Vorlieben, auf denen er einfach bestand. Dann gab es in der Ehe auch immer wieder Stress, weil das sexuelle Verlangen ziemlich ungleich verteilt war. Er wollte mindestens einmal am Tag Sex, während sie ein paarmal pro Monat ausreichend fand. Mit einem Fragebogen wie dem im zweiten Kapitel vorgestellten ermittelte ich die humoralen Temperamente der beiden und konnte dann konkrete Vorschläge für Ernährung und Lebensweise machen. Die beiden hielten sich daran, und schon zwei Wochen später bekam ich einen Anruf. Gabriels sexuelles Verlangen – und er selbst – war milder geworden, während Sharon ein Aufflammen ihrer Libido erlebte. Auf diese überzeugenden Resultate hin waren sie sehr motiviert, ihren Ernährungsplan beizubehalten.

Patrick war einer der Teilnehmer an einem laufenden Kurs über Selbstvervollkommnung mit Hilfe des alten humorologischen Wissens. Sein Problem bestand darin, dass er seit über zwanzig Jahren mit allerlei Diäten gegen seine Gewichtsprobleme ankämpfte, jedoch ohne anhaltenden Erfolg. Wir ermittelten sein humorales Temperament, und er begann sein Leben danach auszurichten – Ernährung, Bewegung, Denken. Zwei Wochen später berichtete er, dass er zum ersten Mal in seinem Leben nicht mehr gegen den ständigen Appetit ankämpfen müsse. Er nahm mühelos und ohne besondere Maßnahmen ab; er fühlte sich besser und ausgeglichener als je zuvor.

Melissa, eine junge Frau, die Rat bei mir suchte, konnte nicht verstehen, weshalb sie immer wieder auf Typen hereinfiel, die sich dann als übellaunig und verschlossen erwiesen und mit denen einfach nicht auszukommen war. Es waren immer kreative Leute, die zunächst Romantik versprachen, so dass Melissa ihre Schwächen nicht bemerkte. Sobald sie sich in die humoralen Hintergründe eingearbeitet hatte, erkannte sie diesen Typ Mann augenblicklich und konnte solche Leute dann entweder meiden oder sich mit realistischen Erwartungen auf sie einlassen. Das hieß auch, dass sie selbst konkrete Schritte tat, um ihre

Ziele zu erreichen, anstatt sich unangenehmen Überraschungen und Enttäuschungen auszusetzen.

Michelle war mit ihrer Arbeit sehr unzufrieden und suchte meinen Rat. Als Computerspezialistin verdiente sie gut und bekam auch Anerkennung für ihre Arbeit, aber irgendetwas fehlte doch, und die Unzufriedenheit zeigte sich in der Art, wie Michelle mit ihrer Familie umging. Am Ende jedes Arbeitstages blieb ihr ein merkwürdig leeres Gefühl, und dann war sie muffig gegenüber ihren Kindern. Wir ermittelten ihr humorales Profil, und mit wenigen kleinen Änderungen (über die Sie später mehr erfahren werden) konnten wir innerhalb eines Monats erreichen, dass sie viel zufriedener wurde und mit ihren Kindern freundlicher umging – und das alles ohne berufliche Umstellung.

In meiner eigenen Familie gab es zeitweilig ein sehr weit verbreitetes Problem: Die Kinder wurden ausgerechnet in der Zeit, in der man das gemeinsame Abendessen vorbereitet, unleidlich. Das wiederholte sich Abend für Abend. Wenn die müden Eltern sich gern entspannen und die gemeinsame Familienzeit genießen wollten, fingen die Kinder an zu zanken. Es bedurfte nur weniger simpler Umstellungen auf der Grundlage der humoralen Temperamente, und schon wurde aus der ehemals gefürchteten Phase eine Zeit des liebevollen und vergnüglichen Miteinanders.

Ein Beispiel aus dem Wirtschaftsleben mag verdeutlichen, wie prompt die Dinge wirken können, die Sie in diesem Buch lernen werden. Sam und Mike waren Geschäftspartner. Bei einem Workshop gaben sie zu verstehen, dass sie einander einfach nie verstanden, weil sie bei jeder anstehenden Entscheidung völlig unterschiedlicher Ansicht über die Lage waren. Sobald sie ihre humoral bedingten Tendenzen bei Entscheidungsprozessen verstanden hatten, gestaltete sich die Zusammenarbeit wesentlich leichter und effektiver.

Kennen Sie jemanden, der viel mit Kunden zu tun hat und dabei manchmal in Schwierigkeiten gerät? Hier als Beispiel die Geschichte von Sarah. Sie hatte mit sehr unterschiedlichen Kunden Verkaufsgespräche zu führen und fand manchmal nicht den rechten Zugang zu ihnen. Es kam vor, dass ihr erst am Ende des Gesprächs, wenn der Kunde dankend ablehnte, einfiel, wie sie ihn gleich von Anfang an hätte nehmen müssen. Nachdem Sarah sich über die vier Temperamente informiert hatte, schlug ihr die Intuition in solchen Situationen gleich den richtigen Ansatz vor. Von da an machten die Verkaufsgespräche ihr viel mehr Spaß und erbrachten bessere Ergebnisse, was wiederum ihr Selbstbewusstsein entscheidend stärkte.

Diese Beispiele geben Ihnen vielleicht ein Gefühl, wie befriedigend sich das Wissen um die Temperamente auswirken kann. Es wird sich auch für Sie lohnen, Ihre Bedürfnisse und Wünsche besser zu kennen und zu lernen, wie man sie klarer vermittelt. Und es gibt kaum etwas Schöneres, als zu erleben, wie Ihre Freunde, Bekannten und Angehörigen sich freuen, wenn sie merken, dass Sie für ihre tiefsten Interessen und Sehnsüchte aufgeschlossen sind. Mit dem, was Sie hier lernen werden, können Sie sich leichter und häufiger in Ihrem Element fühlen und das Beste in sich verwirklichen. Und Sie werden zu Hause, bei der Arbeit und in der Freizeit mehr bewegen und bewirken können, als Sie je gedacht hätten.

Die Beschäftigung mit den Temperamenten soll Spaß machen. Und sie soll auf keinen Fall dazu führen, dass Sie sich und andere in Schubladen einsortieren. Lassen Sie sich beflügeln. Dieses alte Wissen will niemandem den Eindruck geben, er sei in seinen Möglichkeiten beschränkt; es will Sie auch nicht dazu verleiten, andere zu unterschätzen. Es soll uns vielmehr neue Ausblicke und Möglichkeiten erschließen.

Wenn wir uns von jemandem ein Bild machen, spielen dabei, ob wir wollen oder nicht, Eindrücke eine Rolle, die wir früher von Menschen mit ähnlichen Zügen gewonnen haben. Wenn es im Kindergarten irgendein großer Kerl auf uns abgesehen hatte, gehen wir vielleicht in Gegenwart solcher Leute auch heute noch automatisch in Abwehrstellung. War dieser große Kerl aber unser Freund, werden wir uns auch später in Gegenwart solcher Menschen nicht bedroht fühlen. Wir stellen ständig Vermutungen an, was die anderen Leute wohl mögen. Warum also nicht gleich auf Wissen basierende Vermutungen anstellen? Unsere Intuition sagt uns so manches über andere. Dann wäre es doch sicher noch besser, über eine geschulte Intuition zu verfügen. Wenn wir unserer inneren Stimme vertrauen können, werden wir sicher das nötige Selbstvertrauen haben, ein Gespräch anzufangen und unser Gegenüber tatsächlich kennen zu lernen.

Jede Erkenntnis, jede Information kann von Menschen mit unguten Absichten missbraucht werden. Das beste Beispiel für dieses Dilemma ist die Entfesselung der atomaren Kräfte. Am Ende kommt es darauf an, ob Sie, was die menschliche Natur angeht, eher optimistisch oder eher pessimistisch sind. Und das wiederum ist vielleicht eine Frage Ihres humoralen Temperaments.

Deshalb lade ich Sie ein, sich ganz entspannt über die Temperamente zu informieren, aufgeschlossen für die Möglichkeiten, die sich für Sie selbst und für andere ergeben könnten. In dem von Mary Greer und Rachel Pollak herausgegebenen Buch *New Thoughts on Tarot* drückt es James Wanless in seinem Beitrag so aus: »In der Alchemie nimmt man die natürlichen Zutaten Luft, Feuer, Wasser und Erde und vermischt sie innig. Sie sind selbst der Koch Ihres Lebens, und Ihr Leben ist die Suppe ... Das Schöne an archetypischer Psychologie dieser Art ist, dass sie nicht nur Jungs Individuation, die traditionelle Psychologie, Selbstverwirklichung nach östlichen Vorbild, die mystische Alchemie Europas und vieles mehr in sich vereinigt, sondern auch noch Spaß macht. Sie ist unterhaltsam, eine Phantasiereise: Sie erleben sich selbst als Magier und sehen vor sich den Film all Ihrer verschiedenen Ichs ablaufen.«

Auch die Alchemie ist, wie wir noch sehen werden, ein Abkömmling der alten Elemente- und Säftelehre. Dieses alte System will unsere Kräfte mobilisieren und uns dazu anleiten, unser Leben mit allen verfügbaren Mitteln zu verbessern. Jeder Seele ist eine tiefe Sehnsucht nach dem Guten mitgegeben, und diese Sehnsucht kann uns zu unserer tiefsten Erfüllung und zu unseren größten Leistungen führen. Augustinus hat einmal gesagt, unser Verlangen sei das, womit Gott uns auf unserem Lebensweg leitet. Wenn das, was Sie in diesem Buch erfahren werden, seinen höchsten Zweck erfüllen kann, wird es Ihnen und den Menschen, die Ihnen wichtig sind, zum Wissen um die persönlichen tiefsten Leidenschaften und Antriebe verhelfen. Daraus kann eine so schwungvolle Bewegung der Freude und Entdeckerlust entstehen, dass Ihr Leben und Ihre Säfte in einen anhaltenden Zustand der tief befriedigenden Ausgewogenheit kommen. Sie spüren dann, dass Sie jeden Augenblick wirklich ganz leben – und dass Sie anderen ebenfalls dazu verhelfen. Ihre Seele wird sich aufschwingen, während Sie anderen helfen, ihre Flügel auszubreiten, und es wird ein wunderbares Leben sein!

Hier sind vielleicht ein paar beruhigende Worte angebracht. Die Humorologie kann zwar mit der Alchemie und anderen möglicherweise okkulten oder mystischen Systemen alter Weisheit in Verbindung gebracht werden, aber es besteht auch eine traditionelle Beziehung zum religiösen Leben. Außerdem steht sie nicht im Widerspruch zu den modernen naturwissenschaftlichen Erkenntnisprinzipien.

Ganz sicher ist die Säftelehre älter als die spirituelle Bewegung, aus der Christentum, Islam und andere heute noch lebendige Glaubensrichtungen hervorgingen. Viele religiöse Traditionen haben sich jedoch die Lehre von den Säften und Temperamenten zu Eigen gemacht. Hippokrates verfolgte mit seiner Humoralmedizin sogar unter anderem die Absicht, den Aberglauben seiner Zeit zu überwinden. Er sprach sich für eine gewisse Trennung von Religion und Medizin aus, und dass dieser Gedanke uns heute ganz selbstverständlich geworden ist, liegt zum Teil an der Denktradition, die mit Hippokrates begann.

Seit der Antike haben sich viele große religiöse Gestalten darum bemüht, die Kraft des Göttlichen in unserem Leben auch mit Hilfe der Säftelehre zu stärken. Die heilige Hildegard von Bingen (1098–1179) schrieb ausführlich über die Säfte und wandelte sogar die Überlieferung in einigen Punkten ab, um mehr Gleichgewicht zwischen dem männlichen und dem weiblichen

Prinzip zu schaffen. Theophrastus Bombastus von Hohenheim, genannt Paracelsus, verfasste seine Schriften hauptsächlich in der ersten Hälfte des sechzehnten Jahrhunderts und war nicht nur Arzt und Philosoph, sondern auch Theologe. Von ihm geht eine heute noch lebendige alchemistische Tradition aus, in der gelehrt wird, dass es bei jedem Bemühen um Gesundheit und Wohlergehen eines Menschen vor allem darum geht, seinen Charakter und seine Seele zu bilden: die unedlen Elemente in Gold zu verwandeln. Für das gesamte Mittelalter kann man sagen, dass die meisten Forscher auf dem Gebiet der Medizin und Naturwissenschaft von der Kirche unterstützt wurden.

Wenn wir in neuerer Zeit nach Gestalten suchen, denen es ohne große Mühe gelang, ihre Begeisterung für das alte humorologische und heilkundliche Wissen mit dem Glauben an die Bedeutung des Göttlichen für das Heilungsgeschehen einerseits und an die rationale naturwissenschaftliche Forschung andererseits in Einklang zu bringen, wären vor allem Emanuel Swedenborg, Samuel Hahnemann und Carl Gustav Jung zu nennen.

In der islamischen Welt genießt die auf der Säftelehre Avicennas und anderer Ärzte und Wissenschaftler der Zeit nach Mohammed beruhende Medizin hohes Ansehen als wichtiger Bestandteil der islamischen Kultur.

Sie können also beruhigt davon ausgehen, dass die Beschäftigung mit den Säften und Temperamenten Ihre tiefsten Einsichten und Überzeugungen nur weiterentwickeln, Sie aber nicht davon ablenken wird.

Jetzt noch einen kurzen Überblick über den Aufbau dieses Buchs und den Inhalt der einzelnen Kapitel. Kapitel 1 und 2 geben eine einführende Darstellung der Säfte und der aus ihnen aufgebauten Temperamente; Sie werden herausfinden, wie bei Ihnen der Säftehaushalt aussieht und die Grundzüge ihres Temperaments formt. In Kapitel 3 und 4 können Sie sich detailliert über den Zusammenhang zwischen Ihrem Säftehaushalt und den einzelnen körperlichen und psychischen Zügen Ihrer Persönlichkeit informieren. In den Kapiteln 5 und 6 betrachten wir den Zusammenhang zwischen Ihrem humoralen Temperament einerseits und Ihren Beziehungen sowie Ihrer beruflichen Ausrichtung andererseits. Mithilfe von Kapitel 7 und 8 können Sie herausfinden, wie Ihre Vorlieben und alltäglichen Entscheidungen durch Ihre humorale Konstitution mitbestimmt werden und wiederum auf sie zurückwirken – und wie sich das auf Gesundheit und Zufriedenheit auswirkt. In den Kapiteln 9 und 10 schließlich werden Sie erfahren, wie Sie Ihren Säftehaushalt so ausgleichen können, dass Ihr natürliches Temperament sich optimal entfalten kann.

Sie werden in diesem Buch immer wieder auf Tabellen, Abbildungen und durch Kästen hervorgehobene Textteile stoßen. Die Abbildungen bieten Ihnen einen schnellen Überblick über die einzelnen Qualitäten der Säfte und Temperamente. Sie können auch dazu dienen, sich diese Qualitäten und Charakteristika leichter einzuprägen. Und sie zeigen, dass es wichtig ist, sich nicht durch sie eingeschränkt zu fühlen, sondern mit ihnen zu spielen und sein Vergnügen daran zu haben.

Außerdem finden Sie Tabellen mit zusätzlichen Informationen, mit deren Hilfe Sie die hier vorgetragenen Gedanken für sich selbst vertiefen können.

Die Illustrationen sollen Ihnen eine Vorstellung von möglichen Erscheinungsbildern der Temperamente im Einzelfall oder als Archetyp geben. Sie sollen Sie natürlich auch neugierig machen und Ihre Kreativität ansprechen und sind als Anstoß gemeint, die neuen Erkenntnisse in möglichst vielen Bereichen anzuwenden und den vielen Übereinstimmungen mit nach anderen Prinzipien erworbenen Erkenntnissen nachzuforschen.

Die Textkästen schließlich ermöglichen einen tieferen Einblick in manche Gedankengänge, ohne den Fluss der Darstellung zu unterbrechen. Sie können sie jederzeit für sich lesen oder ganz auslassen oder erst dann zu Rate ziehen, wenn sich entsprechende Fragen stellen. Vielleicht machen diese ergänzenden Informationen Ihnen auch immer wieder klar, dass die Erforschung der Temperamente an kein Ende kommt und jedermanns persönliche Erfahrung eingebracht werden sollte. Solange Sie und ich als Einzelne und als Angehörige einer Familie und Kultur mehr Gesundheit, Liebe und Glück suchen, darf man hoffen, dass das in der Humorologie verkörperte, in unser persönliches Temperament eingegangene, in den antiken Mittelmeerkulturen wurzelnde Wissen um die körperlichen, seelischen, gesellschaftlichen und spirituellen Zusammenhänge uns weiterhin faszinieren und zu immer weiteren Fragen anregen wird.

In dem Maße, wie unser wissenschaftliches Verständnis zugenommen hat, ist unsere Welt entmenschlicht worden. Der Mensch fühlt sich im Kosmos isoliert, weil er nicht mehr mit der Natur verbunden ist und seine emotionale »unbewußte Identität« mit natürlichen Erscheinungen verloren hat ... Sein Kontakt mit der Natur ist verlorengegangen und damit auch die starke emotionale Energie, die diese symbolische Verbindung bewirkt hatte.

Dieser enorme Verlust wird durch die Symbole unserer Träume wieder ausgeglichen. Sie bringen unsere ursprüngliche Natur ans Licht – ihre Instinkte und eigenartigen Denkweisen.

...

Die Oberfläche unserer Welt scheint also von allen abergläubischen und irrationalen Elementen gereinigt zu sein. Ob jedoch die wirkliche innere Welt des Menschen (nicht unsere Wunschvorstellung von ihr) auch von Primitivität befreit ist, bleibt eine andere Frage. Ist nicht die Zahl 13 immer noch für viele Leute tabu? Sind nicht immer noch viele Menschen von irrationalen Vorurteilen, Projektionen und kindischen Illusionen besessen? Ein realistisches Bild des menschlichen Geistes enthüllt eine Menge solcher primitiver Züge und Überbleibsel, die immer noch ihre Rolle so spielen, als ob sich in den Vergangenen fünfhundert Jahren nichts geändert hätte.

Carl Gustav Jung, »Die Rolle der Symbole«, in: *Der Mensch und seine Symbole*, S. 95–96, © 1968 Patmos Verlag GmbH & Co. KG, Walter Verlag, Düsseldorf.

1. Kapitel

Ihre vier Säfte

Die Elemente [halten] die Welt in ihrem Zusammenhang; auf die gleiche Art und Weise sind die Elemente auch das Gefüge des menschlichen Organismus. Sie sind es, die ihre strukturelle Ausbreitung wie auch ihre funktionellen Aufgaben so im ganzen Menschen aufgeteilt haben, daß er in fester und gleichgestimmter Organisation gehalten werden kann, ebenso wie die Elemente Substanz und Wirkfeld der übrigen Welt bilden. Feuer, Luft, Wasser, Erde: diese vier sind nämlich im Menschen, und aus ihnen hat er seinen Bestand …

So verhält es sich, wenn die Elemente die rechte Ordnung in der menschlichen Organisation verwirklichen: sie sind dann der Garant seiner Erhaltung und seiner Gesundheit. Sobald sie aber von dieser Funktionsordnung abgehen, machen sie ihn krank und bringen ihn zu Tode. Solange nämlich die Gerinnungen der Säfte, die abhängig sind von Wärme, Feuchtigkeit, Blut und vom Gesamtgewebe und die sich in entsprechender Form vorfinden, in ausgeglichener Ruhe und unter einer anpassungsfähigen Steuerung in ihm wirken, hat der Mensch seine Gesundheit; sobald sie ihn aber alle zugleich und unvorsichtig anrühren und im Übermaß über ihn herfallen, machen sie ihn krank und bringen ihn zu Tode. Es ist nämlich nun so, dass wegen der Übertretung Adams die Wärme und Feuchtigkeit wie auch Blut und Gewebe innerhalb des Organismus … umgewandelt worden sind.

Hildegard von Bingen, »Vom gesunden und kranken Körper«, in: *Heilkunde*, S. 112–113.

In den Temperamenten kommt bei uns Menschen das Spiel jener vier Kräfte zum Ausdruck, die nach der alten Charakter- und Heilkunde in allen Dingen wirken. Diese vier Kräfte sind die Humores oder Säfte, die sich in uns regen und mischen und alle Bereiche unseres Lebens beeinflussen. Sie werden in den verschiedenen Quellen auch als Wirkkräfte, Dünste, Lüfte, Flüssigkeiten und ähnlich bezeichnet. Sie wurden vor Jahrtausenden entdeckt und spielten vor allem im Griechenland des vierten vorchristlichen Jahrhunderts eine überragende Rolle. Mit ihrer Hilfe können wir besser verstehen, wer wir sind und wie wir im körperlichen, seelischen, sozialen und spirituellen Sinne das werden können, was wir sein möchten. Die Säfte und die von ihnen beherrschten Temperamente nennen wir cholerisch, melancholisch, sanguinisch und phlegmatisch. Darin folgen wir Hippokrates, in dessen medizinischen Schriften die Säftelehre erstmals als ein voll entwickeltes System der Lebensführung und Heilkunde erkennbar wird. Hippokrates und seine Nachfolger waren im antiken Mittelmeerraum hoch angesehen als scharfe Beobachter, die genau erfassten, was den Menschen bei Gesundheit hält oder seine Gesundheit wiederherstellt. So gilt Hippokrates als der Erste, der die Diagnose »Diabetes« stellen konnte; er stellte den Zucker im Harn mittels eines Geschmackstests fest.

Die Säfte bilden so etwas wie ein ätherisches Feld mit vier Kraftzentren, das unsere körperliche Gesundheit, unsere geistige Haltung, unser Liebesleben, unsere Berufswahl und unser

Glück beeinflusst. Die Säfte werden traditionell zu den Grundelementen des Universums und ihren primären Bewegungsprinzipien in Beziehung gesetzt. Gemäß der aristotelischen Naturphilosophie, die das abendländische Denken bis in die Neuzeit beherrschte, manifestieren sich diese Kräfte im Körper des Menschen, dem von Gott erschaffenen Mikrokosmos, nach den gleichen Prinzipien wie in der Außenwelt, dem von Gott erschaffenen Makrokosmos. Die Säfte vermitteln demnach eine Resonanz zwischen uns und unserer Umgebung: Wie von der Umwelt ein tief greifender Einfluss auf uns ausgeht, so beeinflussen wir wiederum unsere Umgebung und das, was uns dort begegnet.

Die Namen der vier Temperamente und der in ihnen vorherrschenden Säfte – cholerisch/gelbe Galle, melancholisch/schwarze Galle, sanguinisch/Blut und phlegmatisch/Schleim – klingen für uns heute ein wenig fremdartig und esoterisch. Man könnte ihnen natürlich neue Namen geben, doch damit gingen auch die vielfältigen Assoziationen verloren, die sich im Laufe vieler Jahrhunderte mit den alten Namen verbunden haben und heute noch wertvoll sein können. Fassen Sie sich also in Geduld; vielleicht zeigt sich ja bald, dass diese Namen Ihnen doch als Behältnisse für eine ganze Menge praktischen Wissens dienen können.

Jeder der Säfte steht für eine Art Strömung im Körper. Viele Kenner meinen, diese Säfte seien nie im buchstäblichen Sinne als Körpersubstanzen verstanden worden, sondern als Energien, die mit- oder gegeneinander zu- oder abnehmen und so die geistigen und körperlichen Funktionen mitbestimmen.

Das sanguinische Temperament ist vom »Blut« beherrscht. Noch im heutigen Sprachgebrauch bezeichnen wir mit »sanguinisch« den heiteren, lebensbejahenden, blutvollen Typus. Nach aristotelischer Auffassung ist die sanguinische Kraft warm und feucht und repräsentiert das Element Luft. Luft ist leicht und beweglich, und ein Mensch von diesem Temperament wäre mit entsprechenden Ausdrücken zu beschreiben. Wie wir annehmen dürfen, war im Altertum noch nicht bekannt, dass

Eine kurze Geschichte der Humorologie

In der Lehre von den Säften wird eine uralte abendländische Tradition erkennbar: die Vorliebe für die Zahl vier bei Dingen, denen besondere Bedeutung beigemessen wird. Die vier Elemente, die vier Säfte, die vier Temperamente, die in der griechischen Philosophie eine bedeutende Rolle spielen, könnten aus noch früherer ägyptischer Zeit stammen. In seinem Buch *The Mysteries of Osiris or Ancient Egyptian Initiation* verfolgt Reuben Swinburne Clymer die Symbolik der Vier im alten Ägypten bis zur großen Pyramide von Cheops zurück. Die vier Seiten des Bauwerks stehen für die vierfache Natur des Menschen – Körper, Geist, Verstand und Seele –, aber auch für die Ausgewogenheit des männlichen und des weiblichen Prinzips.

Clymer berichtet von den ägyptischen Ursprüngen der vom Propheten Ezechiel beschriebenen vier Cherubim, die er als Wesen mit vier Gesichtern wahrnahm: Stier, Löwe, Adler und Mensch. Diese Vierfältigkeit gab es bereits früher in der Gestalt der Sphinx, zuerst in Ägypten, später auch in Griechenland. In der Antike waren dies Symbole für die Geschichte der Welt und die Beziehung zwischen Schöpfer und Geschöpf.

Bei diesen Wesen handelte es sich nach Clymers Auffassung ursprünglich um Sternbilder, die am Beginn der Jahreszeiten zu sehen waren und nach denen man die Nilfluten vorhersagen konnte. Der Stier brachte die Frühlingswinde, der Löwe die des Sommers. Der Adler wiederum kündigte die Erntezeit an, während der Mensch für den Winter und das Versprechen des Neubeginns stand.

Für die Konstellationen am Himmel entstanden im Laufe der Zeit immer neue bildliche Assoziationen, und so wurde aus dieser frühen Astronomie nach und nach Astrologie. Trotzdem begegnen uns diese Symbole in späteren griechischen und römischen Zeugnissen, in den Visionen der biblischen Propheten, ja sogar noch in der neuzeitlichen Bildersprache. In vielen christlichen Kirchen beispielsweise sieht man die vier Evangelisten als diese vier Wesen dargestellt, vermutlich sollen sie den Archetypus der Kraft und Ausgewogenheit im Betrachter ansprechen.

Fraglich ist nach wie vor, ob es bei den Ägyptern schon eine Temperamente- und Säftelehre gab, die etwas mit den vier Himmelsrichtungen und den vier beschriebenen Wesen zu tun hatte oder bereits vier Aspekte des Menschseins beschrieb. Manches deutet darauf hin, dass die Griechen die ägyptische Symbolik ausbauten, um zu einer Erklärung des physischen Universums zu gelangen, während die altindischen Kulturen sich mehr auf die esoterische Seite verlegten. So nimmt man beispielsweise an, dass die vier Bildserien des Tarot aus Indien stammen.

Es lässt sich nicht mehr genau feststellen, wann die Grundkräfte, die wir Humores oder Säfte nennen, zum ersten Mal beschrieben wurden, doch ist zu vermuten, dass alle Ansätze dieser Art einen gemeinsamen Nenner haben, zumal sie häufig mit den vier Elementen der Antike und mit den vier Himmelsrichtungen in Zusammenhang stehen.

Wir wissen jedenfalls, dass die Temperamente und Säfte mit ihren von den Elementen und Himmelsrichtungen abgeleiteten Qualitäten im Goldenen Zeitalter Griechenlands bekannt waren, im vierten vorchristlichen Jahrhundert. Hippokrates war der berühmteste Arzt seiner Zeit – berühmt auch noch zweihundert Jahre über seinen Tod hinaus durch das Wirken seiner Schüler und Nachfolger. Seine pragmatische Methode der Beobachtung und Behandlung gilt als Beginn der »modernen« Medizin. Seine Gesundheitslehre ging von den vier Säften aus, deren Ungleichgewicht er als Ursache aller Krankheiten ansah. Ein Jahrhundert später richtete Aristoteles, neben

Platon die zweite Hauptgestalt der griechischen Philosophie, seine auf sorgfältige Beobachtung gegründete Philosophie der Materie nach den Prinzipien der Elementelehre aus.

Ihre im römischen Kulturkreis und bis zum Ausgang des Mittelalters in ganz Europa gültige Form erhielt die Viersäftelehre durch den in Griechenland geborenen römischen Arzt Galenus (129–199 n. Chr.).

Beim Brand der Bibliothek von Alexandria gingen sehr viele der wissenschaftlichen Schriften des Altertums verloren beziehungsweise blieben nur in ihren arabischen Übersetzungen erhalten. Diese Übersetzungen wurden den europäischen Gelehrten erst durch die Kreuzzüge zugänglich. Bis dahin wirkten diese Schriften jedoch in der arabischen Welt als Grundlage zahlreicher wissenschaftlicher Werke weiter. Für uns sind hier die Werke der beiden berühmten Ärzte Averroes und Avicenna von besonderem Interesse. Von der Zeit der Kreuzzüge an, die eine Öffnung der europäischen Kultur für östliche Einflüsse einleitete, gelangten immer mehr dieser Schriften nach Europa und wurden ins Lateinische übersetzt. Der Kulturaustausch vollzog sich in mehreren Wellen, abhängig von den kriegerischen Auseinandersetzungen und dem Engagement wohlhabender Gönner. Etliche Philosophen und Ärzte des Mittelalters machten sich daran, die Werke zu übersetzen, auszulegen und praktisch umzusetzen. In der Regel standen sie der Kirche nahe, die in jener Zeit überhaupt als größte und wichtigste Förderin der Wissenschaften auftrat.

Mit der Renaissance erwachte auch das weltliche Interesse am Wissensschatz der Antike, insbesondere das medizinische Interesse an der alten Heilkunde. Schon zur Zeit Elizabeths I. von England beherrschten die Humores die Medizin und waren in der Schauspielerei zur großen Mode geworden.

Daran änderte sich nicht viel, bis mit dem Aufkommen der Petrochemie die Herstellung von Medikamenten im Labor möglich wurde und damit die moderne Medizin entstand.

der Sauerstofftransport im Körper vom Blut bewerkstelligt wird – und doch war der Zusammenhang schon intuitiv richtig erfasst worden.

Das phlegmatische Temperament steht im Zeichen der klaren Körperflüssigkeiten, womit die Flüssigkeiten des lymphatischen Systems gemeint sein könnten. Aristoteles charakterisierte das phlegmatische oder »Schleim«-Temperament als kühl und feucht und ordnete es damit dem Element Wasser zu. Wasser haftet am Boden und ist doch von unwiderstehlicher Kraft. Dieses Bild ist ein Hinweis auf den von diesem Element geprägten Charakter.

Das cholerische Temperament ist mit der Galle assoziiert, jener für die Aufschließung der Nahrungsbestandteile im Darm so wichtigen gelblichen Flüssigkeit. Die Wortwurzel begegnet uns heute vor allem in dem Begriff »Cholesterin«, womit eine fettartige Substanz gemeint ist, die unter anderem in der Gallenflüssigkeit vorkommt. Cholesterin ist für etliche Körperfunktionen notwendig, zum Beispiel die Verdauung, das Immunsystem und die Hormonproduktion. Seinen heute schlechten Ruf hat es daher, dass sich bestimmte Fraktionen in den Arterien ablagern und dort Schaden anrichten können. Überschießende cholerische Kräfte können allerlei Probleme verursachen, über die Sie im achten Kapitel mehr erfahren werden. Nach der aristotelischen Materietheorie ist die cholerische Kraft warm und trocken und vom Element Feuer beherrscht. Feuer ist warm und einnehmend. Ein von diesem Element beherrschter Charakter kann Charisma und viel Energie besitzen.

Das melancholische Temperament schließlich ist von der »schwarzen Galle« beherrscht, und wir wissen bis heute nicht mit letzter Gewissheit, welcher »Saft« damit gemeint ist. Es könnte natürlich sein, dass uns eine gewisse postviktorianische Zimperlichkeit daran hindert, das Wahrscheinlichste anzunehmen: dass der Stuhl gemeint ist, jene dunkle Masse, die nach dem Durchgang durch den Dünndarm sehr gewissenhaft im Dickdarm ausgewertet und nach der Trennung des Brauchbaren vom Unbrauchbaren ausgeschieden wird. Nach dem aristotelischen System ist die melancholische Kraft kühl und trocken und vom Element Erde geprägt. Verbunden ist damit vielleicht die Vorstellung der Verwandlung unserer Nahrung in einerseits Leben und andererseits Abfälle, wobei Letztere wiederum anderen Organismen zur weiteren Umwandlung in Leben dienen. Das Element Erde ist lebensschöpferisch, empfänglich für die Einwirkungen von Luft und Wasser und von kühlem Charakter. Gewiss können Sie sich Menschen von diesem Temperament vorstellen.

Aber vielleicht denken Sie jetzt, dieses System sei doch als Grundlage einer zweitausendjährigen Weisheitstradition etwas dürftig. Urteilen Sie nicht so schnell. Die Lehre hat tatsächlich eine lange Erfolgsgeschichte gehabt, und die Frage, was sie uns heute noch zu bieten hat, könnte sich als lohnend erweisen.

Luft, Wasser, Feuer und Erde – die vier Elemente sind Ihnen vermutlich schon begegnet, wenn Sie sich beispielsweise mit Astrologie oder anderen esoterischen Wissenschaften beschäftigt haben. Sie werden solche Bezüge bei Ihrer Beschäftigung mit den Säften als Bereicherung erleben.

Der alten Lehre zufolge sind die vier Säfte in Ihrem Körper, in meinem und im Körper jedes anderen Menschen gegenwärtig. Richtig interessant werden sie aber erst, wenn man sich einige Grundtatsachen und die wichtigsten Zusammenhänge vor Augen geführt hat:

1. *Charakteristisches Kräfteverhältnis.* Bei Ihnen und jedem anderen Menschen liegen die vier Säfte in einem ganz spezifischen individuellen Mischungsverhältnis vor.
2. *Einer der Säfte ist dominant.* Einer der Säfte besitzt ein leichtes Übergewicht, das die Person im körperlichen, geistigen, seelischen und spirituellen Sinne beeinflusst und eines der vier Temperamente zur Ausprägung kommen lässt.
3. *Ungleichgewicht erzeugt Störungen.* Wenn äußere Umstände, eigenes Verhalten oder innere Reaktionen auf Umstände Sie aus Ihrem natürlichen Gleichgewicht der humoralen

Kräfte bringen, werden Sie direkt oder indirekt eine Beeinträchtigung Ihres Wohlbefindens erleben.

4. *Gezielte Wiederherstellung des Gleichgewichts.* Sie können sich wieder ins Gleichgewicht bringen und damit Ihr Wohlbefinden wiederherstellen, wenn Sie die äußeren Umstände, Ihr Verhalten oder Ihre inneren Reaktionen entsprechend ändern.
5. *Natürliche Tendenz zum Gleichgewicht.* Ihr Organismus hat die natürliche Neigung, den gestörten Säftehaushalt wieder ins Gleichgewicht zu bringen; überraschende Vorlieben und Impulse mit manchmal unliebsamen Nebenwirkungen können solche Bemühungen um Wiederherstellung des Gleichgewichts sein.
6. *Bei chronischen Zuständen benötigen alle Säfte unterstützende Maßnahmen.* Bei chronischen oder hartnäckigen Störungen kann es sein, dass Ihrer dominanten humoralen Kraft durch Überanstrengung oder Überreizung zu viel abverlangt wurde und sie daher erschöpft ist. Sie bedarf tief greifender Regeneration, wenn Sie wieder ganz gesund werden wollen. Auch die übrigen Säfte müssen vorsichtig aufgebaut werden.
7. *Bei akuten Zuständen muss man sich um die dominante humorale Kraft kümmern.* Bei plötzlichen, akuten Störungen ist es wahrscheinlich, dass Ihre dominante humorale Kraft einen kurzzeitigen Anschub braucht, damit Sie wieder ins Lot kommen.
8. *Überschießende Säfte.* Es kommt immer wieder vor, dass der eine oder andere der Säfte vorübergehend im Übermaß vorhanden ist; dann kommt es auf behutsame Wiederherstellung des Gleichgewichts an.
9. *Eigenständigkeit.* Mit dem Wissen um die Wirkungsweise der Säfte werden Sie in schwierigen Situationen eher in der Lage sein, gesundheitsschädliche Scheinlösungen wie Sucht- und Genussmittel zu meiden und nach gesunden, wirklich befriedigenden Lösungen zu suchen.
10. *Anderen Helfen.* Sie können mit diesem Wissen nicht nur

sich selbst in ein Gleichgewicht bringen, das mehr Gesundheit und Glück verspricht, sondern auch andere: Machen Sie sich deren humorale Bedürfnislage bewusst, und Sie können ihnen zu einem behaglicheren, gesünderen und kreativeren Leben verhelfen.

Das ist, auf den Punkt gebracht, die Wissenschaft und Kunst der Temperamente und Säfte. Gehen wir also etwas mehr in die Tiefe. Haben Sie Humor? Welchen?

> Im Menschen nämlich sind Sonne und Mond und alle Planeten, desgleichen auch alle Sterne und das ganze Chaos … Der Leib zieht den Himmel an, … und das geschieht nach großer göttlicher Ordnung. Der Mensch besteht aus den vier Elementen, nicht nur – wie einige behaupten – entsprechend den vier Temperamenten, sondern auch ihrer Natur, ihrem Wesen und ihren Eigenschaften nach. …
>
> Bedenket, wie groß und wie edel der Mensch geschaffen ist und in welcher Größe seine Struktur erfaßt werden muß! Es ist keinem Kopfe möglich, den Bau seines Leibes und das Maß seiner Tugenden auszudenken; nur als Abbild des Makrokosmos, der »Großen Creatur«, ist er zu begreifen. Erst dann wird offenbar, was in ihm ist. Denn so wie außen, so auch innen; was nicht außen ist, das ist auch nicht im Menschen. Das Äußere und das Innere sind ein Ding, eine Konstellation, eine Influenz, eine Konkordanz, eine Dauer … eine Frucht.

PARACELSUS, »Die Struktur des Menschen«,
in: Jolande Jacobi (Hg.), *Lebendiges Erbe,* S. 13.

2. Kapitel

Welche Art von »Humor« haben Sie?

Nun, Humor definieren wir als von ähnlicher Art wie Luft oder Wasser und daher von doppeltem Charakter: fließend und feucht. Zur Demonstration gieße man Wasser auf den Boden: es wird rinnen und ihn netzen. So wird auch die Luft, durch ein Horn oder eine Trompete geblasen, augenblicklich verfliegen, jedoch eine Art Tau hinterlassen. So sagen wir denn: Was fließend und feucht ist und nicht die Kraft besitzt, sich selbst zusammenzuhalten, ist Humor. So erhalten auch die gelbe Galle, die schwarze Galle, der Schleim und das Blut im menschlichen Körper, indem sie ständig hierhin und dorthin fließen und nicht in sich selbst verharren, den Namen Humores. So weit nun mag dies metaphorisch auf die allgemeine Disposition anwendbar sein. Wenn etwa eine dieser Qualitäten den Menschen so beherrscht, dass sie alle seine Regungen, seine Stimmungen, seine Kräfte mit sich reißt, so dass sie alle in ein und dieselbe Richtung fließen, so mag man füglich von einem Humor sprechen. Dass aber der Gimpel mit seinem gescheckten Federschmuck, dem geflochtenen Hutband und dreilagigen Ärmelrüschen, drei Ellen Schuhband oder dem Schweizerknoten auf den Strumpfhaltern sich Humor anmaßt – oh, das ist mehr als lachhaft!

Ben Jonson, »Everyman Out of His Humour«,
in: Dutton, *Ben Jonson,* S. 35.

Welcher der Säfte ist bei Ihnen am stärksten vertreten, welches Temperament haben Sie? Welches Geflecht von Eigenschaften macht Sie zu dem, was Sie sind? Sie werden schnell herausfinden, wo bei Ihnen die humorale Dominanz liegt, wenn Sie die achtzehn Punkte des folgenden Fragebogens beantwortet haben. Achten Sie darauf, wie viele Merkmale hier eine Rolle spielen. Die Säfte wirken in jedem Bereich Ihres Lebens.

Beachten Sie auch, wie verschiedenartig die Antworten auf eine Frage ausfallen können. Ein geschärftes Bewusstsein für die Temperamente kann uns aufgeschlossener für die Vielfalt der Menschen in unserer näheren und weiteren Umgebung machen. Im Grunde wollen wir zwar alle das Gleiche – es gut haben und ohne Schmerzen sein, lieben und geliebt werden, uns lebendig fühlen und frei von Ängsten sein –, aber wir gehen sehr unterschiedlich vor, um uns all das zu sichern.

Sie können den Fragebogen für sich allein oder mit einem Freund, einer Freundin, einem Mitglied der Familie oder auch in einer Gruppe beantworten. Würde es Ihnen nicht Spaß machen zu erfahren, wie andere Ihre Persönlichkeit und ihre eigene einschätzen?

Ihr Temperament-Fragebogen

1. Mein Körperbau ist am ehesten so zu beschreiben:

- **C** annähernd rechteckig, kräftig bis derb, überdurchschnittlich groß
- **P** rundlich, kindhaft, unterdurchschnittlich groß
- **M** schlank, länglich, zart, hoch gewachsen
- **S** deutliche Knochenstruktur, geschwungen, gedrungen
- **U** weiß nicht recht (Fragen Sie einen Freund/eine Freundin.)

2. Das Charakteristische an meinem Gesicht:

- **M** oval, offene, nicht tief liegende Augen, ebenmäßige Schneidezähne, breites Lächeln, hohe Backenknochen, hohe Stirn
- **S** herzförmig, tief liegende Augen, kleiner Mund, Zähne sehr eng stehend, kleines spitzes Kinn, Stirn nach oben zulaufend, Haaransatz läuft in der Mitte in einer Spitze aus
- **C** rechteckig, breite Stirn, große Zähne, breite Kiefer, runde Augenpartie, Augen relativ nah beieinander stehend
- **P** runde Gesichtsformen, kleine Zähne, jungen-/mädchenhaftes Lächeln, runde Wangen, Mandelaugen
- **U** weiß nicht recht (Fragen Sie einen Freund/eine Freundin.)

3. Wenn ich zunehme, sind vor allem betroffen:

- **S** Außen- und Innenseite der Schenkel; Birnenform
- **M** Rückseite der Oberarme, Gesäß; Stundenglasform, bei Männern Bauch

C Körpermitte, oberer Rücken, bei Frauen die Brüste, bei Männern der Hals; umgekehrte Birnenform
P überall, Knie, Gesicht; Apfelform
U weiß nicht recht (Fragen Sie nicht, Sie werden gar nicht wissen wollen, was anderen so auffällt.)

4. Meine Hände sind
S klein, gedrungen; für die Nagellackreklame würden sie mich nicht nehmen
M mit das Beste an mir: lang, leicht zulaufend
C groß, rechteckig, gut für einen Händedruck
P zart, klein
U weiß nicht recht (Vergleichen Sie mit Händen im Freundeskreis.)

5. Wenn ich ärgerlich werde,
C versuche ich mich frontal durchzusetzen, auch durch Einschüchterung
S fange ich an zu argumentieren, zu überzeugen, zu überreden; ich rede wie ein Buch, blase mich auf, werde auch gern schwülstig
M weise ich alle Schuld von mir, klage an, suche Sündenböcke, verkrieche mich, spiele die beleidigte Leberwurst
P schmolle ich und reagiere mich durch Schreien, Weinen und Jammern ab
U weiß nicht recht (Fragen Sie jemanden, mit dem Sie sehr gut befreundet sind.)

6. Wenn ich fröhlich und aufgekratzt bin,
P breche ich gern in Jubelrufe aus und möchte am liebsten mit guten Freunden spielen und lachen
M möchte ich feiern, etwas Kreatives tun, tanzen, singen, auch für mich allein
C berste ich vor Selbstvertrauen, plane große Dinge und spanne andere für meine Visionen ein

S würde ich am liebsten eine Party schmeißen, damit es anderen auch so geht wie mir

U weiß nicht; kann sein, dass ich mich nie so fühle (Mit der Kenntnis Ihres Temperaments wird sich das bald ändern.)

7. Wenn jemand, den ich eben erst kennen gelernt habe, ekelhaft zu mir ist,

S reagiere ich mit Sarkasmus und hoffe, dass ich diesem Menschen nie wieder begegne

M tue ich alles nur Erdenkliche, um dieser Person aus dem Weg zu gehen

C sage ich dieser Person ordentlich Bescheid

P gebe ich dieser Person noch einmal eine Chance

U weiß nicht recht

8. Wenn ich zwischendurch ein Häppchen brauche, fällt meine Wahl am ehesten auf

C gesalzene Erdnüsse, Chips, Hamburger

M Süßigkeiten, Schokolade, Brot, Kekse

S Buttergebäck, Käsekuchen, Zimtbrötchen, Gingerbread, Rahmkäse

P Milch, Käse, Obst, Fruchtjoghurt

U Ich esse nichts zwischendurch (brav, aber wenn Sie es mal täten …)

9. Sportliche Betätigung liebe ich am meisten

C als Wettkampf, wenn es um Punkte geht

M als schnelle, abwechslungsreiche Bewegung

S als rhythmische Bewegung; ich bin dabei gern allein und kann selbst über Ablauf und Gangart bestimmen

P in der Gruppe und ohne Wettkampf

U Ich treibe keinen Sport (Das werden Sie aber, wenn Sie Ihr Temperament erst einmal kennen und besser wissen, was Sie sich wünschen.)

10. Mich ziehen Männer an, die folgendes Erscheinungsbild haben:

P groß und stark, breite Stirn und Brust, sehr durchsetzungsfähige Ausstrahlung

S hoch gewachsen und drahtig, hohe Stirn, intellektuelle Ausstrahlung

C kleiner und ein wenig jungenhaft wirkend, weiche Züge, lächelnde Augen

M gedrungen, athletisch, wohlproportionierter Hintern, darf ruhig ein wenig Stirnglatze haben, intellektueller Blick

U Ich liebe sie alle (Versuchen Sie unter den genannten Typen einen zu finden, der Ihnen besonders liegt.)

11. Mich ziehen Frauen an, die folgendes Erscheinungsbild haben:

S wohlproportioniert, hoch gewachsen, große Brüste, schmale Fesseln, lange Finger

M mittelgroß, schlanke Taille, feine Gesichtszüge

P kräftig, athletisch, breite Schultern, schmale Hüften

C klein und jugendlich aussehend, weiche Gesichtszüge, rundlicher Körper

U Ich liebe sie alle (Versuchen Sie unter den genannten Typen einen zu finden, der Ihnen besonders liegt.)

12. Meine berufliche Idealvorstellung:

C ein Unternehmen der Oberklasse oder eine große Organisation leiten

S den Leuten beibringen, wie man das Leben und alles, was es zu bieten hat, genießen kann

M ein Meisterwerk der Kunst oder Literatur schaffen, eine große kulturelle Leistung vollbringen

P den Menschen in unterschiedlichen Bereichen

ihres Lebens beim Überwinden von Schwierigkeiten helfen

U keine Ahnung (Was mögen Sie an Ihrer derzeitigen Arbeit am meisten?)

13. Erfolg bedeutet für mich vor allem

P ein erfülltes Familienleben

C so gut zu sein, wie ich nur eben kann, ein Anführer für Anführer

S anderen ein Beispiel geben, wie man ein außergewöhnliches, erfülltes Leben lebt

M aus dem Leben herausholen, was drin ist

U weiß nicht (Sie werden es bald wissen.)

14. Mein idealer Tagesablauf sieht am ehesten so aus:

M lange schlafen, nach dem Frühstück muss etwas los sein, nach dem Mittagessen schläfrig, manchmal lange auf

S schlafe immer gleich, liebe vor allem den Morgen und den Abend

C schlafe weniger als die meisten anderen, den ganzen Tag auf den Beinen, Entspannung am späten Nachmittag

P großes Schlafbedürfnis, früh ins Bett, tagsüber fühle ich mich am wohlsten

U weiß nicht recht (Fragen Sie den Ehepartner oder Verwandte.)

15. Meine Ernährung sieht am ehesten so aus:

C Ich mag umfang- und eiweißreiches Frühstück und Mittagessen, Süßes nicht so sehr

S Ich liebe das Frühstück, könnte das Abendessen auslassen; am liebsten kleine eiweißreiche Mahlzeiten

P Ich achte nicht so sehr aufs Essen. Ich esse Obst, Nudeln und Milchprodukte, keine Eier

M Ich frühstücke wenig, wenn überhaupt, mag aber ein ordentliches Mittagessen; zwischendurch mag ich süßes Gebäck, Nudeln, Bagels oder Gemüse

U kann keine ausgesprochenen Vorlieben nennen

16. Meine jahreszeitlichen und klimatischen Vorlieben:

S warm und feucht, Frühling, wenn alles in voller Blüte steht, Zeit der Aussaat, Wiedergeburt

M kühl und trocken, Herbst, Erntezeit, zwischen Sommerhitze und Wintereinsamkeit

C heiß und trocken, Sommer, wenn alles in voller Pracht dasteht, die aktivste und lebendigste Zeit

P kalt und nass, Winter, Stille, kalter Wind, Geborgenheit in der Familie

U keine Meinung (Die Kenntnis Ihres Temperaments wird dazu führen, dass Sie sich mehr Dinge, die Ihnen gut tun, bewusst zu Eigen machen.)

17. Ich nehme am besten über den folgenden Sinn auf:

P berühren – »Zeig her, darf ich das anfassen, kann ich es mal halten?« »Das hat mich wirklich berührt.«

M hören – »Erst würde ich gern deine Meinung hören, dann kann ich dir sagen, was ich von der Sache halte.«

S riechen/schmecken – »Das bringt mich so richtig auf den Geschmack.« »Den kann ich nicht riechen.«

C sehen – »Das glaube ich erst, wenn ich es sehe.« »Schaun wir mal.« »Das sehe ich nicht ein.«

U weiß nicht (Wenn jemand Ihnen eine Blume hinhält, wie reagieren Sie?)

18. Wenn ich etwas zu entscheiden habe,

M überlege ich lange, wie am besten vorzugehen ist; läuft etwas nicht so gut, überdenke ich meine

Entscheidung noch einmal, verteidige sie aber gegen die Ansichten anderer.

P lasse ich mir Zeit und hole Meinungen ein; dann entscheide ich, aber wenn jemand, dem ich vertraue, zur Vorsicht mahnt, kann es sein, dass ich die Entscheidung noch einmal überdenke.

S verschaffe ich mir schnell einen Überblick, warte darauf, dass die Intuition sich meldet, und entscheide; ich bleibe bei meiner Entscheidung, bin aber in Detailfragen flexibel.

C entscheide ich sehr schnell aus dem Bauch heraus und blicke kaum je zurück.

U kann mich für keine der Möglichkeiten entscheiden (vielleicht P?)

Danke für die Beantwortung aller achtzehn Punkte. Wenn Sie das noch nicht oder nicht vollständig getan haben, holen Sie es bitte jetzt nach. Ohne diese Feststellung Ihrer humoral bedingten Reaktionen, wird die weitere Lektüre Ihnen wenig sagen oder bringen. Auch wenn es Ihnen vor allem darum zu tun ist, wie ein Familienmitglied oder eine Freundin auf die Fragen antworten würde, werden Sie die humorale Konstitution dieses Menschen viel besser verstehen, wenn Sie Ihre eigene kennen.

Wenn Sie die Fragen alle beantwortet haben, ist Ihnen vielleicht die Vielfalt der abgefragten Merkmale und die Bandbreite der möglichen Antworten aufgefallen. Die humoralen Tendenzen beinhalten bestimmte Konstellationen von Merkmalen. Sie werden beim Weiterlesen noch erfahren, dass nicht unbedingt jede ranke Gestalt eine Künstlernatur und nicht jede große und breite Gestalt eine Führernatur sein muss. Es besteht jedoch eine hohe Wahrscheinlichkeit, dass solche Menschen genau das sind oder sich als dazu veranlagt erweisen, wenn ihr Leben glücklicher wird und ihre wahre Berufung sich zeigt.

Kommen wir jetzt zur Auswertung, damit Sie sich eine Vorstellung von Ihrer dominanten humoralen Kraft machen können, von Ihrem Temperament und der Balance, zu der Sie veranlagt sind. Danach werden wir zur Bedeutung der einzelnen Fragen übergehen.

Zählen Sie einfach zusammen, wie viele Fragen Sie mit C (cholerisch), S (sanguinisch), P (phlegmatisch) und M (melancholisch) beantwortet haben. Was Sie am häufigsten angekreuzt haben, ist Ihr natürlicher humoraler Schwerpunkt. Das Zweithäufigste ist Ihr subdominanter Saft, der die Führung übernehmen kann, wenn Ihre natürliche Dominante überstrapaziert oder erschöpft ist. Die niedrigste Punktzahl entspricht Ihrer schwächsten humoralen Kraft. Wenn Sie diesem Saft ein wenig besondere Aufmerksamkeit widmen, kann das zu erstaunlichen Aufschlüssen führen. Zum Beispiel können Leute, die Sie sonst nur konfus machen, auf einmal ein wenig verständlicher werden. Die zweitniedrigste Punktzahl könnte eine Art Anker sein, den Sie normalerweise gar nicht eigens bemerken, dem aber für ein optimales Gleichgewicht in Ihrem Leben gelegentlich ein wenig gezielte Aufmerksamkeit gut tun könnte.

Wenn Sie C sind, ist P wahrscheinlich Ihr am wenigsten dominanter Saft – und umgekehrt. Wenn Sie M sind, ist S wahrscheinlich Ihr am wenigsten dominanter Saft – und umgekehrt. Warum das so ist, werden Sie in einem späteren Kapitel erfahren.

In den meisten Fällen ergibt sich nach dem Zusammenzählen, dass einer der Säfte mindestens acht- oder neunmal vorkommt. So ausgeglichen einer auch sein mag, im seelischen Bereich dominiert doch einer der Säfte, und auch dazu werden Sie später noch mehr erfahren. Wenn Sie vollkommen ausgeglichen wirken, könnte zweierlei der Fall sein. Vielleicht sind Sie wirklich sehr schön ausbalanciert und können Ihre dominante Seite optimal nutzen, gleichzeitig aber auch die übrigen Säfte so gut in Schuss halten, dass sie Ihnen auf alle möglichen Umstände flexibel zu reagieren erlauben. Es könnte aber auch sein, dass Sie zu sehr um Ausgeglichenheit ringen, vielleicht sogar auf Kosten von Begabungen und Vorlieben, die Ihr Leben befriedigender, glücklicher und effektiver gestalten würden, wenn Sie ihnen ihr tatsächliches Maß zugestehen könnten.

Wenn es so aussieht, als wetteiferten zwei Säfte um die Vorherrschaft in Ihrem Temperament, könnte es sein, dass der zweite nur ganz leicht zurückliegt und mitunter, bei einer Schwächung des ersten, die Führung übernimmt. Nach meiner Erfahrung und aus der Sicht vieler anderer ist es jedoch *eine* humorale Kraft, auf die wir unter Stress bevorzugt zurückgreifen. Sie zeigt sich vor allem in den Vorlieben, die wir als Kinder haben, bevor wir lernen, was wir mögen sollten, und besonders deutlich in unserer Physiologie.

Wenn zwei Säfte scheinbar gleichrangig sind, lohnt es sich, die charakteristischen Züge der Person intensiver zu betrachten. Manchmal verraten die intimen Details am meisten, etwa die Stärke Ihres sexuellen Verlangens als junger Erwachsener oder Ihre geheimsten Träume vom perfekten Beruf. Zum Beispiel: Wären Sie gern ein siegreicher General, eine große Romanautorin, ein berühmter Redner, eine Ärztin im Entwicklungsdienst? Oder: Was würden Sie gern Großes für die Zukunft der Welt vollbringen? Um ein paar Möglichkeiten anzudeuten: Wären Sie gern die graue Eminenz hinter dem Regierungsführer, ein Komponist, dessen Musik ganze Völker für die Freiheit begeistert, Unterhändlerin bei Verhandlungen über einen Plan zur Beendigung aller Kriege, Entdeckerin eines Heilverfahrens für eine bisher unbesiegbare Krankheit? Benutzen Sie also die subtileren, schwer quantifizierbaren Züge, um in solchen scheinbar unentschiedenen Fällen den humoralen Schwerpunkt zu finden. Beide Fragen sind übrigens in der Reihenfolge C, M, S, P gestellt.

Sie fragen sich vielleicht auch, ob Ihre ursprüngliche humorale Anlage sich mit der Zeit ändern kann. Im Wesentlichen nein. Das Temperament, das Sie von Geburt an haben, bleibt Ihnen erhalten, aber die Säfte können sehr wohl erheblich aus ihrem natürlichen Gleichgewicht geraten, vor allem durch falsche Ernährung, zu wenig Ruhe, einen für Sie unpassenden Beruf und Süchte. Sobald diese Punkte bereinigt sind, wird sich Ihre ursprüngliche Natur wieder ganz deutlich zeigen.

Ich beobachte immer wieder gern die Erleichterung bei Menschen, die endlich ihr wahres Temperament erfasst haben. Das ist jedes Mal ein freudiges Aufseufzen und Annehmen. Wenn Sie nach der Beantwortung des Fragebogens (oder nach Durchsicht der Tabellen in diesem Buch) nicht so empfinden, dann forschen Sie einfach weiter, bis das Gefühl sich einstellt. Schrauben Sie an der Feinjustierung der diversen Variablen, bis Sie herausgefunden haben, wer Sie wirklich sind und sein wollen.

Dann wird auch häufig gefragt, ob humorale Anlagen vererbt werden. Ja, es gibt offenbar eine genetische Beteiligung an der Ausprägung humoraler Schwerpunkte. Kinder schlagen fast immer einem der Elternteile nach. Adoptivkinder nehmen gern die Verhaltensweisen und Vorlieben eines Elternteils oder beider Eltern an, aber sie fühlen sich erst richtig als sie selbst, wenn sie ihr eigenes Temperament entdeckt haben. Schwere Ernährungsfehler oder andere Stressfaktoren während der Schwangerschaft können physiologische Funktionen, die für die Ausprägung der humoralen Anlagen sorgen, dauerhaft schädigen und so die humorale Konstitution verändern, doch das ist selten.

Den Völkern werden gern unterschiedliche Temperamente zugeschrieben, und wenn es so ist, darf man vermuten, dass es auch kollektive humorale Schwerpunkte unterschiedlichster Art gibt. Dies ist von Forschern wie Weston A. Price und Melvin Page untersucht worden, deren Bücher wirklich faszinierend sind (siehe Literaturverzeichnis). In Nordamerika und anderen entwickelten Ländern jedoch kann man nicht mehr nach der ethnischen Zugehörigkeit gehen. Nach Generationen der Vermischung bestehen die Genpools einfach nicht mehr in ihrer früheren Form. Bei der letzten Volkszählung in den Vereinigten Staaten im Jahr 2000 kreuzte eine erhebliche Anzahl der Bürger bei der Frage nach ihrer ethnischen Zugehörigkeit die Antworten »keine der genannten Gruppen« oder »gemischtrassig« an. Sie können also bei kaum jemandem von der ethnischen Vergangenheit seiner Familie auf seine humoralen Anlagen schließen.

Das führt uns zu einer weiteren Frage: Wodurch sind die verschiedenen und sehr typischen Ernährungsvorlieben der Völker bedingt? Ist dabei wirklich für alle Temperamente gesorgt, oder sind manche zu humoraler Schieflage verdammt?

Die den jeweiligen Umweltbedingungen angepassten Ernährungsvorlieben der Völker sind ein faszinierendes Thema. Es ist höchste Zeit, dass wir all das erforschen, denn nur wenige Kulturen wissen heute noch um all die einander ergänzenden Bestandteile ihrer traditionellen Küche. Sie leben ja auch in der Regel nicht mehr in ihrer ursprünglichen natürlichen Umgebung, wo sie aus dem, was Fauna und Flora boten, ihre optimale Ernährungsform entwickelten. Die Ethnologen haben manches erfasst – Fleisch oder nicht, Milch oder nicht, wie viel von den wichtigsten Mineralien, wie viel Ballaststoffe, Eiweiß, Kohlenhydrate und so weiter. Häufig haben sie jedoch die Kräuter und Würzzutaten und die traditionellen Zubereitungsformen außer Acht gelassen. Doch gerade diese Zubereitungsformen sind es häufig, die Gifte neutralisieren oder bestimmte Nährstoffe erst verwertbar machen, ohne die Vollwertigkeit und enzymatische Aktivität der Nahrung zu beeinträchtigen.

Ein Beispiel: Als man die Ernährung der Indianer zu erforschen begann, wunderten sich die Wissenschaftler, wie gut diese Menschen mit einer so maisreichen Ernährungsform zurechtkamen. Bekanntlich ist Mais sehr arm an Mineralien. Erst viel später kam man darauf, dass die Menschen dieser Stämme Asche einer bestimmten Kaktusart in ihre Maisgerichte mischten und so deren Mineraliengehalt erhöhten. Gefragt, was sie denn so äßen, hatten sie »Mais« gesagt – aber Mais hieß für sie natürlich richtig zubereiteter Mais. Dass dazu Asche gehört, war ihnen seit alters so selbstverständlich, dass sie es nicht eigens erwähnten. Heute gehen die Ethnologen deshalb anders vor. Sie treiben sich Tage und Wochen in der Nähe der Kochstellen herum – was allerdings nicht überall möglich ist, weil dem in manchen Kulturen überlieferte Sitten und Gebräuche entgegenstehen.

Bei Naturvölkern, deren Menschen noch überwiegend gesund sind – gut entwickeltes Skelett, langes Fortbestehen der Zeugungsfähigkeit, angenehme Umgangsformen, Gesundheit bis ins hohe Alter, um nur einige der Kriterien zu nennen –, ist das Essen zutiefst in der Tradition verwurzelt, ein wichtiges Gemeinschaftsereignis, bei dem große Vielfalt geboten wird und jeder essen darf, was er möchte und wie viel er möchte.

Sehr wichtig dürfte zudem sein, dass in dieser traditionellen Kochkunst alles auf höchsten Nährwert und beste Verwertbarkeit ausgerichtet ist, aber hoch konzentrierte Nahrungsmittel, denen Wasser und Ballaststoffe entzogen wurden, so gut wie unbekannt sind. Das sieht in den entwickelten Ländern ganz anders aus, denn hier beziehen wir die Hälfte unserer Kalorien aus Nahrungsmitteln, denen zuvor Wasser und Ballaststoffe und ein Großteil der natürlichen Vitamine und Mineralien entzogen wurden. Und gerade das, was hier fehlt, könnte das sein, was dem Körper sein humorales Gleichgewicht zu wahren erlaubt. Jedes Mineral, jedes Vitamin hat seine Wirkung, und die natürlichen Säfte einer Pflanze unterstützen das humorale Gleichgewicht, denn sie geben dem Körper genau das, was er wollte, als er Appetit auf dieses Gemüse oder Obst bekam.

Wenn ein Kind in einem traditionell lebenden Stamm etwas Süßes möchte, sucht es sich eine geeignete Frucht. Hier bekommt es zusammen mit dem süßen Geschmack aber auch

Wasser, Ballaststoffe, Mineralien und Vitamine, die den Körper leistungsfähig halten und über die Drüsen die Säfte ernähren. Ein westliches Kind, das nach Bonbons greift, bekommt raffinierten Zucker, der die Schilddrüse auf Touren bringt und das Kind anschließend für eine melancholische Stimmung anfällig macht. Hinzu kommen noch künstliche Farb- und Aromastoffe, die die Leber belasten und ebenfalls die Melancholie schüren. Klingt das etwa zivilisierter?

Da Sie jetzt einen Eindruck von Ihrer humoralen Grundveranlagung haben, werden wir jede der im Fragebogen angeführten Variablen einzeln betrachten. Sie werden dann selbst im Handumdrehen Lösungen für große und kleine Probleme finden können. Es kann in manchen Fällen sein, dass man das Gefühl bekommt, der Fragebogen habe doch nicht das richtige Ergebnis erbracht. Wenn es bei Ihnen so ist, lassen Sie sich keine grauen Haare wachsen. Sie werden noch viel mehr Einzelheiten über die Säfte erfahren und dabei wahrscheinlich feststellen, dass Sie auch immer mehr über sich selbst erfahren. Und wenn Sie den Fragebogen dann später noch einmal durcharbeiten, werden Sie möglicherweise die eine oder andere Frage anders beantworten.

Die alten Meister der Humorologie

In der Geschichte dieser Wissenschaft hat es immer wieder herausragende Gestalten gegeben. Durch deren Biografien können wir eine etwa zweitausendvierhundert Jahre umspanende Überlieferungslinie zurückverfolgen. Diese Giganten sind Hippokrates, Aristoteles, Galen, Avicenna, Hildegard von Bingen und Paracelsus. Sie hinterließen die umfangreichsten Darstellungen dieser Kunst und geben uns heute noch ein Beispiel für Kreativität, für die Bereitschaft, auf Früherem aufzubauen. So durchbrach Hildegard von Bingen bei der Darstellung der Hierarchie der Elemente die Tradition, weil sie nicht glaubte, dass die beiden als männlich angesehenen Elemente höher stehen als die beiden als weiblich angesehenen.

Empedokles, um 490 bis 430 v. Chr.

Griechischer Philosoph, dem die Einführung der vier Elemente als Prinzipien der Schöpfung zugeschrieben wird.

Hippokrates, um 460 bis 377 v. Chr.

Griechischer Arzt, »Vater der modernen Medizin«. Er wirkte auf der Insel Kos und war ein berühmter Lehrer der Ärzte. Er und seine Nachfolger verfassten im Laufe zweier Jahrhunderte ein Korpus von zweiundsiebzig Schriften. Er war als brillanter Beobachter, Diagnostiker und Prognostiker bekannt, womit sich seine Arbeit deutlich von den bis dahin praktizierten eher magischen Heilkünsten unterschied. Krankheiten des Körpers sah er als durch die vier Humores verursacht. Er schilderte ihre Einflüsse im Detail, gab an, wie man Ungleichgewichte feststellt und wie man durch Steuerung des humoralen Haushalts die Heilung fördert.

Aristoteles, 384 bis 322 v. Chr.

Griechischer Philosoph und Wissenschaftler, Sohn des Leibarztes Phillips von Mazedonien, des Großvaters Alexanders des Großen, der ein Schüler des Aristoteles wurde. Aristoteles selbst war Schüler Platons gewesen und lehrte in dessen Akademie. Er schrieb über Physik, Logik, Metaphysik, Biologie, Rhetorik, Politik, Psychologie und anderes. Seine Darstellung der vier Elemente Erde, Wasser, Feuer und Luft, aus denen – in wechselnden Mischungsverhältnissen – alle Dinge bestehen, sind für große Teile des metaphysischen Denkens im christlichen Mittelalter, in der arabischen Welt und im neuzeitlichen Abendland grundlegend gewesen.

Galen (Galenos, Galenus), 131 bis 201 n. Chr.

In Kleinasien geborener griechischer Arzt, später Freund und Arzt des römischen Kaisers Mark Aurel und zweier weiterer Kaiser. Er hinterließ umfangreiche Schriften, darunter fünfzehn Kommentare zu Hippokrates. Er war der erste Arzt, der den Puls als diagnostisches Hilfsmittel verwendete. Sein medizinisches System behielt bis zum Beginn der Neuzeit eine beinahe absolute Autorität. Auf seine Werke ist die Anwendung der Viersäftelehre im alten Rom und ihre Wiederentdeckung in der Renaissance hauptsächlich zurückzuführen.

Boethius, um 480 bis 524

Römischer Philosoph und bedeutender Aristoteles-Kommentator sowie Konsul, später des Hochverrats bezichtigt und hingerichtet. Während seiner Kerkerhaft schrieb er eines der meistgelesenen Bücher aller Zeiten, *Trost der Philosophie*. Seine Werke festigten die zentrale Stellung Aristoteles' in der Naturphilosophie.

Avicenna (Ibn Sina), 980 bis 1037

Arabischer Arzt und Philosoph, wichtigster Vermittler des aristotelischen Denkens in der islamischen Welt. Berühmt durch seine tiefe Gelehrsamkeit und umfangreiche Schriften, war er Arzt mehrerer Sultane und eines persischen Wesirs. Sein *Kanon der Medizin* diente der europäischen Medizin jahrhundertelang als wissenschaftliche Grundlage. Seine Werke erwiesen sich als wichtiges Medium für die Wiedereinführung des hippokratischen Denkens, insbesondere der Säftelehre, in die europäische Medizin.

Averroes (Ibn Ruschd), 1126 bis 1198

Berühmtester islamischer Denker, der über Rechtskunde, Medizin und Philosophie schrieb. Leibarzt des Kalifen Abu Jussuf. Er war im Mittelalter einfach als »der Kommentator« (des Aristoteles) bekannt. Auch Averroes war für die Wissenschaft der europäischen Renaissance eine wichtige Quelle des griechischen medizinischen Denkens.

Hildegard von Bingen, 1098 bis 1179

Visionärin, Heilkundige und Äbtissin, als medizinische und sogar politische Ratgeberin hoch geachtet. Wir könnten sie auch die erste Gynäkologin nennen. Sie verfasste zahlreiche Abhandlungen: zu ihren Visionen, über die Gesundheit der Frau und Gesundheitsfragen in der Ehe, über die Bedeutung der Säfte in der Heilkunde, aber auch zu theologischen und kosmologischen Themen. Für die Humorologie von besonderer Bedeutung ist ihre Schrift *Von dem Grund und Wesen und der Heilung der Krankheiten,* worin sie nicht nur ihre von den vier Elementen ausgehende Kosmologie darlegt, sondern auch an die zweihundert Krankheitszustände beschreibt und Behandlungsvorschläge macht.

Albertus Magnus, 1193 oder 1200 bis 1283

Mediziner, Naturwissenschaftler, Theologe und Philosoph. Lehrer des Thomas von Aquin. Kenner des aristotelischen, arabischen, jüdischen und neuplatonischen Denkens, auch auf dem Gebiet der Astronomie, Geografie und Medizin. Auch bei

Albertus finden wir die Gültigkeit der überlieferten Säftelehre für die Gesundheit des Menschen bestätigt.

Geoffrey Chaucer, um 1340 bis 1400

Gilt als der erste große Dichter englischer Zunge und prägte die Sprache seiner Zeit. Diente zeitweilig im königlichen Haushalt und bereiste etliche Länder Europas. Sein Hauptwerk sind die zwischen 1387 und 1400 entstandenen *Canterbury Tales*. Seine lebendigen Charakterschilderungen vermitteln uns einen Eindruck vom spätmittelalterlichen Europa sowie den Überzeugungen und naturwissenschaftlichen Kenntnissen jener Zeit – darunter auch die Viersäftelehre.

Paracelsus (Philippus Theophrastus Bombastus von Hohenheim), 1493 bis 1541

Schweizerisch-deutscher Alchemist, Arzt und Wanderlehrer. Untersuchungen über Mineralien, Bergbaukrankheiten und chemische Verbindungen. Schrieb sehr ausführlich über die Humoralmedizin und arbeitete an ihrer Weiterentwicklung. Der blinde Glaube an den Ausgleich des Säftehaushalts erschien ihm unbefriedigend, am Heilgeschehen mussten nach seiner Auffassung auch spirituelle Elemente beteiligt sein. Er gilt als der Alchemist des ausgehenden Mittelalters, aber ihm ging es nicht um die Verwandlung unedler Metalle in Gold, sondern er wollte im Menschen das Unedle in Erleuchtetes verwandeln: die Seele heilen.

Die westliche biochemische Medizin versucht all die komplexen chemischen Interaktionen bis ins Kleinste zu verfolgen, um schließlich die Stelle zu finden, an der die Kette der biochemischen Schaltprozesse unterbrochen ist ... Die traditionelle Heilkunst interessiert sich dafür zwar auch in Maßen, sagt sich im Übrigen jedoch, dass wir die verwickelten Abläufe im menschlichen Körper niemals bis in die letzte Einzelheit durchschauen können. Im islamischen Schrifttum wird vielfach betont, dass der menschliche Körper »unendlich vielfältiger erschaffen wurde als das gesamte Universum« (Hadith). Deshalb stellt sich das Tibb-System [die von Avicenna kodifizierte ganzheitliche arabische Medizin] auf den einleuchtenden Standpunkt, Nahrungsmittel und Ernährungsweise seien unter dem Gesichtspunkt zu betrachten, inwiefern sie den Stoffwechsel fördern oder behindern ...

Daraus ergeben sich zahllose weitere Überlegungen, aber eine der wichtigsten besteht darin, dass Nahrungsmittel erstens zum Temperament des Menschen, zu Jahreszeit, Alter, Klima und so weiter passen müssen, und zweitens, dass sie dem Gleichgewicht der vier Säfte dienen müssen.

Der Schlüsselbegriff im Tibb ist »Temperament« (mizaj) ... Mikroben werden im Tibb-System nicht geleugnet, doch zugleich gilt, dass Viren und Bakterien sich im Organismus überhaupt erst ansiedeln können, wenn Störungen im Säftehaushalt eine entsprechende Vorschädigung bewirkt haben.

HAKIM G. M. CHISHTI, *The Traditional Healer's Handbook*, S. 19.

3. Kapitel

Die humorale Statur Ihres Körpers

Der Mensch steigt empor aus der ersten »Matrix«, dem Mutterschoß der »Großen Welt« ... er hat seinen stofflichen Leib aus Erde und Wasser empfangen. Diese zwei Elemente bilden den Körper für das vergängliche, tierische Leben, so wie ihn der Mensch als Natur aus der göttlichen Schöpfung erhalten hat. ... Denn man muß wissen, daß der Mensch zweierlei Leben besitzt: das »tierische« und das »siderische« [von den Sternen kommende, himmlische] Leben ... So hat der Mensch auch einen »tierischen« und einen »siderischen Leib«; und beide bilden eine Einheit und sind nicht getrennt. Das verhält sich so: der »tierische Leib«, der Körper von Fleisch und Blut, ist allein für sich immer tot. Erst der »siderische Leib« bewirkt, daß in jenen Körper die Bewegung des Lebens komme. Der »siderische Leib« ist Feuer und Luft; doch ist er auch mit dem tierischen Leib des Menschen verbunden. Also besteht der sterbliche Mensch aus Wasser, Erde, Feuer und Luft.

Paracelsus, *Lebendiges Erbe*, S. 9–10.

Da Sie jetzt eine schon recht gute Vorstellung von Ihrem Temperament und Säftegleichgewicht haben, wollen wir – ausgehend von den zehn Grundaussagen im ersten Kapitel – einmal betrachten, wie Ihre humoralen Tendenzen im Einzelnen aussehen. Sie können auf dieser Basis nicht nur sich selbst und andere sowie Ihre Beziehungen besser verstehen, sondern werden auch Probleme schneller durchschauen und umsetzbare, nachhaltig wirksame Lösungen finden – und dies häufig an Stellen, wo andere sie zuletzt vermuten würden. Wir bringen einfach die Säfte wieder ins Gleichgewicht, das ist der ganze Trick. Sie sind ständigen Schwankungen und Veränderungen unterworfen, es muss also ein dynamisches Gleichgewicht sein. Das ist der Normalzustand, so soll es sein. Aber wenn irgendetwas nicht mehr in Ordnung ist, überprüfen Sie einfach das Gleichgewicht der Säfte, und Sie werden wissen, was zu tun ist. Das kann etwas ganz Einfaches sein, eine warme Dusche oder ein paar Runden im kalten Schwimmbecken.

Körperliche Merkmale zeigen eine Tendenz, in bestimmten Konstellationen aufzutreten. Sie haben seit Ihrer Kindheit Menschen beobachtet und nehmen das intuitiv wahr, aber möglicherweise ist es Ihnen wie den meisten Leuten nicht bewusst. An einem großen Mann mit breiten Schultern und breiter Stirn beispielsweise wird man selten einen kleinen Mund mit vollen Lippen finden. Und eine hoch aufgeschossene Frau vom Typ Ballerina wird kaum große, breite Hände haben. Wenn wir so etwas sehen, fällt es uns sehr deutlich als irgendwie merkwürdig auf.

Auch wenn es solche Merkmalsgruppen gibt, die wir intuitiv erkennen und auch erwarten – ist es nicht willkürlich, sie mit den vier Humores der antiken Naturphilosophie zu verknüpfen?

Darauf gebe ich zwei Antworten. Die erste lautet: Die Wissenschaft der Säfte und Temperamente hat sich für über zweitausend Jahre als nützlich erwiesen und Ärzten, Psychologen, ja sogar Berufsberatern bis heute geholfen. Vielleicht können wir also, aus Achtung vor dieser Errungenschaft der Menschheit, unsere Skepsis einmal aufschieben, bis klar ist, welche Einsichten sich aus diesem Ansatz gewinnen lassen.

Die zweite Antwort: Die neuere wissenschaftliche Forschung deutet auf die Existenz konkreter chemischer und biologischer Mechanismen hin, die den Zusammenhang zwischen den Säften und Gruppen körperlicher Merkmale erklären könnten.

In der ersten Hälfte des zwanzigsten Jahrhunderts untersuchte Melvin Page sehr eingehend den Einfluss der Hormonproduktion einiger wichtiger Drüsen des Körpers. Er stellte fest, dass die Dominanz bestimmter Hormone mit charakteristischen körperlichen Merkmalen einherging. So fand er in Bevölkerungsgruppen, die sich seit Generationen überwiegend von Milchprodukten ernährt hatten, ein gewisses Übergewicht der Hypophysenhormone während der Entwicklungsjahre und sehr häufig eine charakteristische Körperform: eher gedrungen, weiche Gesichtszüge, Fettansatz ziemlich gleichmäßig über den ganzen Körper verteilt, aber mit deutlicher Bevorzugung der Kniepartie. Das entspricht, wie wir jetzt bereits wissen, dem phlegmatischen Temperament.

Es scheint gute Gründe für die Annahme zu geben, dass die vier Säfte der antiken Humorologie ungefähr den vier Drüsen- oder Hormonsystemen entsprechen, die in der Entwicklungszeit, vor allem im Alter von sieben bis vierzehn Jahren, besonders stark auf die Entwicklung unserer körperlichen Anlage einwirken. Diese vier hormonellen Einflüsse zeigen sich besonders deutlich an Veränderungen unseres Energiehaushalts in Stresszeiten.

Wenn Sie unter Stress stehen, versucht Ihr Körper nämlich, die Belastung durch zusätzliche hormonelle Stimulation zu bewältigen. Sie werden vielleicht schon vom Adrenalin, einem Hormon der Nebennieren, als dem »Stresshormon« gehört haben; wir nennen es so, weil es unsere Flucht-Abwehr-Reaktion reguliert. Stress kann aber auch andere hormonelle Reaktionen auslösen. Der eine bekommt einen Anschub durch seine Geschlechtshormone, ein anderer durch Schilddrüsenhormone. In den Entwicklungsjahren entwickelt sich hier eine bevorzugte Reaktionsweise, die später beibehalten wird und Körperbau und Physiologie eines Menschen weitgehend bestimmt. In früheren Zeiten wusste man noch nichts von Hormonen, weil die wissenschaftlichen und technischen Voraussetzungen fehlten; aber man erkannte trotzdem, dass es vier Grundmuster menschlicher Entwicklung gibt.

In Abbildung 1 sehen Sie, dass die vier Temperamente vier endokrinen Drüsen entsprechen; diese produzieren Hormone, die in enger Zusammenarbeit mit dem Nervensystem unsere Körperfunktionen steuern. Darüber werden Sie noch mehr erfahren, wenn wir über Ernährung und Gesundheit sprechen.

Ich empfinde diese Form des Diagramms mit vier Quadranten besonders sinnfällig für einen schnellen Eindruck von den Wirkungsbereichen der Säfte. Sie haben alles mit einem Blick erfasst und können dann mühelos vergleichen. Von Abbildung zu Abbildung werden Sie mit den Säften immer vertrauter werden, Ihr Verständnis wird sich vertiefen, und schließlich werden Sie einen intuitiven Sinn für die Säfte und Temperamente bekommen.

Sie können sich einen schönen Zeitvertreib machen, wenn Sie das humorale Temperament der Leute anhand ihres Körperbaus zu bestimmen versuchen. Wenn Sie jemandem begegnen, der eine perfekte Verkörperung einer humoralen und endokrinen Dominanz zu sein scheint (und solchen Menschen *werden* Sie begegnen, wenn Sie mit dieser Aufmerksamkeit schauen), wird Ihnen vielleicht die Kurzcharakterisierung aus Abbildung 1 in den Sinn kommen.

C Rechteckige Gestalt Breiter, muskulöser Körperbau Dominanz der Nebennieren »Kraftvoll«	**S** Stundenglasfigur Untersetzter Körperbau Dominanz der Keimdrüsen »Sexy«
Längliche, ovale Gestalt Feine, gestreckte Formen Dominanz der Schilddrüse »Schön/gut aussehend« **M**	Rundliche Gestalt Klein, jugendlicher Körperbau Dominanz der Hypophyse (Hirnanhangsdrüse) »Liebreizend« **P**

ABBILDUNG 1. **Körperbau und physiologischer Grundtypus.** Hier ist dargestellt, was Sie als ersten Gesamteindruck von einem Menschen empfangen. Daneben sehen Sie, welches Drüsensystem wahrscheinlich die Entwicklung des Betreffenden überwiegend gesteuert hat und ihm in Stresssituationen am ehesten Rückhalt bietet. Wenn Sie jemandes Temperament einzuschätzen versuchen, gehen Sie von diesem Gesamteindruck aus und sollten am Ende wieder auf ihn zurückkommen, nachdem Sie, falls Sie nicht sicher sind, Einzelheiten betrachtet und erwogen haben.

Abbildung 1 nennt die wichtigsten körperlichen Merkmale der vier Temperamente. Der Sanguiniker ist unterdurchschnittlich groß, kräftig gebaut mit rundem Gesäß, schmalen Schultern mit deutlich erkennbarem Knochenbau, eher kurzem Hals und wohlproportionierten Armen und Beinen.

Choleriker und Melancholiker sind normalerweise überdurchschnittlich hoch gewachsen, wobei der Choleriker einen annähernd rechteckigen Körperbau mit breiten Schultern aufweist; Rumpf, Hüften und Beine bilden eine relativ gerade Linie.

Der Melancholiker ist von etwas feinerem Knochenbau, und seine Schultern fallen leicht ab; er besitzt weniger starke Hand- und Fußgelenke, lange Beinknochen, und auch der Hals ist eher lang.

Der Phlegmatiker ist im Durchschnitt von kleinster Statur – runde Schultern, weiche Züge und ein eher jugendliches Verhältnis von Kopfgröße zu Rumpfgröße (der Kopf ist im Verhältnis zum Rumpf leicht überdurchschnittlich groß). Die Arme sind kürzer, Hände und Füße normalerweise kleiner als im Durchschnitt.

Denken Sie aber daran, dass es zwar gute Gründe für diese Zuordnungen gibt, trotzdem jedoch bei jedem Mensch eine einzigartige Mischung der Säfte gegeben ist und das Temperament sich auf eine ganz charakteristische Weise manifestiert. Ein Choleriker, bei dem das melancholische Temperament in zweiter Reihe steht, unterscheidet sich in vieler Hinsicht von einem anderen, dessen zweite humorale Kraft das Sanguinische ist – sie würden uns gewiss nicht als Zwillinge erscheinen. Aber es steht bei jedem von uns einer der Säfte im Vordergrund, und der kann uns schon viel über uns selbst und andere sagen, bevor wir mit einer Analyse der untergeordneten Säfte beginnen. Darüber werden Sie Näheres erfahren, wenn es darum geht, den Säftehaushalt wieder ins Gleichgewicht zu bringen.

Abbildung 2 versucht die in Abbildung 1 genannten Züge bildlich zu verdeutlichen.

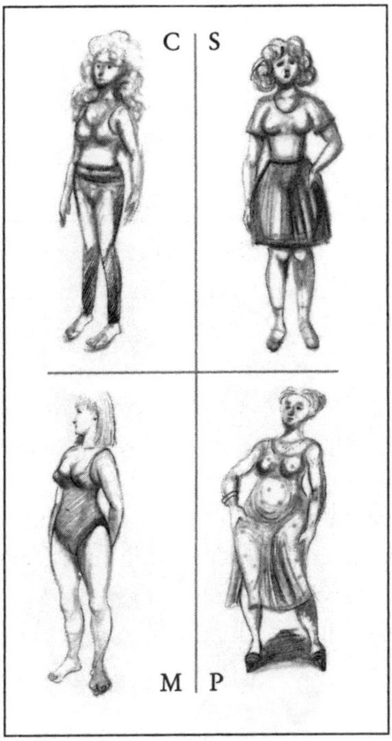

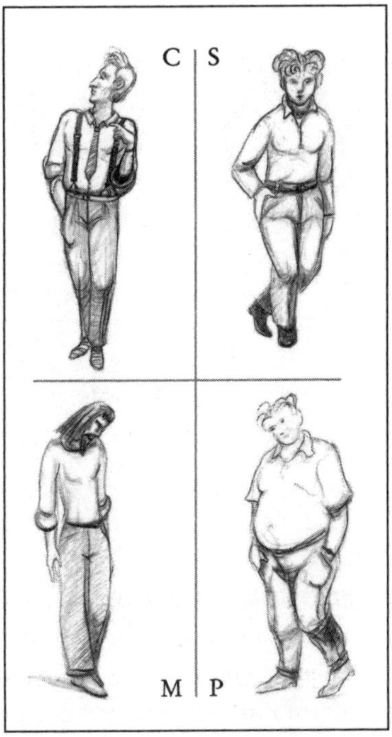

ABBILDUNG 2. **Körperbau**. Vier Frauen und vier Männer als Repräsentanten der humoralen Temperamente. Wir sehen nicht nur den typischen Körperbau, sondern auch schon etwas von Haltung und Körpersprache. Natürlich ist jeder Mensch so einzigartig wie diese acht Personen hier. Denken Sie also nicht, dass Melancholiker grundsätzlich glattes Haar und Sanguiniker Locken haben. Wenn Sie Ihren eigenen Säftehaushalt einzuschätzen versuchen, verschaffen Sie sich am besten einen ersten Eindruck und versuchen dann anhand des Textes Merkmalgruppen zu erkennen. Niemand wird ganz genau allen angeführten Charakteristika entsprechen.

ABBILDUNG 3. **Gesichter**. Je vier für die Temperamente typische Frauen- und Männergesichter. Das cholerische Gesicht ist von rechteckiger Grundform, mit geraden Augenbrauen, geradem Mund und kräftigem, kantigem Kinn; die Augen stehen nah beieinander, und der Haaransatz bildet über der breiten Stirn eine gerade Linie. Das sanguinische Gesicht ist herzförmig, bei Frauen v-förmiger Haaransatz, bei Männern Zurückweichen des Haaransatzes von der Mitte aus; schmales Kinn, tief liegende mandelförmige Augen, zulaufende Stirn, volle Lippen. Das melancholische Gesicht ist oval bis länglich und zeigt wenig tief liegende Augen, geschwungene Augenbrauen, eine hohe Stirn, einen breiten Mund mit vollen Lippen, bei Männern Neigung zu Geheimratsecken. Das phlegmatische Gesicht, im Verhältnis zum Körper recht groß, zeigt runde Augen und Wangen und einen kleinen Mund. Natürlich sind nur bei wenigen Menschen alle charakteristischen Zeichen zu erkennen. Betrachten Sie die hervorstechenden Merkmale.

Abbildung 3 zeigt die typische Ausprägung der Gesichtszüge, die man bei den vier Temperamenten am häufigsten antrifft. Das sanguinische Gesicht ist häufig herzförmig mit tief liegenden mandelförmigen Augen, einem kleinen Mund mit vollen Lippen und häufig lockigem Haar. Das melancholische Gesicht ist eher oval mit nicht so tief liegenden großen Augen, einem breiten Mund mit vollen Lippen und häufig glattem Haar. Das cholerische Gesicht ist meist von rechteckigem Charakter mit eckigem Kinn, einem breiten Mund mit schmalen Lippen und nah beieinander stehenden Augen; die Augenbrauen sind meist gerade, das Haar ist leicht gewellt. Das phlegmatische Gesicht zeigt weiche, runde Formen; die kleinen Augen sind eher rund, die Wangen voll, der Mund ist klein, das Haar fein.

Halten Sie sich bitte immer wieder vor Augen, dass solche Beschreibungen nicht dazu da sind, Menschen in Schablonen zu pressen. Wen man kennen will, den muss man kennen lernen – dafür gibt es keinen Ersatz. Andererseits schnappen wir ständig unbewusste Botschaften über uns selbst und andere auf, und da ist es durchaus sinnvoll, sich an natürlichen Merkmalsgruppen zu orientieren, die uns – bei uns selbst, aber auch bei anderen – schnell zu einem tieferen Verständnis der Vorlieben und Möglichkeiten führen. Sie werden im Verlauf dieses Buches einzuschätzen lernen, wie wunderbar jeder Mensch mit seinen ganz besonderen Gaben ausgestattet ist und wie das Verständnis der Säfte Ihnen helfen kann, mehr Richtung, mehr Leidenschaft, mehr Miteinander und Kooperation in Ihrem Leben zu finden.

Abbildung 4 sagt Ihnen etwas über die Hände, die Sie bei den einzelnen humoralen Typen erwarten können. Es ist faszinierend, die Hände von neuen und alten Bekannten zu betrachten und zu sehen, was sie uns sagen. Im Gespräch können Sie anschließend herauszufinden versuchen, ob Ihre Eindrücke richtig sind. Der Melancholiker mit den langen, sich verjüngenden Fingern wird in der Regel zustimmen, wenn Sie fragen: »Sie sind vermutlich eher für eine Woche Alleinsein und Müßiggang in der Karibik zu haben als für eine einwöchige Gruppen-Klettertour in Alaska.«

C Große Hände Rechteckig Breite Handfläche Kräftige Finger Fester Griff	**S** Kleine Hände Knöchel an der Fingerbasis breit Muskulöse Handfläche Finger kurz und dick Starker Griff
Schmale Hände Lang, zulaufend Für Nagellackreklame geeignet Schlanke Finger Sanfter Griff **M**	Kleine Hände Zart, gerundet Rundliche Handfläche Kleine Finger Schwacher Griff **P**

ABBILDUNG 4. **Vielsagende Hände**. Wie Gesicht und Körper verraten auch die Hände etwas über die dominante humorale Kraft eines Menschen. Wenn Sie aus Gesicht und Körperbau noch kein klares Bild gewinnen – zum Beispiel weil zu viel Kleidung die Sicht verdeckt oder ihr Kandidat zu korpulent oder zu mager ist, als dass man Knochenbau oder Fettverteilung beurteilen könnte –, dann sehen Sie sich die Hände an. Auch erfahrene Handleser beziehen ganz sicher intuitiv diese Gesichtspunkte ein, ob sie über die Säftelehre informiert sind oder nicht.

Auch an der Haut sind die Temperamente zu unterscheiden. Die cholerische Haut ist eher dick und rau, die phlegmatische jugendlich, geschmeidig und dünn. Melancholiker haben die zarteste Haut; bei vollkommener Gesundheit der Person ist die Haut glatt und von gleichmäßiger Färbung. Sanguinische Haut neigt zu Rötungen und ist von mittlerer Dicke, relativ spannkräftig und sonnenempfindlich.

Die Augen können sich je nach humoraler Dominanz ganz erheblich unterscheiden. Sanguiniker haben tief liegende Augen, während die Augen bei Melancholikern in der Regel wenig eingebettet sind oder sogar vorstehen. Choleriker haben kleinere Augen, häufig nah beieinander stehend, was vielleicht auch wegen des kräftigen Kinns und der breiten Stirn besonders auffällt. Die Augen von Phlegmatikern sind klein und rund und wirken weit geöffnet, was ihrem Blick einen offenen, kindhaften Ausdruck verleiht.

Melancholiker haben große, gleichmäßig stehende Schneidezähne, die relativ weiß bleiben. Sanguinikerzähne sind kleiner, können ungleichmäßig wirken und sich leichter verfärben. Der breite Mund des Cholerikers zeigt ebenmäßige Zähne, während Phlegmatiker eher kleine Zähne haben, die etwas beengt wirken können, aber ziemlich weiß bleiben.

Bei Männern sind es die Sanguiniker, die am ehesten zur typischen Glatzenbildung neigen, während wir bei Melancholikern bevorzugt Geheimratsecken antreffen. Bei Phlegmatikern und Cholerikern kommt es am ehesten vor, dass sie ihr Haar behalten. Ungerecht? Nun, wenn Ihr Säftehaushalt im Gleichgewicht ist, kann der Haarverlust Ihnen nichts anhaben, denn Ihr Aussehen wird dann perfekt zu dem wunderbaren Menschen passen, der Sie sind.

Bei Frauen finden wir, dass Cholerikerinnen im Durchschnitt die größten Brüste haben, während sie bei Phlegmatikerinnen am kleinsten sind. Sanguinische Brüste wirken besonders kess, melancholische eher weich und rund. Bei Cholerikerinnen und Phlegmatikerinnen ist der Körperumriss nicht so stark konturiert; die typischen weiblichen »Kurven« finden wir eher bei

Melancholikerinnen und Sanguinikerinnen. Auf diese Information warten Sie schon lange, nicht wahr? Nun, seien Sie beruhigt: Wenn Ihre Säfte im Gleichgewicht sind, werden Sie absolut wunderbar aussehen, weil das Beste an Ihnen perfekt verwirklicht ist!

Melvin Page entwickelte eine Messreihe, mit der er die Umfänge der Unterarme und Unterschenkel an ganz bestimmten Stellen ermittelte; daraus konnte er auf den Hormonhaushalt der Person während ihrer Entwicklungsjahre schließen. Wir werden hier nicht in die Einzelheiten gehen. Wenn das Thema Sie interessiert, finden Sie Pages Buch im Literaturverzeichnis. Aber Sie können sich vielleicht meine Begeisterung bei der Lektüre vorstellen, als mir klar wurde, das hier ein moderner wissenschaftlicher Beleg für die Gültigkeit der alten Säfte- und Temperamentelehre vorlag. Auch andere Endokrinologen, zum Beispiel Elliot Abravanel, haben solche Merkmalsgruppierungen beschrieben, die sehr gut mit der Lehre von den Säften und ihren Temperamenten übereinstimmen.

Wenn wir von Veränderung sprechen wollen, sind die körperlichen Merkmale der Temperamente natürlich am wenigsten interessant, denn unser Körperbau ändert sich einfach nicht mehr. Jenseits der zwanzig werden Sie auch mit der besten humoralen Ausgleichstherapie nicht mehr erreichen, dass Sie längere Beine bekommen. Aber die körperlichen Merkmale bleiben natürlich immer wichtig für die Bestimmung Ihres humoralen Grundtemperaments.

Die meisten anderen Merkmale, denen Sie in diesem Buch noch begegnen werden, lassen sich beeinflussen und korrigieren, sobald Sie genügend humorales Bewusstsein haben und Ihren Säftehaushalt in sein optimales Gleichgewicht bringen: Sie können sehr viel für Ihre Gesundheit, Ihr Liebesleben und Ihr Glück tun. So werden Sie Ihre Selbstachtung aufbauen und sich mögen, wie Sie sind.

Nehmen wir als Beispiel das Körperfett. Da lässt sich tatsächlich einiges erreichen, wenn Sie auf Ihr humorales Temperament achten. Die meisten Ärzte und Fitnesstrainer sagen seit Jahrzehnten, dass gezielte lokale Reduzierung von Fettpolstern kaum möglich ist. Trotzdem lebt eine ganze Industrie mit ihren Fitnessgeräten und Trainern von dem Glauben, es ginge doch. Was stimmt denn nun?

Der Einfluss der Säfte sorgt dafür, dass sich Fett an unterschiedlichen Körperstellen unterschiedlich stark ansammelt. Es kann aber durchaus sein, dass Fettpolster, die sich seit Jahren resistent zeigen, plötzlich doch abschmelzen, sobald Sie (nach den Methoden, von denen Sie hier erfahren werden) Ihren Säftehaushalt in ein besseres Gleichgewicht bringen. Und das ist sogar ohne schweißtreibende Übungsprogramme möglich! Wenn Sie aber gern trainieren möchten, kann der Ausgleich des Säftehaushalts Ihnen die Energie und Motivation geben, die Sie zum Durchhalten brauchen.

In Abbildung 5 sehen Sie, wo die verschiedenen humoralen Typen bevorzugt Fett einlagern. Bei Cholerikern sehen wir das so genannte männliche Verteilungsmuster: wenig Fett unterhalb der Taille, Polster eher um die obere Mitte, an Schultern, Hals und Oberarmen. Bei Frauen sehen wir große Brüste, aber schmale Hüften und Beine.

Melancholiker lagern Fett, wenn sie Frauen sind, bevorzugt in den Brüsten ein; Ansammlung am Bauch, an der Rückseite der Oberarme, an den Außenseiten der Oberschenkel ist bei Frauen ebenfalls häufig. Bei männlichen Melancholikern bilden sich Polster bevorzugt am Bauch, jedoch fast nur vorn und kaum an den Seiten. Melancholische Frauen behalten ihren Hüftschwung auch nach erheblicher Zunahme.

Sanguiniker speichern Fett an den Innen- und Rückseiten der Schenkel und am Gesäß. Männer wie Frauen tendieren zur Birnenform, die allerdings bei Frauen ausgeprägter ist. Sanguinische Frauen stellen am Oberkörper wenig Veränderung fest, auch wenn sie eine Zunahme der Oberweite durchaus wünschenswert fänden.

Phlegmatiker beiderlei Geschlechts nehmen ziemlich gleichmäßig am ganzen Körper zu. Sie klagen häufig über etwas unförmig wirkende Knie, die bei den anderen Typen nicht vorkommen. Auch ihre Gesichter werden runder, was vor allem bei

Melancholikern und Sanguinikern kaum der Fall ist. Auch die Arme können zum Leidwesen der Phlegmatiker ein wenig wulstig werden.

Choleriker und Melancholiker tun sich mit dem Abnehmen wesentlich leichter als Sanguiniker und Phlegmatiker. Warum das so ist, werden Sie verstehen, wenn Sie wissen, wie die Energiegewinnung bei den verschiedenen Typen funktioniert.

Choleriker verbrauchen sehr viel Brennstoff für die Energiegewinnung und können daher leicht abnehmen. Sie können allerdings mit der Zeit trotzdem in die Breite gehen, weil sie ihrem Aktivitätsdrang entsprechend einen gewaltigen Appetit entwickeln. Auch Melancholiker nehmen aufgrund ihrer Lebensintensität leicht ab, aber sie können Übergewicht nur dauerhaft fern halten, wenn Sie eine Ernährungsform finden, die ihrem etwas unsteten Energiehaushalt entspricht.

Phlegmatiker werden Übergewicht nur schwer wieder los, da sie langsamer verbrennen und nicht so viel Energie erzeugen. Darüber werden Sie später noch mehr erfahren. Sanguiniker gehen sehr sparsam mit ihren Energieressourcen um und haben ebenfalls große Mühe abzunehmen. Wir werden im Zusammenhang mit Nahrungsvorlieben und ausgewogener Ernährung noch eingehend erörtern, wie man zu seinem Idealgewicht beziehungsweise, was noch wichtiger ist, zu seiner Idealfigur kommt.

An dieser Stelle könnten Sie jetzt noch einmal die körperlichen Merkmale durchgehen und sich überlegen, was davon auf Sie zutrifft; sicher lohnt sich auch ein Vergleich mit Ihren Ergebnissen aus der Auswertung des Fragebogens in Kapitel 2. Führen Sie sich anschließend ein paar Menschen vor Augen, die Sie gut kennen – Freunde, Angehörige, Kollegen. Was für Merkmalsgruppen können Sie ausmachen, und auf welche Temperamente deuten sie hin? Kommt es Ihnen so vor, als verstünden Sie diese Menschen jetzt ein wenig besser?

Sie können Sich auch überlegen, auf welchen Typ Sie sofort erotisch ansprechen. Auch über diesen Aspekt der Temperamente werden Sie bald mehr erfahren, wenn wir von der Stärke der Anziehung zwischen den verschiedenen Typen sprechen.

C		S	
Männer:	**Frauen:**	**Männer:**	**Frauen:**
Oberhalb der Taille	Oberhalb der Taille	Hüften	Hüften
Nacken und Schultern	Schultern, Brüste	Gesäß	Gesäß
Um die Körpermitte	»Rettungsringe«	Innenseite der Schenkel	Innenseite der Schenkel
Bierbauch	Taille	Ein wenig Bauch	Unterhalb der Taille
Beine bleiben dünn	Beine bleiben dünn	Rückseite der Schenkel	Rückseite der Schenkel
Gesicht	Gesicht		
Männer:	**Frauen:**	**Männer:**	**Frauen:**
Bauch	Bauch	Gleichmäßig am ganzen Körper	Gleichmäßig am ganzen Körper
	Brüste	Knie	Knie
Schenkel-außenseite	Schenkel-außenseite	Gesicht	Gesicht
	Rückseite der Oberarme		
Hände	Hände		
M		P	

ABBILDUNG 5. **Fettverteilung**. Überschüssiges Fett neigt je nach Temperament zu charakteristischen Ansammlungsformen. Wer abnehmen möchte, wird seinen Speisezettel vielleicht ausgerechnet so beschneiden, dass seine dominante humorale Kraft noch mehr Auftrieb bekommt. Ergebnis: Das unerwünschte Fett hält sich hartnäckig an den Stellen, an denen man es als besonders störend empfindet. Wer sich dagegen bei seinen besonders bevorzugten Nahrungsmitteln zurückhält, dämpft seine dominante humorale Kraft und kann damit rechnen, dass die unerwünschten Polster zurückgehen und die erwünschten bleiben.

Im nächsten Kapitel werden Sie lesen, welche Persönlichkeitszüge sich gern mit den besprochenen körperlichen Merkmalen der verschiedenen Temperamente verbinden.

Der Körper des Menschen enthält in sich Blut, Schleim, gelbe und schwarze Galle, und diese (Säfte) machen die Natur (Konstitution) seines Körpers aus und wegen dieser (Säfte) ist er krank beziehungsweise gesund.

Gesund ist er besonders dann, wenn diese (Säfte) nach Wirkungsart und Menge im richtigen Verhältnis zueinander stehen und vollständig miteinander vermischt sind; krank aber ist er, wenn irgend einer von diesen in geringerer oder in größerer Menge im Körper vorhanden ist oder sich vom Körper absondert und wenn einer nicht mit allen (Säften) vermischt ist ...

Die Bezeichnungen dieser (Säfte) [sind] nach (Sprachge)brauch definiert worden, und keinem von ihnen kommt der gleiche Name zu; weiterhin: die Erscheinungsformen derselben sind naturgemäß verschieden ... Wie sollten nämlich diese einander gleichen, wenn doch weder ihre Farbe dem Auge sich gleich zeigt noch sie bei Berührung mit der Hand gleich erscheinen? Sie sind nämlich weder gleichmäßig warm noch kalt noch trocken noch feucht ...

Gibst du einem Menschen eine Arznei, die Schleim treibt, so wird er dir Schleim brechen, und gibst du ihm eine Arznei, die Galle treibt, so wird er dir Galle brechen. Dementsprechend wird auch schwarze Galle ausgeschieden, wenn du ihm eine Arznei gibst, die schwarze Galle treibt. Und verletzt du seinen Körper irgendwo, so daß eine Wunde entsteht, so wird bei ihm Blut ausfließen ... Das Mittel fördert nämlich, sobald es in den Körper gelangt, zuerst denjenigen von den im Körper enthaltenen (Säften) heraus, der ihm seiner Natur nach am meisten entspricht, alsdann zieht es aber auch die übrigen (Säfte) heraus und scheidet sie aus ...

Alle diese (Säfte) enthält also der Körper des Menschen zu

jeder Zeit, aber ... [sie werden] bald verhältnismäßig stärker, bald schwächer (wirksam), ein jeder nach der Reihe und nach seiner Natur ... So würde auch, wenn aus dem Menschen etwas von diesen (Säften), die sich zu seiner Entstehung vereinigt haben, fehlte, der Mensch nicht (weiter) leben können.

HIPPOKRATES, »Die Natur des Menschen«,
in: *Die Werke des Hippokrates,* Teil 7, S. 20–25.

4. Kapitel

Ihr humorales Temperament

Die Hilfsmittel, durch die das Bewußtsein seine Orientierung in der Wirklichkeit erhält, sind also vier Funktionen. Die *Empfindung* (das heißt Sinneswahrnehmung) sagt, daß etwas existiert; das *Denken* sagt, was es ist; das *Gefühl* sagt, ob es angenehm oder unangenehm ist; und die *Intuition* sagt, woher es kommt und wohin es geht.

Natürlich sind diese vier Kennzeichen für menschliche Verhaltenstypen nur vier Gesichtspunkte unter vielen anderen (wie etwa Willenskraft, Temperament, Vorstellungsgabe, Gedächtnis usw.). Sie sind keineswegs absolut zu nehmen, aber ihre einfache Natur empfiehlt sie als Kennzeichen für eine Klassifizierung. Ich finde sie besonders hilfreich, wenn ich Kindern ihre Eltern, Ehefrauen ihre Gatten erklären soll und vice versa. Auch zum Verständnis der eigenen Vorurteile sind diese Kennzeichen nützlich.

Carl Gustav Jung, »Das Typenproblem«,
in: *Der Mensch und seine Symbole*, S. 61,

Heute sind die Säfte am ehesten noch in ihrer psychologischen Dimension bekannt. Melancholie kennen wir als einen traurigen oder depressiven Zustand – und als Hauptgrund für Milliardenumsätze mit antidepressiven Arzneimitteln. Was, wenn wir das über den Ausgleich des Säftehaushalts ändern könnten?

Als phlegmatisch bezeichnen wir einen lethargischen, energielosen Zustand. Man sollte meinen, dass Phlegma, wörtlich »Schleim«, viel mit Erkältungskrankheiten zu tun hat. Jedenfalls macht ein schleimiger Schnupfen uns schlapp und langsam. Sie werden darüber noch mehr erfahren, wenn wir zu den Krankheitsneigungen der Temperamente kommen.

Sanguinisch nennen wir umgängliche, joviale, optimistische Menschen, die leutselig und immer »gut drauf« zu sein scheinen, auch wenn es manchmal nicht ganz der Realität entspricht.

Der Choleriker ist im allgemeinen Sprachgebrauch ein reizbarer, aufbrausender oder auch jähzorniger Mensch, der gern einen »Koller« bekommt und sehr »gallig« sein kann. Bei besonders ärgerlichen Dingen sagen wir auch: »Da kommt einem doch die Galle hoch.« Das alles steht noch in direktem Zusammenhang mit der antiken Elemente- und Säftelehre.

Wenn wir Jungs vier Orientierungsfunktionen im Eingangszitat dieses Kapitels betrachten, ließe sich sagen, dass der Phlegmatiker vor allem auf die Sinne ausgerichtet ist, der Melancholiker auf das Denken, der Sanguiniker auf das Gefühl und der Choleriker auf die Intuition.

Jung analysierte die vier Temperamente oder Persönlichkeitstypen unter allen nur erdenklichen Gesichtspunkten. Seine psychologische Typologie ist so sorgfältig ausgearbeitet, dass sie heute noch in Persönlichkeitstests verwendet wird und sich hier in bis zu über sechzig Kategorien niederschlägt, nach denen zu beurteilen ist, wie jemand Informationen verarbeitet, ob er intro- oder extravertiert ist, und so weiter. Ein wichtiges Beispiel ist der Myers-Briggs-Einstufungstest, der vor allem in der Berufsberatung eingesetzt wird. Das müssen Sie natürlich nicht alles wissen, wenn Sie die Säftelehre in Ihrem Alltag anwenden möchten, aber wenn Sie interessiert sind, werden Sie im Literaturverzeichnis Anregungen finden.

Jung selbst hat die Schriften des Paracelsus sehr sorgfältig studiert, jenes rätselhaften Theologen, Philosophen und Arztes, der auch ein Meister in der Auslegung und Anwendung der Säftelehre war. Jung war davon, wie es scheint, so beeindruckt, dass er diese Schriften zur Grundlage seiner eigenen bahnbrechenden Arbeit auf dem Gebiet der modernen Tiefenpsychologie machte. Sein »kollektives Unbewusstes« hat vielleicht manches mit dem intuitiven Wissen zu tun, das wir in diesem Buch erkunden: dass nämlich charakteristische menschliche Züge in bestimmten Konstellationen überall auf der Welt zu beobachten sind.

Betrachten wir nun einige der ältesten Zuordnungen im Bereich der Persönlichkeit.

Die humorale Kraft, die wir cholerisch nennen, ist dem Feuer zugeordnet, hell wie die Sonne. Choleriker sind Menschen mit Vision und Intuition. Sie treffen nach präziser Einschätzung der Situation eine Entscheidung, die »aus dem Bauch« kommt und derer sie sich vollkommen sicher sind. Sie sind nur schwer zu verärgern, da es kaum etwas gibt, was sie von ihrem Ziel abbringen könnte, aber wenn eine Zornreaktion erfolgt, dann ohne Umschweife. Sie haben keine Zeit für ungeklärte Situationen. In ihrem Vorwärtsdrang können sie einen »überfahren«, ohne es auch nur zu merken. Das Handeln ist ihr Element; sie sorgen dafür, dass die Dinge getan werden. Sie fühlen sich zum

Neuzeitliche und zeitgenössische Meister der Säftelehre

In der Renaissance interessierte man sich weniger als in der Antike für die Wissenschaft und Kosmologie der Elemente und Säfte. Jetzt ging es viel mehr um Fragen des Charakters und seiner künstlerischen – vor allem satirischen – Gestaltung. Mit der Entwicklung der modernen Medizin wurde die alte Humoralmedizin zunehmend zu einer Randerscheinung und wird in der Moderne der alternativen oder ganzheitlichen Medizin, wenn nicht der Quacksalberei zugeschlagen. Neueste klinische Forschungen und Anwendungen lassen jedoch zunehmend deutlich werden, dass in der alten Schule weise Voraussicht waltete – die wir vielleicht heute besser zu schätzen wissen.

William Shakespeare, 1564–1616

Dieser berühmteste aller Dichter englischer Sprache verfasste, historische Dramen, Komödien und Tragödien. Er trat als Darsteller in Ben Jonsons *Every Man in His Humour* auf. In seinen Stücken finden wir zahlreiche Anspielungen auf die »humours« und ihre Bedeutung für die Persönlichkeit und in der Medizin. Es ist vielleicht nicht zu viel behauptet, wenn wir sagen, dass Shakespeare durch sein tiefes Eindringen in die Dynamik der Säfte die realistischsten und einprägsamsten Gestalten aller Zeiten und Kulturen gelungen sind. Vierhundert Jahre Hamlet beispielsweise hinterlassen ein unvergessliches Bild des Melancholikers. Portia, die Meisterin des Disputs im *Kaufmann von Venedig,* ist die klassische Sanguinikerin, die unbeirrbar an das Gute im Menschen glaubt und deshalb so überzeugend zu argumentieren vermag. Othello, die cholerische Führergestalt, kam über Eifersucht und Arglist zu Fall, die seinen Zorn und Vergeltungsdrang schürten.

Ben Jonson, 1572–1637

Englischer Dramatiker, der vor allem satirische Stücke über gesellschaftliche Heuchelei schrieb, darunter *Every Man in His Humour* (Erstaufführung 1598) und *Every Man Out of His Humour* (1599). Immer wieder ging er der Frage nach, welche Rolle die Säfte für die körperliche und seelische Verfassung der Menschen und ihren Umgang miteinander spielen. Seine Werke machten die Temperamente und die damit zusammenhängende Terminologie zu einem festen Bestandteil der englischen Sprache, der später in der viktorianischen Zeit noch einmal große Mode wurde.

Emanuel Swedenborg, 1688–1772

Schwedischer Mystiker, Theologe und Wissenschaftler. Von seinen mystischen Erfahrungen inspiriert, gründeten Anhänger nach seinem Tod die »Neue Kirche«. Swedenborg schrieb über Philosophie, Metaphysik, Metallurgie, Anatomie und Physiologie und hinterließ außerdem dreißig Bände, in denen er seine religiösen Offenbarungen mitteilte. Er entwickelte ein an die Alchemie angelehntes und mit religiösen Symbolen reich ausgestaltetes System von Entsprechungen. Wie Paracelsus verstand er viel von den Metallen, interessierte sich aber im Laufe der Zeit immer mehr für das »Metall« des Geistes. Unter seinen vielen Anhängern sind der Dichter William Blake, der Evangelist Johnny Appleseed und die Autorin Helen Keller.

Thomas Sydenham, 1624–1689

Englischer Arzt, der den Beinamen »der englische Hippokrates« erhielt. Als Autor eines Werks mit dem Titel *Observationes Medicae* vertrat er wie Hippokrates die Ansicht, bei der Behandlung von Kranken sei sorgfältige Beobachtung wichtiger als Theorie. Von invasiven Methoden für den Ausgleich des Säftehaushalts riet er ab und verlegte sich mehr auf Änderungen der Lebensweise, indem er beispielsweise mehr frische Luft oder auch das Reiten verordnete.

Samuel Hahnemann, 1755–1843

Entdecker des Prinzips, dass ein Wirkstoff bei gesunden Menschen die gleichen Symptome hervorrufen kann, die er bei Kranken heilt. Die Ausarbeitung dieses Ansatzes durch Hahnemann brachte die Homöopathie hervor, eine Heilmethode mit schrittweise verdünnten und durch Verschüttelung »dynamisierten« Heilmitteln, die an Gesunden »geprüft« werden, um zu ermitteln, bei welchen Krankheitszuständen sie heilend wirken können. Hahnemann kannte die Werke Avicennas und vieler anderer Ärzte, die vor ihm gewirkt hatten, und stimmte die Heilmittel, die er verordnete, auf den Konstitutionstyp oder das Temperament seiner Patienten ab. Für die Bestimmung des richtigen Mittels berücksichtigte er die Gemütssymptome des Kranken ebenso wie die körperlichen Erscheinungen. Die Homöopathie erfreut sich gerade in den letzten Jahren wachsender Beliebtheit, seit immer mehr Menschen den Nutzen schulmedizinischer Medikamente kritischer zu sehen beginnen und aufmerksamer darauf achten, mit welchen Nebenwirkungen oder gar Suchtpotentialen sie behaftet sind.

Rudolf Steiner, 1861–1925

Österreichischer Gesellschaftsdenker, Theosoph und Begründer der Anthroposophie. Als exzellenter Goethe-Kenner arbeitete er an der Herausgabe von dessen Werken mit. Steiner betonte stets die überragende Bedeutung der spirituellen Dimension, vor allem in der Erziehung und Therapie. Er ist der geistige Vater der Waldorfschulen und der anthroposophischen Medizin. Unter seinen zahlreichen Veröffentlichungen können *Wie erlangt man die Erkenntnis der höheren*

Welten? (1904) und *Die Geheimwissenschaft* (1909) als grundlegend gelten. In der anthroposophischen Medizin spielt der Ausgleich des Säftehaushalts eine wesentliche Rolle.

Carl Gustav Jung, 1875–1961

Schweizer Psychiater, zwischen 1907 und 1913 einer der wichtigsten Mitarbeiter Sigmund Freuds. Er entwickelte die Ideen der psychischen »Komplexe«, des »kollektiven Unbewussten«, der psychischen »Archetypen« und des »introvertierten und extravertierten« Charakters. In seinem Vorwort zur englischen Ausgabe von Jolande Jacobis Auswahl aus den Schriften des Paracelsus (siehe Literaturverzeichnis) schreibt Jung, er habe sich intensiv mit Paracelsus beschäftigt, als er die Alchemie studierte und sich insbesondere für ihre Verbindung zur Naturphilosophie interessierte. Eines seiner zahlreichen Werke trägt den Titel *Psychologie und Alchemie* (1944). Er war eine der wichtigsten Gestalten für die Entwicklung der modernen Psychologie, insbesondere durch seinen Gedanken, dass es in jedem Menschen einen essentiellen Zug zum Spirituellen gibt und sich in jedem Menschen Männliches und Weibliches mischen und vereinigen. Grundlegend ist weiterhin seine psychologische Typenlehre geworden, die in die meisten psychologischen Klassifikationen und Testverfahren Eingang gefunden hat. Die vier Grundtypen, die Jung beschreibt, sind der empfindende Extravertierte, der sich vor allem über die Sinne orientiert, der intuitive Extravertierte, der empfindende Introvertierte und der intuitive Introvertierte. Hier besteht eine enge Verbindung zu unseren vier humoralen Temperamenten.

Reuben Swinburne Clymer, 1878–1966

Amerikanischer Arzt und Geistlicher der Church of Illumination. Er veröffentlichte mehr als hundert Bücher über Philosophie, Medizin, Gesundheit, Ernährung und das Okkulte, darunter *The Occult Compendium* und *The Mysteries of Osiris or Ancient Egyptian Initiation* (1951). Er stellte einen sehr praktischen Ansatz der ganzheitlichen Ernährung dar, worin er die Empfehlung hochwertiger Grundnahrungsmittel mit spirituellen und mystischen Aspekten verknüpfte. Paracelsus' Werke studierte er eingehend und wandte dessen Lehren in seiner Praxis an. Auf ihn geht die Gründung der Clymer Clinic in Quakertown, Pennsylvania, zurück, von der starke Impulse für die ganzheitliche Heilkunde im Osten der Vereinigten Staaten ausgingen.

Henry Bieler

Amerikanischer Arzt und Ernährungswissenschaftler. Entwickelte Profile für drei endokrine Typen – den Nebennieren-, den Schilddrüsen- und den Hypophysentyp – und beschrieb ihre Körper- und Persönlichkeitsmerkmale. Er schrieb das Buch *Richtige Ernährung – deine beste Medizin*, ganz im Geist eines dem Hippokrates zugeschriebenen Aphorismus: »Eure Nahrung sei eure Medizin, und eure Medizin sei eure Nahrung.«

Rudolf Hauschka

Einer der einflussreichsten Vertreter der anthroposophischen Medizin nach Rudolf Steiner. Die wichtigsten seiner Bücher zu Fragen der Gesundheit tragen die Titel *Ernährungslehre* und *Substanzlehre*. Er bezog die alte Säftelehre in seine medizinische Arbeit ein, bei der es auch um Harmonisierung des Temperaments ging.

Melvin E. Page

Amerikanischer Zahnarzt, der über Körpertypen, Entwicklung, Endokrinologie und Ernährung schrieb. Er fand vier Grundmuster; zwei sind vom Sympathikus beherrscht, die beiden anderen vom Parasympathikus. Page entwickelte ein System von Messungen, nach denen er den endokrinen Haushalt seiner Patienten beurteilen konnte, und förderte die Wiederherstellung des körperlichen Gleichgewichts durch Drüsenextrakte und über die Ernährung. Seine Forschungen stellte er in dem Buch *Degeneration – Regeneration* dar.

Elliot D. Abravanel

Amerikanischer Arzt und Endokrinologe. Er schrieb Bücher über endokrine Typen, ihre körperlichen und psychischen Züge, die beste Lebens- und Ernährungsweise jedes der Typen sowie über gesundes Abnehmen und allgemeine Maßnahmen zur Förderung des Wohlbefindens. Verfasser populärer Bücher, unter anderem *The Body Type Diet*.

Kenneth Fordham

Amerikanischer Zahnarzt, medizinischer Hochschullehrer, Gründer und seit dreißig Jahren Leiter der Fordham-Page Clinic, in der er die Arbeit Melvin Pages fortsetzt, vor allem im Hinblick auf die gesunde Ernährung der vier Drüsentypen (die, wie schon gesagt, recht gut mit den alten humoralen Typen übereinstimmen).

Hakim G.M. Chishti

Amerikanischer Arzt für Naturheilkunde, bedeutender Kenner der Werke Avicennas und Autor des Buchs *The Traditional Healer's Handbook: A Classic Guide to the Medicine of Avicenna*. Hier kann man sich sehr gut über die Einzelheiten der Temperamentelehre und über den großen arabischen Arzt informieren.

Robert Jenkins

Doktor der Chiropraktik und Ernährungswissenschaftler. Gründer der Clymer Clinic und der Arbeit Clymers (siehe oben) besonders verpflichtet. Er ist Mitglied der Internationalen Paracelsus-Gesellschaft und betrachtet die spirituelle Alchemie des alten Meisters als sein Spezialgebiet.

Führen berufen und können aggressive Konkurrenten sein, um sich an die Spitze zu setzen. Sie verfügen über eine schnelle Auffassungsgabe.

Das Phlegmatische ist dem Wasser zugeordnet. Es fließt. Ein Phlegmatiker erledigt das, was nun mal getan werden muss. Was er sich zur Aufgabe gemacht hat, bringt er zuverlässig und zügig zu Ende. Auch eintönige Arbeit kann ihn befriedigen, wenn er sie nur gut gemacht hat. Was er an Fähigkeiten und Fertigkeiten braucht, erlernte er schnell und wird darin ein Meister der Sorgfalt. Engagement, Hingabe und Hilfe für andere sind ihm sehr wichtig. Seine tiefsten Antriebe sind Loyalität und die Familie. Problemlösungen durch aufmerksame Detailarbeit und Zusammenarbeit in der Gruppe machen ihn sehr stolz. Er ist leicht zu verärgern, verzeiht jedoch ebenso schnell. Er liebt das Ausspannen nach der Arbeit und lacht und spielt gern mit der Familie oder mit Freunden. Er ist freundlich und fröhlich, manchmal ein wenig schüchtern. Er ist flexibel und immer bereit, die Menschen in seiner Umgebung zu akzeptieren, aber wo es um Grundwerte geht, lässt er nicht mit sich diskutieren.

Das Melancholische wird von alters her mit dem Element Erde in Verbindung gebracht. Es ist unter den vier Säften der erdhafteste. Melancholiker haben jedoch eine sehr große Bandbreite, von Bodenständigkeit in Sprache, Humor oder Kleidung bis hin zu einem äußerst beweglichen, ja launischen Wesen und großer poetischer Ausdruckskraft. Die Natur ist von sehr tiefer Wirkung auf den Melancholiker. Menschen dieses Temperaments können wie das Quecksilber im Barometer sein – einerseits schwer und dicht wie dieses flüssige Element, andererseits zu erheblichen mit der Atmosphäre wechselnden Schwankungen fähig. Tatsächlich sind Melancholiker wetterfühlig. Sie können verspielt und umgänglich, dann wieder ganz in sich zurückgezogen sein. Sie ärgern sich leicht und können nachtragend sein. Sie entscheiden nach einer Laune oder sehr überlegt und bewusst, können die Entscheidungen jedoch in beiden Fällen später wieder umwerfen, weil sie so wechselhaft sind und es ihnen so viel bedeutet, immer in der Wahrheit zu sein.

Der berühmteste Melancholiker der Weltliteratur dürfte Shakespeares Hamlet sein. Er ist leidenschaftlich, wechselhaft, ein hervorragender Schauspieler und findet viel an sich auszusetzen; er ist kreativ, schlagfertig, künstlerisch und körperlich gewandt. Außerdem plagen ihn Skepsis, Unentschlossenheit, Schwermut, Fluchtimpulse und schnell wechselnde Höhen und Tiefen. In ihrem Buch *Hamlet's Choice* schreibt Linda Kay Hoff: »Was die Ursachen von Hamlets Zögerlichkeit angeht, reichen die Theorien von Stolls prägnantem *plus de piece possible* über Schlegels tathemmende Skepsis und die Deutung der Melancholie als Inbegriff abnormer Psychologie im elisabethanischen Zeitalter bis hin zu Nietzsches Ekel.«

Dem Sanguinischen ist das Element Luft zugeordnet. Seine Kennzeichen sind Kommunikation, Leidenschaft, Beziehung. Da Luft bis vor einigen hundert Jahren noch nicht als ein Stoff von eigener Art bekannt war, ist vielfach auch vom Wind oder Atem die Rede. Bekannt war im Altertum jedoch schon die enge Verbindung zwischen Blut und Atem. Von Sanguinikern wird manchmal gesagt, sie seien Windbeutel oder voller heißer Luft – sie lieben den Austausch, sie reden gern und möchten überzeugen. Weil ihnen Beziehungen so wichtig sind, werden sie nicht schnell ärgerlich, und sie verzeihen leicht. Bei seinen Entscheidungen berücksichtigt der Sanguiniker alle, die davon betroffen sind, und so hat er selten Grund, seine Entscheidung zu überdenken. Er bringt gern Leute zusammen, darf bei keinem Event fehlen und ist häufig einer der Letzten, die aufbrechen. Er schließt gern neue Bekanntschaften und verspürt selten den Drang nach Alleinsein.

Auf einen kurzen Nenner gebracht, könnten wir die Persönlichkeiten so charakterisieren: Der Choleriker ist »getrieben«, der Phlegmatiker »freundlich«, der Melancholiker »intensiv« und der Sanguiniker »klug«.

Abbildung 6 und 7 zeigen typische Verhaltensweisen im Zusammenhang mit Ärger und Freude. In Abbildung 8 und 9

C Nicht leicht zu verärgern Verzeiht nicht schnell	**S** Nicht leicht zu verärgern Verzeiht schnell
Leicht zu verärgern Verzeiht nicht schnell **M**	Leicht zu verärgern Verzeiht schnell **P**

ABBILDUNG 6. **Reaktion auf Ärger**. Jedes Temperament hat seine typische Art, mit ärgerlichen Dingen umzugehen. Sie haben vielleicht schon bemerkt, dass die diagonal gegenüberliegenden Temperamente etwas Spiegelbildliches haben. Ein Choleriker ist nicht leicht aus der Ruhe zu bringen, aber wenn ihm etwas wirklich gegen den Strich geht, vergisst er es nicht so bald. Ein Phlegmatiker ist schnell gekränkt, kommt aber auch schnell darüber hinweg. Einen Melancholiker kann man sehr schnell verärgern, und es kann sein, dass er nichts davon zeigt, es einem aber lange nachträgt. Der Sanguiniker schließlich verträgt eine ganz Menge, aber wenn er sich mal ärgert, ist er trotzdem bereit, gleich wieder zu verzeihen.

C Liebt rauschende Feste Scheut keine Kosten Liebt Anerkennung Erkennt andere gern an	**S** Schmeißt gern eine Party Lädt Leute ein, die sich mitfreuen sollen Liebt Musik, singt und tanzt gern Liebt Überraschungen, Abenteuer
Liebt zum Feiern Natur und Schönheit Isst und trinkt gern Liebt künstlerischen Ausdruck, Musik und Tanz Ist sehr gern auch mal für sich allein **M**	Schätzt den Rückhalt der Familie Hat gern vertraute Gesichter um sich Erweist anderen gern Gefallen Liebt stille Spaziergänge mit einem Freund/einer Freundin **P**

ABBILDUNG 7. **Was uns froh macht**. Auch bei positiven Gefühlen können wir deutliche Ausdrucksunterschiede zwischen den Temperamenten erkennen. Die Diagonalen können wiederum komplementär sein. Es kann uns selbst nach etwas Erfreulichem ein vages Unzufriedenheitsgefühl beschleichen, wenn wir keine Gelegenheit haben, unsere Freude auf die Weise zu zeigen, die uns besonders liegt.

C Autoritär Aggressiv Herablassend Hartnäckig Herrschsüchtig	**S** Streitlustig Aufgeblasen Selbstanklagend Weinerlich Nervensäge
Starke Stimmungs-schwankungen In sich gekehrt Anklagend Defensiv Ängstlich **M**	Impulsiv Rebellisch Lethargisch Weint viel Beklagt sich **P**

ABBILDUNG 8. **Wenn wir aus dem Gleichgewicht sind**. Jedes der Temperamente zeigt bei humoralen Entgleisungen – das heißt, wenn der dominante Saft überschießt oder zu spärlich fließt – typische Gruppierungen von Verhaltensweisen. Es könnte nützlich sein, sich diese humoralen Profile zusammen mit dem zugeordneten Element einzuprägen; dann erkennt man die verschiedenen Zustände leichter. So kann der Choleriker etwas von der alles verzehrenden Kraft des Feuers haben, während der Sanguiniker »voller heißer Luft« ist; der Melancholiker ist mitunter schwer wie Erde, der Phlegmatiker hat »nah am Wasser gebaut«.

C	S
Großmütig Inspirierend Mitreißend Charismatisch Visionär Intuitiv Entscheidungsfreudig	Klug Einfühlsam Ermutigend Vertrauensvoll Kommunikativ Humorvoll Mitfühlend
Kreativ Begeisterungsfähig Verspielt Ideenreich Analytisch Elektrisierend Phantasievoll	Meisterlich Beständig Unterstützend Treu Beharrlich Loyal Geschickt
M	P

ABBILDUNG 9. **Zeichen der Ausgeglichenheit**. Wenn die Säfte im rechten Verhältnis zueinander stehen, zeigt sich unser Temperament von seiner besten Seite: Es ist dann von federnder Geschmeidigkeit, und seine charakteristischen Züge sind nicht zu Schwächen überzogen. Der Choleriker verbreitet Licht wie ein Feuer und kann Begeisterung für große Unternehmungen entfachen. Der Sanguiniker bewegt sich leicht wie die Luft von einem zum anderen und sorgt für Kommunikation und Verständnis. Der Melancholiker lässt wie die Erde neues Leben in anderen entstehen und sorgt für das Wachstum der Dinge. Der Phlegmatiker nährt und erfrischt wie das Wasser und kann mit seiner stillen Beharrlichkeit Berge versetzen.

sehen Sie in Beispielen, wie die einzelnen Temperamente sich darstellen, wenn die Säfte im Gleichgewicht sind oder das Gleichgewicht gestört ist.

Wie Sie in Abbildung 8 sehen, besitzt jedes Temperament seine Schattenseiten, die zum Vorschein kommen, wenn die Säfte aus dem Gleichgewicht sind. Die besten Eigenschaften jedes der Temperamente schlagen dann ins Gegenteil um. Wenn Ihre dominante humorale Kraft beispielsweise durch Vernachlässigung oder Überreizung gedämpft ist oder überschießt, kommen die in jedem Temperament vorhandenen unerfreulichen Anlagen zum Vorschein.

Dann können die sonst so klaren Führungsqualitäten des Cholerikers aggressiv und erdrückend werden. Die Gabe des Sanguinikers, auf Menschen einzugehen, schlägt in Streitlust, Sarkasmus oder jämmerliches Flehen um. Die Stärken des Phlegmatikers, Loyalität und Vertrauen, machen ihn anfällig für Gefühle von Verrat, lassen ihn rebellisch werden und wahllos Veränderungen suchen. Und aus der spielerischen Flexibilität des Melancholikers können lastender Ernst und Unzuverlässigkeit werden.

Wie Sie bald erfahren werden, kann man in jedem dieser Fälle konkrete Schritte unternehmen, die das Gleichgewicht wiederherstellen. Anstatt die unerfreuliche Stimmung oder den Schwächezustand direkt anzugehen oder gar mit Medikamenten zu bekämpfen, die den Zustand nur verdecken oder unterdrücken, erlaubt uns die Humorologie, ganz andere Wege einzuschlagen, die unsere dominante humorale Kraft stärken oder ihr die Schärfe nehmen, ganz wie es die Umstände erfordern. Das ist deshalb möglich, weil die Säfte auf vielfältigste Weise mit äußeren Bedingungen und Umständen unseres Lebens verknüpft sind, auf die wir Einfluss nehmen können. Hier lässt sich behutsam und risikolos manches so verändern, dass sich der Säftehaushalt zum Besseren wendet. So wird die Weisheit des Körpers nicht unterlaufen, sondern wir geben ihr Gelegenheit und den Anstoß, das natürliche, flexible Gleichgewicht wiederherzustellen.

Dazu, wie gesagt, später mehr. Zuvor noch ein Thema, auf das Sie vielleicht schon gewartet haben: die Bedeutung des Säfte für Liebesbeziehungen und andere Beziehungen.

Swedenborg war der Auffassung, Korrespondenzen vermittelten sich über natürlich in unserer Psyche angelegte Kanäle, die auf unsere Wahrnehmung der Außenwelt ansprechen. Alles in dieser Schöpfung – Sonne und Sterne, Erde und Luft, Feuer und Wasser, Mineralien und Pflanzen, Vögel, Säugetiere, Kriechtiere und andere Wesen – löst irgendwo unter der Oberfläche unseres Alltagsbewusstseins spezifische Resonanzen aus.

HARVEY BELLIN, »Opposition is True Friendship«,
in: *Emanuel Swedenborg*,
herausgegeben von Robin Larsen, S. 97.

5. Kapitel

Ihre humoralen Beziehungen

Daß ... ein Mann und eine Frau dermaßen eine einzige leibliche Substanz werden und sein können, hat seine Erklärung im Ursprung des Weibes, da es als Leib aus der leiblichen Seite des Mannes hervorgegangen war: nur deshalb können Mann und Frau beim Zeugungsakt in Blut und Schweiß dermaßen zu einem einzigen zusammenfluten ...

Des Mannes Leidenschaft gleicht einem Feuerwerk, das bald gelöscht und bald wieder entfacht wird, weil ein Brand, der fortwährend glühen würde, zu vieles verzehren müßte ...

Die geschlechtliche Lust bei der Frau kann mit der Sonne verglichen werden, die milde, leicht und ständig die Erde mit ihrer warmen Glut durchdringt, auf daß sie Früchte hervorbringe.

Hildegard von Bingen, »Vom geschlechtlichen Verhalten«,
in: *Heilkunde,* S. 135, 137, 143.

Wasser und Feuer, aber auch Erde und Luft zieht es zueinander hin. Vielleicht leuchtet Ihnen das nicht unmittelbar ein. Wir können hier allerdings nicht die gesamte Philosophie über die Wechselwirkungen der Elemente aufrollen, wie sie von Aristoteles und anderen Denkern der Antike entwickelt wurde, um die Welt zu erklären. Vielleicht genügt es, wenn wir uns vor Augen führen, dass das Universum als aus vier Schichten bestehend gedacht wurde: unten die Erde, dann die Ozeane rings um die Erde, dann die Luft über der Erde und schließlich das Feuer über der Luft, bestehend aus Sonne, Blitzen und den Sternen. Erde und Ozeane wurden dem weiblichen Aspekt der Schöpfung zugeordnet, Luft und Feuer dem männlichen.

In jedem Menschen, ob Frau oder Mann, sind sowohl der weibliche als auch der männliche Aspekt der Schöpfung vertreten. Es gibt in praktisch jeder Kultur solche Zuordnungen, wie die alten Griechen sie festlegten, als sie die Lehre von den vier Säften zur Vollendung brachten. Diese überall auf der Welt gültigen Zuordnungen gehen vielleicht auf die Tatsache zurück, dass der weibliche Fruchtbarkeitszyklus erkennbar mit dem Mond zusammenhängt wie die Gezeiten. So bleibt einfach die Sonne, das Tagesgestirn, für das Männliche übrig. Außerdem verrichten Frauen schon immer manche ihrer Arbeiten zur Nachtzeit, ob sie nun Kräuter sammeln oder halb schlafende Kinder stillen. Und schließlich ist ihre Zeugungskraft im Körper verborgen, dunkel und geheimnisvoll wie die Erde und das Meer und die Nacht.

Dem gegenüber steht die männliche Zeugungskraft mit der

Sonne im Zusammenhang, mit dem Jahreslauf und der vermehrten Aktivität der langen Sommertage. Typische männliche Aktivitäten finden bei Naturvölkern eher am Tag statt – Unterkünfte bauen, Jagen, das Vieh hüten. Männliche Zeugungsorgane sind deutlich sichtbare Gebilde außerhalb der Körperhöhle, kraftvoll wie der Wind und die Sonne.

Das Cholerische und Sanguinische ist mit anderen Worten eher dem Männlichen zugeordnet, das Melancholische und Phlegmatische eher dem Weiblichen. Das bedeutet für die grundlegende Persönlichkeitsausrichtung, dass die cholerische und die sanguinische Kraft in Richtung Selbstbehauptung und Initiative tendieren, während das Melancholische und das Phlegmatische eher reagierend veranlagt sind und sich mehr auf das unmittelbare persönliche Umfeld beziehen.

Im Allgemeinen fühlen sich das Cholerische und das Sanguinische, also die eher männlich geprägten humoralen Kräfte, zum Melancholischen und Phlegmatischen, das heißt zu den eher weiblichen Elementen hingezogen. Selbstverständlich bedeutet das nicht, dass etwa ein melancholischer Mann weniger männlich wäre als ein cholerischer oder eine sanguinische Frau weniger weiblich als eine phlegmatische. Wir sprechen hier vielmehr von esoterischen Assoziationen, die sich in konkreten Situationen als ganz nützlich erweisen können, weil sie bestimmte Voraussagen erlauben. Tatsächlich ist es so, dass bei jedem Menschen die unterschiedlichsten Aspekte der Männlichkeit oder Weiblichkeit in den Vordergrund rücken, je nachdem, wie das Säftegleichgewicht gerade aussieht.

Kaum einer wird heute noch behaupten, Frauen könnten nicht genauso durchsetzungsfähig sein wie Männer oder ein Mann könne nicht so empfänglich und ansprechbar sein wie eine Frau. Alles in allem werden wir Durchsetzungsvermögen jedoch eher bei der sanguinischen oder cholerischen als bei der phlegmatischen oder melancholischen Frau finden. Und ein melancholischer oder phlegmatischer Mann wird bei ungestörtem Säftehaushalt eher nachdenklich und reagierend veranlagt sein als ein Sanguiniker oder Choleriker.

Dualität und die Säfte

Den Schöpfungsmythen der alten Kulturen zufolge entstand das Universum durch die Schaffung einer Dualität aus dem Nichts. In der alten chinesischen Tradition des Daoismus zum Beispiel stehen Yin und Yang einander gegenüber – die kühle, dunkle, kontrahierende Energie und die warme, helle, expandierende Energie.

Der alten hebräischen Überlieferung zufolge schuf Gott Licht und Finsternis, Himmel und Erde, Adam und Eva. Die Indianer sehen ihre Herkunft und ihre Zukunft im ausgewogenen Kräftespiel zwischen Vater Sonne und Mutter Erde. Und im zwanzigsten Jahrhundert postulierte der Psychoanalytiker Wilhelm Reich, der Schlüssel zum Verständnis des Daseins liege im Pulsieren von Kontraktion und Expansion, Weiblichem und Männlichem.

Heute denken die Quantenphysiker darüber nach, wie aus einem homogenen Vakuum ein vielgestaltiges Universum hervorgehen konnte, in dem eine Dualität von Materie und Antimaterie besteht.

Als die Griechen ihre Säftelehre entwickelten, geschah es in Anlehnung an diese universale Dualität. Das Cholerische und das Sanguinische waren wärmere, aktivere, konzentriertere und expansivere Substanzen, und aus ihnen gingen die klassischen männlichen Eigenschaften hervor – Konzentration, Selbstbehauptung, Macht, leidenschaftliche Gefühlsausbrüche. Das Melancholische und Phlegmatische waren kühler, langsamer, eher auf vielerlei verteilt und nach innen gekehrt. Daraus entstanden die klassischen weiblichen Eigenschaften wie Aufmerksamkeit, Aufgeschlossenheit, Geduld und Hingabe.

Das Cholerische stand für die trockenere, aggressivere und intuitivere, das Sanguinische für die etwas weichere, überlegtere und umsichtigere Spielart männlicher Energie. Das Melancholische formte den trockeneren, eher eigenständigen Typus weiblicher Energie, während die eher weiche und nährende Form weiblicher Energie auf das Phlegmatische zurückgeführt wurde.

Gedanken über geschlechtsspezifische Grundhaltungen und Betätigungsformen können heute sehr provozierend wirken und müssen natürlich genau beleuchtet werden. Aber wenn wir die alten Zuordnungen einfach ablehnen und behaupten, sie hätten nicht einmal einen wahren Kern, schütten wir möglicherweise das Kind mit dem Bade aus. Wer möchte etwa bestreiten, dass eine fürsorgliche, zugewandte Mutter und ein starker, beschützender Vater entscheidend wichtig für ein Kind sind – und nicht für das einzelne Kind allein, sondern für den Stamm, die Gesellschaft, die Menschheit insgesamt?

Überlegen wir also, was die Säftelehre, richtig angewandt, uns heute Nützliches zu bieten hat, und sehen wir dabei zu, dass wir vereinfachendes Schablonendenken vermeiden. Das ist in zwei Punkten besonders wichtig. Erstens: Da sich in jedem Menschen alle vier Säfte mischen, können wir nicht nach dem Geschlecht allein voraussagen, wie Menschen sich verhalten werden, sei es in Männergruppen, in Frauengruppen oder als Einzelne. Ihr Temperament ist durch die humorale Kraft geprägt, die sich einschaltet, wenn durch Stress erhöhter Energiebedarf oder Anpassungsdruck entsteht. Alle Säfte sind jedoch jederzeit präsent, ob sie nun blockiert, geschwächt, im Überschuss vorhanden oder in dynamischem Gleichgewicht sind. Das bedeutet, dass jeder Mensch männliche und weibliche Züge besitzt.

In unserer gegenwärtigen Welt der Schlagworte und griffigen Bilder beispielsweise könnte die Aussage, männliche Energie sei eher frontal und aggressiv, weibliche dagegen eher zurückhaltend und geduldig, zu dem Schluss führen, ein »richtiger« Mann müsse draufgängerisch und aggressiv sein und eine »richtige« Frau abwartend und geduldig. Nein, denn in jedem Menschen finden diese Energien ihr ganz eigenes dynamisches Gleichgewicht.

Zweitens fördert der Dualismus der männlichen und weiblichen Energien ganz entschieden das Verständnis der Kreativität und trägt dazu bei, Klischees über den relativen Wert bestimmter Rollen und Betätigungsfelder abzubauen. Das Schöpferische hat in allem menschlichen Tun seinen Platz, im Zeugen und Aufziehen von Kindern und in allen Formen der Liebe ebenso wie im Bemühen um persönliche Entwicklung und Veränderung oder im künstlerischen und handelnden Selbstausdruck. Den alten Traditionen zufolge braucht das Schöpferische beide Energien, wie zu einer Empfängnis Samenzelle und Eizelle gehören oder wie rechte und linke Gehirnhemisphäre zu gezieltem Denken zusammenwirken müssen. Der Dualismus erklärt nicht nur die Schöpfung bis hierher, sondern auch die Schöpfung, wie sie von hier aus weitergeht.

Denken wir nur an die gesellschaftlichen Veränderungen der jüngsten Zeit. Vor zwanzig Jahren wollten viele Frauen aus der häuslichen Sklaverei ausbrechen und suchten sich zunehmend Betätigungsfelder im akademischen Bereich und im Berufsleben. Das brachte Veränderungen in der Wirtschaft mit sich, und die häusliche Rollenverteilung wurde – wenn auch nicht ohne Konflikte – flexibler. Neuerdings entschließen sich jedoch viele gebildete Frauen dazu, ganz für ihre Kinder und den Haushalt zu leben und die berufliche oder akademische Karriere aufzuschieben. Der Unterschied liegt darin, dass sie ihre Entscheidung aufgrund ihrer eigenen Prioritäten treffen.

Auf all das können die Säfte und Temperamente ein klärendes Licht werfen.

Deshalb sollten wir aus der alten humoralen Deutung der Anziehungskräfte zwischen den Menschen keine Vorannahmen über das biologische Geschlecht von Liebespartnern ableiten. Die alten Texte beziehen sich zwar aus verschiedenen Gründen auf Mann-Frau-Beziehungen, aber es ist bekannt, dass in jeder Kultur auch gleichgeschlechtliche Beziehungen eine Rolle gespielt haben. Ich möchte Ihnen also ans Herz legen, die hier vorgetragenen Erkenntnisse nicht durch die Annahme zu entkräften, sie träfen nur auf Beziehungen einer bestimmten Art zu.

All das führt nun zu dem interessanten Ergebnis, dass Choleriker und Phlegmatiker sowie Melancholiker und Sanguiniker einander anziehen. Gegensätze ziehen sich an.

Und das bedeutet keineswegs, dass Disharmonie unausweichlich wäre. Choleriker und Phlegmatiker sind beide an Stärke und Loyalität interessiert, ein Choleriker unter dem Gesichtspunkt des Führens, ein Phlegmatiker unter dem Gesichtspunkt des Rückhalts und des souveränen Könnens. Sie sind in vieler Hinsicht gegensätzlich, aber durch diese zentralen Wertvorstellungen verbunden, in denen sie einander, wie sie intuitiv spüren, ergänzen.

Das gemeinsame Interesse von Melancholikern und Sanguinikern ist Leidenschaft und Abenteuer, wobei der Melancholiker sich am natur- und erdhaften Ende des Spektrums befindet, während der Sanguiniker sich mehr für menschliche Beziehungen und die kosmische Dimension interessiert.

Mir macht es immer wieder Vergnügen zu beobachten, in wie vielen sturmerprobten Ehen, die mindestens fünfundzwanzig Jahre überdauert haben, ebendiese humorale Anziehung und Ergänzung zu erkennen ist.

Das erklärt auch das mitunter nicht leicht zu begreifende Phänomen, dass sehr unterschiedlich aussehende Menschen total aufeinander stehen. Da verliebt sich eine hoch gewachsene, gertenschlanke Frau in einen eher gedrungenen Mann mit schütterem Haar, und die Leute fragen sich, warum. Nun, weil ihre Temperamente zusammenpassen. Bei ihr wird wahrscheinlich die melancholische Kraft die stärkste sein, was bedeutet, dass sie Stimmungsschwankungen unterliegt, nicht besonders organisiert und vielleicht auch ein wenig unsicher ist. Sein sanguinisches Temperament zieht sie an, diese jederzeit verlässliche Kommunikationsbereitschaft, oft auch noch mit einem guten Schuss Humor, der sie aufheitert. Er wiederum hat sein Leben gut im Griff und kann ihr durch seine Zuwendung und Verlässlichkeit schmeicheln.

Dafür bietet der Zeichentrickfilm *Falsches Spiel mit Roger Rabbit* ein besonders schönes Beispiel. Ein Kaninchen namens Roger, das äußerlich nicht viel hermacht, erfreut sich der unsterblichen Liebe einer ranken, schlanken Schönen namens Jessica. Die Leute Fragen sich ratlos, weshalb sie, der jeder zu Füßen liegen würde, sich nun ausgerechnet auf diesen Roger versteift. Ihre Antwort: »Weil er mich zum Lachen bringt.« Ein melancholisch-sanguinisches Bilderbuchpaar!

Für Langzeitpartner könnte die mit den verschiedenen Säften verbundene Stärke des sexuellen Bedürfnisses interessant sein, denn hier kann es bei komplementären Partnern erhebliche Unterschiede geben. Stellen Sie sich vor, man könnte die Temperamente mit einer kleinen Ernährungsumstellung oder ähnlich einfachen Mitteln so ins Gleichgewicht bringen, dass die beiden Partner ungefähr auf die gleiche Ebene kommen, was ihren sexuellen Appetit angeht. Sie erinnern sich vielleicht noch an Sharon und Gabriel aus der Einleitung – unterschiedliche Nahrungsvorlieben, unterschiedliche Stärke des sexuellen Verlangens. Eine phlegmatische Frau und ihr sanguinischer Mann. Sie ernährte sich mit Vorliebe von Milchprodukten, die ihre phlegmatischen Tendenzen, darunter auch die relativ schwache Libido, noch intensivierten. Einmal pro Woche oder auch nur alle zwei Wochen Sex reichte ihr völlig aus. Sie war vollauf mit Kindern und Haushalt und Schule beschäftigt und hatte einfach nicht mehr Bedarf.

Er besaß die sanguinische Vorliebe für kräftig gewürzte Dinge, was der für Sanguiniker typischen starken Libido noch Auftrieb gab. Ihn kam das Verlangen mindestens einmal am Tag an.

Er musste häufig daran denken und war dann frustriert, dass seine Frau so wenig Interesse zeigte.

Von seinem Speisezettel wurde das scharf Gewürzte gestrichen und sie schränkte sich bei Jogurt und Hüttenkäse ein. Nachdem die Überreizung ihrer jeweiligen dominanten humoralen Kraft durch diese Lebensmittel abgeklungen war, nahm die Intensität des sexuellen Verlangens hier etwas ab und dort etwas zu, was dem sexuellen Austausch enormen Auftrieb gab und allen Frustgefühlen den Boden entzog. Jetzt erst ergänzten sich ihre Temperamente wirklich.

In dem Film *Der Stadtneurotiker* erzählt die von Woody Allen dargestellte Hauptperson ihrem Psychiater, Sex gebe es so gut wie nie, dreimal die Woche, mehr nicht. Die von Diane Keaton dargestellte Annie dagegen berichtet ihrem Psychiater, man schlafe praktisch pausenlos miteinander, bis zu dreimal die Woche. Sie ist die klassische Melancholikerin, etwas matt und sehr schön, leicht depressiv und in sich versunken. Er ist ein Sanguiniker reinsten Wassers, immer auf Beziehungen aus, geistreich und kommunikativ, leicht zynisch in seinen Äußerungen, aber im Grunde doch überzeugt, dass jedes Problem lösbar sei. Das klassische sanguinisch-melancholische Paar, dessen Temperamente »humorvoll« überzeichnet werden. Ähnlich Shakespeare zeigt Allen hier – ob bewusst oder nicht – ein feines Gespür für humorale Überschüsse und deren Folgen für die Betroffenen.

Beim Choleriker wie auch beim Melancholiker ist die Libido mäßig stark. Bei Ersterem hat sie jedoch etwas sehr Gleichmäßiges, während sie bei Letzterem kommt und geht – mal ein paar Tage sehr rege, dann wieder für einige Zeit beinahe stumm. Das ist gut zu wissen, wenn man mit einem Menschen von melancholischem Temperament verheiratet ist. Ansonsten würden Sie es vielleicht persönlich nehmen – oder sich selbst die Schuld geben –, wenn Ihr Partner mal Lust hat und mal nicht.

All das bedeutet natürlich nicht, dass nur Ehen in Form dieser klassischen Paarungen – cholerisch-phlegmatisch oder melancholisch-sanguinisch – Bestand haben können; aber in jeder Ehe ist es gewiss hilfreich, wenn man sich ein wenig mit den Säften und Temperamenten auskennt. Stellen wir uns zum Beispiel ein gut aussehendes Paar vor, beide mit den gegenwärtig im Westen gültigen Merkmalen der Schönheit ausgestattet – groß, ovales Gesicht, feingliedrig. Was, wenn sie gleichzeitig in ihre melancholische Phase kommen? In Hollywood lassen sie sich dann scheiden. Das steht nicht jedem so ohne weiteres zur Wahl. Und vielleicht gibt es ja auch bessere Möglichkeiten.

Solange sich beide ihrer Stimmung hingeben – der eine, sagen wir, schlürft seinen Wein, der andere verdrückt eine Packung Eis nach der anderen oder sieht zu, dass er seinen Tagesplan wirklich restlos voll bekommt –, wird es keinerlei Kommunikation geben, wirklich gar nichts. Und man darf damit rechnen, dass jeder dem anderen die Schuld gibt und sich ungeliebt fühlt.

Da wäre es doch sicher hilfreich zu wissen, dass sie einfach gleichzeitig ihr barometrisches Tief, den niedrigsten Stand ihrer Quecksilbersäule, erreicht haben. Sie brauchen sich dann nur noch zu sagen, dass sie diese Phase einfach durchstehen müssen, ohne einander allzu sehr zu verletzen, dass sie ihre Temperamente ausgleichen müssen, jeder auf die Weise, die erfahrungsgemäß am besten bei ihm anschlägt – dann wird irgendwann einer oder beide wieder auftauchen, und die Beziehung kann fortgesetzt werden.

Keine Sorge also, wenn Ihr Partner nicht von komplementärem Temperament ist. Ohnehin spielen bei der Partnerwahl sehr viel mehr Aspekte eine Rolle, nicht nur das Temperament. Das Wissen um die Temperamente vergrößert aber auf jeden Fall die Chancen unserer Beziehung.

Wenn Sie miteinander zurechtkommen, haben Sie bereits herausgefunden, wie man die Muster des Säftehaushalts so abgleicht, dass beide zufrieden sind und sich wohl fühlen. Sie werden das in Zukunft noch selbstbewusster und mit weniger experimentellen Reibungsverlusten tun können, wenn sie genauer über die Säfte und Temperamente informiert sind.

Und sollte es in Ihrer Beziehung ein gewisses Stressniveau

geben, werden Sie durch die Kenntnis der Säfte viel besser verstehen, wo die Schwachpunkte sind und wie man die Beziehung für beide gehaltvoller und befriedigender machen kann.

Nirgendwo steht geschrieben, dass Ihr Seelengefährte/Ihre Seelengefährtin vom diagonal gegenüberstehenden humoralen Muster sein muss. Das ist nur ein bei der Partnerwahl recht häufig zu beobachtendes Muster. Viele gute und langlebige Beziehungen entsprechen nicht diesem Muster oder bestehen sogar zwischen Menschen desselben Temperaments. Man darf aber vermuten, dass diese Beziehungen halten, weil die Beteiligten herausgefunden haben, wie sie sich selbst im Gleichgewicht halten und wirklich »in Form« sind für die Partnerschaft. Zwei Melancholiker, die nicht in diesem Sinne in Form sind, werden beide in der Depression versacken und sich ausklinken. Zwei unausgeglichene Choleriker werden einander zu beherrschen versuchen. Zwei Sanguiniker werden unausgesetzt argumentieren. Zwei Phlegmatiker werden unter diesen Umständen völlig ratlos und konfus sein und überhaupt nichts mehr auf die Reihe bekommen. Aber als ein Team gleichgesinnter und gesunder Menschen können alle diese Paarungen wunderbar funktionieren. Alles spricht also dafür, über den Ausgleich des Säftehaushalts Bescheid zu wissen.

Wenn Sie noch keinen Lebenspartner gefunden haben, sich aber einen wünschen: Könnten Sie sich vorstellen, dass es gut wäre, rechtzeitig zu wissen, mit was für Stimmungen, mit welcher Stärke des sexuellen Verlangens, mit wie viel Ärger und Streit, aber auch mit was für schönen gemeinsamen Erlebnissen Sie rechnen können, wenn Sie jemanden ins Auge gefasst haben?

Wenn Sie eine Frau sind und immer wieder an Männer geraten, die erst unwahrscheinlich lebendig wirken und Ihnen sehr viel Aufmerksamkeit entgegenbringen, sich aber nach einer Woche immer mehr in sich selbst zurückziehen und unerreichbar werden, dann können Sie sich überlegen, bevor Sie sich zu weit einlassen, ob Sie wirklich das Selbstvertrauen und die Geduld haben, die Sie für das Zusammenleben mit einem

Melancholiker und seinen Stimmungsumschwüngen brauchen werden.

Oder wenn Sie ein Mann sind und eine Schwäche für diese frischfröhlichen kleinen Frauen mit Wespentaille und hinreißendem Humor haben: Sind Sie wirklich bereit für diesen sanguinischen Hang, Ihr Leben in Ordnung zu bringen, pausenlos und unermüdlich zu reden, um eine bestimmte Sache klar zu machen, oder Sie unter den Tisch zu argumentieren, wenn Sie sich irren, und es krumm zu nehmen, wenn Sie nicht so ziemlich jeden Tag Lust auf Liebe haben?

Wenn der etwas robustere Zeitgenosse Sie anmacht, ein Bär von einem Mann, haben Sie dann auch Lust auf seine cholerische Neigung, den Boss zu spielen, wenn er müde ist oder es mit der Umsetzung seiner großen Visionen hapert? Und könnten Sie sich damit abfinden, dass er für irgendein hehres Anliegen oder seinen Beruf mehr Zeit erübrigt als für die Familie?

Wenn Sie eine muntere, wirklich hinreißende Frau anziehend finden, deren Alter unmöglich zu schätzen ist, die aber lacht und zwinkert wie ein Mädchen, würden Sie dann wohl hinnehmen, dass sie als Phlegmatikerin sehr sauer auf kleine Kränkungen reagiert und mal übervorsichtig, ein andermal aber allzu impulsiv ist?

Wenn Sie die Bedeutung der humoralen Kräfte einmal erkannt haben, werden Sie sich nicht mehr so hilflos fühlen, sollten sich derartige Dinge in Ihrer Beziehung zeigen. Sobald Sie Klarheit über Ihre humoral bedingten Reaktionstendenzen haben, können Sie außerdem selbst entscheiden, wie weit Sie der Schattenseite Ihres Temperaments nachgeben wollen. Jedenfalls können Sie etwas tun, damit die Sache nicht zu unangenehm wird. Überdies können Sie grundsätzliche Änderungen ihrer Lebensweise und Ihres Umfelds vornehmen, die bei Ihnen selbst und bei Ihrem Partner sehr viel für das humorale Gleichgewicht bewirken können.

Nehmen wir beispielsweise an, Sie bemerken, dass Ihre cholerische Frau ganz schön unter Dampf steht. Man kann ihr nichts recht machen, und dann fängt sie auch noch an, alle herumzukommandieren, Sie eingeschlossen. Überprüfen Sie dann einfach mal die gegenwärtigen Umweltbedingungen beziehungsweise das Raumklima. Es könnte nämlich sein, dass es für Ihre Frau einfach zu heiß und zu trocken ist. Schlagen Sie einen Schwimmbadbesuch oder eine gemeinsame kühle Dusche vor, oder kredenzen Sie ihr einfach ein großes Glas Eiswasser. Gut möglich, dass dann alles wieder in Ordnung ist. Sie können auch die Klimaanlage einschalten oder einen Zimmerspringbrunnen anschaffen.

Doch den Fragen des Komforts werden wir uns später noch widmen.

Auch in Freundschaften spielt das Kräftespiel der Säfte eine große Rolle. Auch hier handelt es sich überwiegend um komplementäre Beziehungen. Man erwartet vielleicht, dass sich am liebsten Menschen zusammentun, die einander ähnlich sind, aber so läuft es offenbar nicht. Die Elemente ziehen ihr jeweiliges Gegenstück an. Wenn es heißt, dass Gleiches von Gleichem angezogen wird, dann bezieht sich das weniger auf die Polung als auf eine Gleichartigkeit der Schwingung. Wenn Sie in Ihrer besten humoralen Verfassung sind, strahlen Sie eine bestimmte Schwingung aus und ziehen am ehesten Menschen von ebenso hoher Schwingung an. Und wenn Sie sich in den Niederungen Ihrer ungesündesten Schwingung aufhalten, werden Sie Leidensgefährten anziehen. In beiden Fällen wird der Partner jedoch sehr wahrscheinlich von komplementärem Temperament sein.

Manchmal lernen wir jemanden kennen und gewinnen den Eindruck, dass wir viel mit diesem Menschen gemein haben, doch dann entwickelt sich trotzdem keine kontinuierliche Beziehung daraus, weil wir nicht noch mehr von unserer dominanten humoralen Kraft brauchen, sondern Entsprechung und Ergänzung suchen.

Dieser Wunsch nach etwas anderem, nach Herausforderungen und interessanten Anstößen kann leider auch zu Irrtümern führen. Wir alle suchen die gesunde humorale Ergänzung, aber die meisten Menschen wissen das nicht und lassen sich auf

Schwingungsprofile und humorale Kräfte

Man könnte meinen, hier bestehe ein Widerspruch. Einmal heißt es »Gegensätze ziehen sich an«, dann wieder »Gleiches zieht Gleiches an«. Gilt das eine für Liebesbeziehungen und das andere für Freundschaftsbeziehungen? Oder gilt die Gegensatz-Regel für Beziehungen und die Gleichheitsregel für das Denken?

Eigentlich stehen die beiden Auffassungen nicht im Widerspruch. Die heutigen Erfolgsgurus und Advokaten des positiven Denkens sagen: Wir werden das, was wir denken. In einer Welt des Geistes sei es selbstverständlich, dass wir das anziehen, was wir erwarten. Sind unsere Gedanken überwiegend negativ, wird entsprechend Unangenehmes passieren; erwarten wir jedoch Gutes für unser Leben, vergrößern wir damit die Chance, dass sich tatsächlich Gutes einstellt.

Wenn das so ist, weshalb zieht dann eine auf Familie und Zusammensein ausgerichtete Phlegmatikerin einen Choleriker an, der vor allem draußen in der Welt Großes vollbringen möchte? Nun, das sind einfach komplementäre Rollen, wenn es um Sicherheit und Loyalität geht. Die ausgeglichene Phlegmatikerin »denkt« an Sicherheit, weil Sicherheit für sie ein sehr wichtiger Aspekt des Familienlebens ist, und die beschützende Führernatur kann ihr diese Sicherheit geben. Er wiederum, der ausgeglichene Choleriker, »denkt« an schutzbedürftige Menschen und zieht genau diesen Typ an.

Wenn sich beide in ihrer Haut wohl fühlen, sich selbst und ihre Wünsche und Bedürfnisse kennen und für den Gedanken der gegenseitigen Ergänzung und Erfüllung offen sind, werden sie sich zueinander hingezogen fühlen. Und hier ziehen Gleich und Gleich sich an, weil sich beide auf einer gesunden Schwingungsebene befinden.

Physikalisch gesehen lässt sich jedes Ding und Phänomen am besten anhand seines Schwingungsprofils beschreiben. Wir können dieses Thema hier nicht in seinen physikalischen Aspekten vertiefen, aber praktisch gesehen ist es so, dass gerade im Bereich der Gesundheit und des Heilens viele Forschungsvorhaben sich diesen Schwingungsaspekt zum Gegenstand gemacht haben. So gibt es bereits hochinteressante Ergebnisse auf dem Gebiet der Gewebeforschung, die erkennen lassen, dass jedes Organ seine eigene Schwingungs- und Resonanzfrequenz besitzt. Je gesünder ein Organ ist, desto klarer und harmonischer ist die Resonanz mit seiner Umgebung. Und das ist noch nicht alles. Kränkelnden Organen kann man Impulse der Gesundung geben, indem man sie Feldern aussetzt, die ihrer Idealschwingung im gesunden Zustand entsprechen. Man kann sogar den ganzen Körper in ein Magnetfeld bringen, das der natürlichen Schwingung des gigantischen Magneten Erde entspricht; in dieser Umgebung fällt es allen Organen leichter, ihre eigene gesunde Schwingung wiederherzustellen.

Es spricht auch manches für die Annahme, dass wir alle durch ein Geflecht von Schwingungen verbunden sind. Denken wir nur an die Kraft von Gebeten oder einfach guten Gedanken für andere, ob sie von besorgten Angehörigen, Ärzten, Schamanen, einer Kirchengemeinde oder auch von unbekannten wohlgesonnenen Menschen ausgesandt werden.

Von C. G. Jungs Hypothese des kollektiven Unbewussten ausgehend, zitiert der Arzt Larry Dossey in seinem Buch *Reinventing Medicine* den Philosophen Michael Grosso mit dem Gedanken, das Zusammenwirken von Gehirn und Geist laufe etwa so wie das von Radio und Radiowellen. Das Geistige existiert gleichsam als eine vorgegebene Schwingung, auf die das Gehirn sich als »Empfänger« abstimmen kann.

Wenn wir dieser Möglichkeit nachgehen wollen, dass Gesundheit vor allem eine Frage der klaren und harmonischen Schwingung ist, können wir auch an die schamanistische Heilkunst denken, an die Heilkraft von Musik, Tanz und Trommelklängen oder einfach an die heilende Wirkung des Lachens. In der traditionellen chinesischen Medizin, um nur noch ein weiteres Beispiel zu nennen, werden stimmliche Qualitäten zur Diagnose herangezogen. Gesundheit als Schwingungsphänomen – das zeigt sich sogar in unserer modernen Kultur, auch wenn wir die Verbindung nicht bewusst ziehen. Wie »Humor« im sechzehnten Jahrhundert Eingang in die englische Umgangssprache fand, so wird jetzt das Schwingungsvokabular zum Bestandteil der Sprache dieses von der Quantenphysik geprägten Zeitalters. So kann ein Ort oder eine Versammlung von guter oder schlechter »Schwingung« sein, wir »stimmen« uns auf jemanden ein oder spüren, dass wir mit einem anderen Menschen »auf gleicher Wellenlänge« sind oder zwischen uns und einem anderen einfach keine »Resonanz« entstehen will.

Wilhelm Reich, der zunächst dem engeren Kreis um Sigmund Freud angehörte, sich später aber von ihm trennte und seine ganz eigenen und bis heute umstrittenen psychologischen Theorien entwickelte, gelangte zur Annahme einer kosmischen Schwingung, über deren Erforschung er in seinem Werk *Die Funktion des Orgasmus* berichtete.

Solche Beobachtungen geben uns Grund zu der Annahme, dass zwei Menschen einander umso stärker anziehen, je ähnlicher sie sich auf dieser Ebene der »Schwingungsgesundheit« sind. Man spürt die Harmonie zwischen ihnen. Ein gesunder Sanguiniker in seiner optimalen Schwingung, also in einem Zustand der harmonischen Resonanz von Geist und Körper, wird sich nicht zu einem melancholischen Menschen mit gestörter Schwingung hingezogen fühlen, der Dissonanz ausstrahlt und gleichsam unharmonische Signale sendet. Die Anziehung wird sich jedoch einstellen, sobald der Melancholiker wieder ins Gleichgewicht kommt und seinen Sinn für Humor wiederfindet.

Es könnte aufschlussreich sein, sich die humoralen Kräfte einmal in einem dreidimensionalen Koordinatensystem vorzustellen. Quer verlaufend nehmen wir die Dimension »rezeptiv-aktiv« an, von hinten nach vorn die Dimension »sachorientiert-beziehungsorientiert« oder »Konkurrenz-Kooperation« und von oben nach unten die Dimension »Gleichgewicht-Ungleichgewicht« der Säfte. Wenn wir hier jetzt die möglichen Paarungen abtragen möchten, wird es sicher ein wenig kompliziert, wie der magische Würfel oder ein dreidimensionales Brettspiel. Sie können sich aber vielleicht vorstellen, dass der in seinem humoralen Gleichgewicht gestörte Melancholiker unter Umständen eher einen ebenso gestörten Choleriker anziehend findet als einen gesunden Sanguiniker. Immerhin verbindet sie der relativ schnelle Stoffwechsel und die Tatsache, dass sie Stress gern mit vermehrtem Essen begegnen. Gemeinsam könnten sie von Vergeltung für ihr Ungemach träumen (Melancholiker) oder sie konkret planen (Choleriker). Kommt jedoch einer von ihnen auf eine höhere Schwingungsebene, ist es mit der Anziehung auch schon wieder vorbei.

Genauso kann ein humoral gestörter Melancholiker sich mit einem ebenso gestörten Sanguiniker verbinden wollen, denn dieser liefert ihm mit seiner Diskutierwut tausend Gründe, anderen die Schuld an seinen Problemen zu geben.

All das läuft nun auf einen sehr einfachen Schluss hinaus: Wenn Sie sich eine komplementäre, harmonische Beziehung wünschen, brauchen Sie gar nicht viel draußen in der Welt herumzusuchen. Sorgen Sie einfach mit geeigneten Mitteln dafür, dass Sie selbst attraktiver werden; bringen Sie sich auf eine höhere Schwingungsebene, und sorgen Sie mit Ihrem humoralen Wissen für optimale Gesundheit unter dem Gesichtspunkt Ihres Temperaments.

schwierige Leute ein, an die man eigentlich nur Zeit und emotionale Energie verschwendet. Sobald Sie sich mit den Säften ein wenig besser auskennen, werden Sie wissen, dass für Ihren Wunsch nach Abenteuer und Entwicklung besser durch Menschen gesorgt ist, deren Säfte sich im Gleichgewicht befinden und deren Temperament sich mit Ihrem ergänzt. Halten Sie sich von schwierigen Menschen lieber fern, bis sie Ihren humoralen Haushalt in Ordnung gebracht haben.

Ich erinnere mich noch an die siebziger Jahre, als es die ersten Computer gab, denen man nachsagte, sie könnten riesige Datenmengen nach Partnern mit den gewünschten Merkmalen durchsuchen. Das sah zunächst aus wie eine staunenswerte neue Art, wirklich zueinander passende Menschen ausfindig zu machen. Aber richtig eingeschlagen hat es eigentlich nicht. Wir sind nämlich gar nicht auf Menschen aus, die wie wir sind. Heute fragen einen die automatisierten Kontaktagenturen, wonach man sucht, und versuchen auf diesem Wege etwas Passendes zu finden.

Auf dem College habe ich einmal so ein Formular ausgefüllt und abgeschickt. Damals kannte ich den Mann schon, mit dem ich jetzt über zwanzig Jahre verheiratet bin. Ich fand es aber interessant zu sehen, wen ich da auftun würde, und ich wollte herausfinden, wonach ich eigentlich suchte. Dann war da auch noch diese heimliche Phantasie: Was, wenn er genauso vorgegangen war und der Computer uns als zueinander passend ermitteln würde?

Nichts dergleichen. Stattdessen bekam ich etliche Briefe von Typen, die mir erschreckend ähnlich zu sein schienen. Ihr Temperament entsprach offenbar meinem, nur erschien es mir überzogen. Bei dem Gedanken, einen von ihnen kennen lernen zu müssen, dachte ich: Nur das nicht. Was sollte ich mit einem Ebenbild, mit jemandem, der schon zu den gleichen Schlüssen gelangt war und vermutlich alle meine Fehler und Schwächen ebenfalls besaß?

Vielleicht erinnern Sie sich noch an Melissa aus der Einleitung, die junge Frau, die sich immer wieder den gleichen Typ Mann zuzog: Er zeigt sich erst einmal stark und romantisch, vermag aber in einer längerfristigen Beziehung keinerlei emotionalen Rückhalt zu geben. Sie war Sanguinikerin, sah immer nur das Beste in den Menschen und war ganz versessen auf Beziehungen. Sie flog auf Melancholiker, die oft so wirken, als brauchten sie nur einen starken und fröhlichen Menschen an ihrer Seite, um ihre leidenschaftlichen Träume von Freiheit und Selbstausdruck zu verwirklichen. Als Melissa einmal erkannt hatte, dass sie an diesen Männern eigentlich das Inspirierende und die Intensität suchte, nicht aber diese Bedürftigkeit, lernte sie zu unterscheiden, auf welche Beziehung sie sich einlassen konnte und auf welche lieber nicht. Sie suchte jetzt mit anderen Worten nach Melancholikern von einer gewissen Ausgeglichenheit und Gesundheit und mied die anderen, die unweigerlich von ihrer Energie, Stetigkeit und positiven Ausrichtung abhängig wurden.

Vielleicht interessiert Sie auch der Gedanke, dass die vier Temperamente auch für viele unserer Spiele von tragender Bedeutung sind. Die beteiligten Spieler nehmen irgendwann eines der Temperamente an. Da haben wir die Führungsperson, dann jemanden, der verantwortungsbewusst auf die Details achtet, den kommunikativen Anfeuerer und den etwas melodramatischen Charakter. Selbst wenn das nicht ihre eigentlichen Temperamente im normalen Leben sind, werden sie diese Rollen einmal spielen, wenn das Spiel nur lange genug dauert. Aber dauert das Spiel so lange, damit jeder Gelegenheit hat, in komplementäre Rollen zu schlüpfen, oder schlüpft man in die Rollen, damit das Spiel weitergeht? (Es heißt ja, Zeit und Kausalität seien lediglich Erfindungen, die uns das Unbegreifliche ein wenig plausibler erscheinen lassen sollen. Kommt hier mein sanguinisches Temperament durch?)

Wenn die angenommenen humoralen Rollen nicht zu den Spielern passen oder nicht wenigstens ihrer humoralen Subdominante entsprechen, wird die Gruppe vermutlich nicht wieder zusammenkommen, jedenfalls nicht regelmäßig. Doch der Reiz eines Spiels kann gerade darin bestehen, dass man vorübergehend mit einer im eigenen Temperament weniger stark vertretenen humoralen Kraft spielt, ohne sich gleich ganz umkrempeln zu müssen. So kann es einem Phlegmatiker durchaus Spaß machen, für ein, zwei Stunden den melodramatischen Melancholiker zu spielen. Oder er versucht sich in der dominanten cholerischen Rolle, vielleicht als besonders ekelhafter Hausbesitzer beim *Monopoli*.

Vielleicht haben Sie auch schon erlebt, dass jemand bei solch einem Spiel zu Ihnen sagt: »He, die Seite kenne ich noch gar nicht an dir.« Oder: »Boah, so hab ich dich ja noch nie erlebt!«

Bei dauerhaften Vierergruppierungen wird sich fast immer zeigen, dass es sich um Menschen von komplementärem Temperament handelt. Wir können uns auch mit solchen Quartetten in Literatur, Film und Musik beschäftigen und uns fragen, von welchem Temperament die Beteiligten sind. Achten Sie etwa in dem Film *Titanic* auf die vierköpfige Kapelle, die beim Untergang des Schiffs weiterspielt. Was können Sie erkennen, als sie zuerst abbrechen wollen, sich dann aber zum Weiterspielen entschließen? So etwas kann faszinierend sein.

Sehen Sie sich ein paar der Berühmtheiten an, die ich jetzt beispielhaft nennen möchte, und gehen Sie dann zu Personen über, die Ihnen selbst einfallen. Es könnte sein, dass Sie Rockgruppen, Kartenspieler oder Filme mit männlicher und weiblicher Hauptrolle sowie männlicher und weiblicher Haupt-Nebenrolle von heute an mit anderen Augen betrachten.

Nehmen wir die Beatles. John war der Choleriker, der eher stille Anführer, ein Fels in der Brandung. Sein höchstes Ideal und Ziel war der Weltfriede. Paul war sein phlegmatisches Gegenstück. So süß, wie ein Mann nur sein kann, eher ein wenig weich, nie alt werdend und ganz auf Liebe und Familie ausgerichtet. George war der Melancholiker, lang und schlaksig, mit hageren Gesichtszügen und von dunkler, mystischer Ausstrahlung. Ich sah mich damals als eine, die gegen den Strom schwimmt; ich stimmte für George, wenn wir High-School-Mädchen uns die einzig wichtige Frage stellten: »Wen magst du bei den Beatles am liebsten?« Die meisten waren für Paul oder John, weil die besser aussahen. Als ich die Dinge später immer mehr unter humoralen Gesichtspunkten zu sehen begann, wurde mir klar, dass ich meine Wahl ganz einfach als Sanguinikerin getroffen hatte. Es lag auf der Hand, dass ein Mann wie George mich mehr anziehen musste als der Typ Paul oder John.

Ringo war nie mein Schwarm. Ich mochte seine komische Art und diese milde Hochnäsigkeit, aber wie bei einem Bruder und nicht wie bei einem Mann, der für mich in Frage kommen könnte. Er war das sanguinische Pendant, nicht groß und schlank, aber verspielt, zu jedem Spaß aufgelegt und auf seine etwas kantige Art sexy. Er war es, der in späteren Jahren am meisten über menschliche Dinge und Beziehungen zu sagen hatte – wie man es von einem Menschen des sanguinischen Temperaments nicht anders erwarten würde.

Und wie sehen Sie Dorothy, den Zinnmann, den Löwen und die Vogelscheuche auf ihrem Weg ins Land Oz?

Der Löwe, es liegt auf der Hand, ist der König des Dschungels und wünscht sich den Mut, eben der Anführer zu sein, der er seiner Anlage nach sein soll.

Der Zinnmann ist ein melancholischer Zeitgenosse, die Mineralien der Erde lieferten das Metall, aus dem er gemacht ist. Er möchte Zugang zu seinem Herzen finden, zu dem Leidenschaftlichen und Schöpferischen, das in ihm angelegt ist. Er möchte sich lösen von dem Kühlen und Trockenen, das er ausstrahlt – und von seiner Furcht vor Wasser und Rost.

Vogelscheuche ist der Sanguiniker, der die Leute mit seiner Albernheit und tollpatschigen Fürsorglichkeit zum Lachen bringt, der aber durchaus auch Sinn für Höheres hat und dabei den typisch sanguinischen Hang zum Durchdenken der Dinge ebenso zeigt wie die glänzende Begabung, sich mitzuteilen.

Dorothy ist die Phlegmatikerin, überaus kindlich, wissbegierig und rebellisch, aber auch geradezu verbissen auf Heim, Familie und Fairness aus, standhaft in ihren Beschlüssen, immer bereit, anderen zu helfen, mit Gespür fürs Detail und für die Bedürfnisse anderer, empört über jeden Verrat und immer auf der Suche nach Geborgenheit und Heimat.

Oder wie steht es mit Harry und Sally im gleichnamigen Film? Harry ist der Sanguiniker mit schütterem Haar, immer nur Sex im Kopf. Sally, die melancholische Schöne, ist ebenso unsicher wie eigenwillig und dazu wandelbar wie das Wetter. Ihre Freunde, die zunächst über Kreuz mit den beiden anzubandeln gedachten, dann aber einander entdeckten, als weder Harry noch Sally auf einen der beiden anbiss, sind der typische cholerische Mann und die typische phlegmatische Frau. Wurde Jess nicht am Kaffeetisch auf typisch cholerische Weise böse, als er seinen Kopf nicht auf typisch cholerische Weise durchsetzen konnte? Und war seine zukünftige Frau nicht ganz und gar auf einen Mann fixiert, der ganz offensichtlich nicht bereit war, seine Frau wegen ihr zu verlassen? Klingt das nicht nach einer allzu loyalen Phlegmatikerin, die wenig Sinn für Veränderung hat?

Nehmen Sie irgendeine dauerhafte Vierergruppe, in der Sie den Umgang der Beteiligten miteinander als glaubwürdig empfinden, und es dürfte sich bei näherer Betrachtung herausstellen, dass die vier Säfte das Verbindende sind.

Ich bilde mit drei Freundinnen solch eine Vierergruppe, die sich seit über zwölf Jahren regelmäßig trifft. Auch wenn noch andere dabei sind, empfinden wir immer eine besondere Verbundenheit. Wir stammen aus verschiedenen Gegenden und Berufen und sind weder gleichaltrig noch in ähnlichen Lebensphasen. Als wir uns kennen lernten, trainierten zwei von uns (ich, die Sanguinikerin, und Natalie, die Melancholikerin) für einen Modelwettbewerb in New York, und die beiden anderen (die Cholerikerin Carol und die Phlegmatikerin Pat) waren die Trainerinnen. Das Interesse am Beruf des Models – und das im reifen Alter von fünfundzwanzig und mehr Jahren – war so ziemlich das Einzige, was wir gemeinsam hatten. Was uns ursprünglich zueinander hinzog, vermute ich, war die Tatsache, dass wir die Ältesten im Raum waren. Aber wir sind, im buchstäblichen wie im übertragenen Sinne, durch Dick und Dünn als wirkliche Busenfreundinnen zusammengeblieben, ob es um Geburt oder Tod, Hochzeit oder Scheidung, Beruf oder nicht Beruf und vieles andere ging. Wir sind klassische Vertreterinnen der vier Temperamente und so verschieden, wie vier Menschen nur sein können. Aber gerade so ist es schön und wird uns nie langweilig.

Sehr gute Schauspieler sind, um eine bestimmte Rolle zu gestalten, in der Lage, sich in einen anderen Typ zu verwandeln. Das kann etwas geradezu Unheimliches haben. Nehmen wir als Beispiel Laurence Olivier. In *Henry V.* wurde er als Thronfolger geboren, ein junger Choleriker, der auf dem Schlachtfeld in seine Berufung hineinwuchs. In *Hamlet* war er der kummervolle, ganz in sich selbst versunkene Melancholiker. In *Richard III.* spielte er einen intriganten, schlüpfrigen Sanguiniker. In *Liebe in der Dämmerung*, mit Katherine Hepburn als einer herrschsüchtigen und abgewiesenen früheren Geliebten, könnte man einen Phlegmatiker in ihm sehen, dessen makellose Meisterschaft als Anwalt gegen ihren vergeltungssüchtigen cholerischen Charakter steht. Auch Katherine Hepburn hat mit erstaunlichem Können und Einfühlungsvermögen die unterschiedlichsten Rollen gespielt.

Ich will Ihnen noch einige Filmpaare aufzählen, an denen Sie sich mit humoralen Entsprechungen vertraut machen können. Betrachten Sie Sally Fields und Paul Newman in *Die Wahrheit und nichts als die Wahrheit* einmal als Phlegmatikerin und Choleriker. Leonardo Di Caprio und Kate Winslet spielen in *Titanic* den Melancholiker und die Sanguinikerin, einen Künstler und eine Abenteurerin. In *Vom Winde verweht* war Clark Gable der Sanguiniker und Vivien Leigh die Melancholikerin, er auf sexuelle Abenteuer aus, sie die sprunghafte und lebensgierige Schöne.

Oder nehmen wir Jack Lemmon und Marilyn Monroe in *Manche mögen's heiß*. Auch hier wieder: Sanguiniker und Melancholikerin. In der Fernsehserie *I Love Lucy* waren Lucille Ball und Desi Arnez die dominante Ehefrau – groß, herrschsüchtig, immer darauf aus, die erste Geige zu spielen, auch auf der Bühne – und der phlegmatische Ehemann – kleiner, liebenswert, von großem Können, loyal, verlässlich, immer bereit, es ihr recht zu machen –, der sich durch allerlei Streiche für ihren Ehrgeiz schadlos hielt. Seine kubanischen Unmutsausbrüche und ihr melodramatisches Weinen waren umso »humorvoller«, als sie so gar nicht zum Gründgefüge ihrer Beziehung passten. Dieses Unpassende erschloss dem Film unendliche

Möglichkeiten für unmögliche Probleme. Dann gab es noch die Nachbarn Fred und Ethel, er Sanguiniker, sie Melancholikerin, Fred immer mit diesem suchenden Blick und voller Klagen über das sexuelle Desinteresse seiner Frau, Ethel immer voller Probleme und Verwicklungen, die sie Lucille, ihrer Leitfigur, zur Lösung anvertraute.

Diese Schauspieler sind in der Regel nicht auf ein bestimmtes Fach festgelegt. Sie sind, was die körperlichen Merkmale und die Persönlichkeitszüge angeht, im wirklichen Leben nicht unbedingt typische Vertreter der von ihnen dargestellten Temperamente. Aber sie sind in der Lage, eine von einer Filmbeziehung geforderte Gemütsverfassung zum Ausdruck zu bringen. Wissentlich oder unwissentlich mobilisieren sie dafür ihre untergeordneten humoralen Kräfte, durch scharfe Beobachtungsgabe ergänzt, um die »Chemie« einer Beziehung glaubwürdig darzustellen.

Weitere Gruppierungen, mit denen man sich vergnügen kann, sind die Disneyfiguren Micky, Minnie, Donald und Goofy, die Marx Brothers und viele andere.

Um auf eine ernsthaftere Ebene zu wechseln: Denken Sie einmal an die vier Gestaltungen Jesu in den vier Evangelien der Bibel. Bei Matthäus ist Jesus von gebieterischer Autorität, der andere sich unterordnen (cholerisch). Markus zeigt ihn als leidenschaftlichen, aber nicht gebührend gewürdigten Wohltäter des Volkes (melancholisch). Für Lukas ist Jesus der Lehrer und Heiler (sanguinisch). Und bei Johannes sehen wir ihn als den Sohn, der gesandt ist, ein großes Opfer darzubringen (phlegmatisch). Auch anderswo ist bereits gesagt worden, dass nur diese vier Evangelien ein Gesamtbild von der Herrlichkeit Jesu vermitteln können. Überdies könnte es sein, dass Jesus so schwer zu erfassen ist, weil er uns ein vollkommenes Gleichgewicht zeigt, das alle Temperamente gleichermaßen anspricht.

Wenn Sie nun feststellen, dass Ihr bester Freund/Ihre beste Freundin nicht im Sinne der klassischen Ergänzungspaare zu Ihnen passt, muss das kein Nachteil sein. Ohnehin besteht ein Großteil dessen, was eine Beziehung braucht, aus bewusster

Wahrnehmung. Perfekte Ergänzung ist so gut wie unmöglich, denken Sie nur an die untergeordneten humoralen Kräfte, ihre unterschiedlichen Gewichtungen und die unendlichen Möglichkeiten ihres Kräftespiels. Und natürlich spielen auch noch andere Größen eine Rolle. Aber wenn Sie in einer Beziehung schnell die Differenzen und die gemeinsamen Wertvorstellungen erkennen, werden Sie sich die meisten kleineren Misshelligkeiten und größeren Konflikte ersparen können.

Stellen Sie sich etwa einen cholerischen Geschäftsmann vor, der sich bei seinem sanguinischen Geschäftspartner mehr Unterordnungsbereitschaft und weniger Diskutierwut wünschen würde. Denkt er aber daran, dass sie beide Großes bewirken möchten und sich für Ideen begeistern, so können sie sich darauf einstellen, als Partner etwas auszurichten und sich nicht durch beiderseitige Herrschaftsansprüche das Leben schwer zu machen.

Noch eine interessante Beobachtung: Wenn Ihr bester Freund/Ihre beste Freundin ein Mensch von komplementärem Temperament ist, werden Sie sich bei Beziehungen anderer Art wahrscheinlich eher von Menschen der übrigen Temperamente angezogen fühlen.

Bei persönlichen Beratern beispielsweise werden Sie in vielen Fällen mit Menschen Ihres eigenen Temperaments am besten fahren (vorausgesetzt natürlich, dass sie einigermaßen im Gleichgewicht sind). Sie müssen sich nicht unbedingt körperlich oder seelisch zu ihnen hingezogen fühlen, aber sie werden feststellen, dass solche Menschen ein untrügliches Gespür für Ihre Schwierigkeiten, Reaktionsmuster, Wertvorstellungen und Ausdrucksmöglichkeiten haben. Solche Menschen dringen noch zu Ihnen durch, wenn andere das schon nicht mehr vermögen. Das kann unschätzbar wertvoll sein – abgesehen davon, dass es mit Zeit- und Kostenersparnis verbunden sein kann.

In den Abbildungen 10 bis 16 können Sie sich im Einzelnen vergegenwärtigen, wie sich die Säfte in Beziehungen auswirken.

Wenn Sie erst mit der Bedeutung Ihres Temperaments für Ihre Beziehungen vertraut sind, kann es in Ihrem Liebesleben und Ihren Freundschaften zu einem »Quantensprung« kommen.

C	S
Herrschaft/Kontrolle Körper Aktion Gruppendynamik Macht Gewinnen Wetteifer/Konkurrenz Bester Ergebnisse Leistung	Kooperation Geist Interaktion Kommunikation Intention Kontrolle Gesellschaft Prozess Fortschritt Beziehungen
Wetteifer/Konkurrenz Verstand Effizienz Denken Kunst Systeme Vielfalt Kreativität Freiheit Fakten	Verantwortung Herz Sicherheit Freiheit Loyalität Verlässlichkeit Kooperation Vergnügen Familie Einstellung
M	P

ABBILDUNG 10. **Kernthemen**. Themen, über die Menschen der verschiedenen Temperamente gern sprechen und nach denen sie bei anderen Ausschau halten. Wetteifer und Konkurrenz spielen, wie Sie hier sehen, für den Melancholiker ebenso eine Rolle wie für den Choleriker. Mit dem Phlegmatiker hat der Sanguiniker die Vorliebe für kooperative Unternehmungen gemein. Es ergibt sich, dass es für jede Paarung übereinstimmende Interessen gibt, aus denen gemeinsame Ziele und Vorhaben erwachsen können. Die Kunst besteht darin, solche Übereinstimmungen zu erkennen und zu nutzen.

C Druck Dominanzgebaren Aggression Schikanen Ablehnung	**S** Argumentieren Flehen Frieden stiften Gekränktsein Aufgeben
Rückzug Depression Zurückweisung Schuldzuweisungen Ausschluss **M**	Trotz Nachtragen Selbstmitleid Missmut Resignation **P**

ABBILDUNG 11. **Bevorzugte Reaktion auf Beziehungskonflikte.** Konflikte können unsere Schattenseiten hervorbringen, wenn wir aus dem Gleichgewicht sind. Wenn Sie einen dieser Verhaltenskomplexe an jemandem entdecken, der Ihnen wichtig ist, sollten Sie versuchen, mit Ihrer Reaktion bei einem der in Abbildung 10 genannten Dinge anzusetzen, das einen Bezug zur gegenwärtigen Konfliktsituation hat. Versuchen Sie jedenfalls, nicht einfach das in Ihrem Temperament angelegte Reaktionsmuster ablaufen zu lassen. Gewohnheiten wird man nur schwer los, aber wenn Sie eine Alternative zur Hand haben, sind sie leichter zu unterlaufen.

C	S
Große Überraschungen Stolz Schnelles Handeln Erklärungen Zukunftsprojekte Großartige Visionen	Komplimente Partys Schnelles Reden Leidenschaft Bindungen vertiefen Verbundenheit
Überglücklich Verspielt Spontaneität Geschenke Große Pläne Musik	Dankbarkeit Lächeln Wertschätzung Phantasievorstellungen Spiele Lachen
M	P

ABBILDUNG 12. **So zeigen wir Freude in Beziehungen.** Auch an diesen Gruppen von Verhaltensweisen erkennen Sie das Temperament Ihres Gegenübers. Wenn Sie sich diese Muster vergegenwärtigen, werden Sie auch eher an der Freude anderer teilhaben können, weil Sie nicht mehr erwarten, dass Freude sich bei anderen genauso zeigt wie bei Ihnen. Auch Sie können Ihre Freude besser vermitteln, wenn Sie anderen zugestehen, dass sie ihre ganz eigene Art haben, an Ihrer Freude teilzunehmen. Angesichts einer beachtlichen Leistung beispielsweise wird der Phlegmatiker für ganz direkte Anerkennung sein, während ein Melancholiker seine Anerkennung vielleicht durch Frotzelei zu erkennen gibt. Für beide Formen sollte Raum vorhanden sein.

C Klar machen, dass man sich weiterhin der gemeinsamen Sache verpflichtet fühlt Etwas Gemeinsames in Richtung auf das Ziel unternehmen Ein mitreißendes Wettkampfspiel veranstalten	**S** Sich über Wertvorstellungen verständigen und so neues Vertrauen aufbauen Grenzen und Verhaltensnormen deutlich machen Einen neuen Verständnishorizont schaffen
Zugewandtheit deutlich zeigen Gemeinsame schöne Naturerlebnisse Einander Raum lassen **M**	Treue und Verlässlichkeit versprechen Zusammen spielen Einander beim Erreichen eines Ziels helfen **P**

ABBILDUNG 13. **Wie man sich versöhnt.** Diese Unterschiede können für eine Beziehung von entscheidender Bedeutung sein. Das Gefühl, dass ein Konflikt wirklich ausgestanden ist, werden beide Parteien erst haben, wenn eine ihrem Temperament entsprechende Versöhnung stattgefunden hat. Beharren Sie besser nicht darauf, dass Ihre persönliche Art zuerst kommen muss. Suchen Sie eine Möglichkeit, die beiden Seiten gerecht wird, so dass man sich besser fühlt und der Humor sich wieder einstellt.

C *»Wird dieser Mensch mir helfen, das zu erreichen, was ich erreichen muss?«* Entscheidet schnell Wägt die Resultate ab und entscheidet entsprechend	**S** *»Kann ich diesen Menschen erreichen, Verbindung zu ihm aufnehmen, mit ihm kommunizieren?«* Entscheidet schnell Bleibt bei der Stange, wenn es hart auf hart geht
»Mag ich diesen Menschen, fühle ich mich sicher in seiner Gegenwart, spüre ich Anerkennung?« Entscheidet langsam Wägt die Resultate ab und entscheidet entsprechend **M**	*»Fühle ich mich bei diesem Menschen geborgen, ist er in seinem Umgang mit anderen freundlich und zuverlässig?«* Entscheidet langsam Bleibt bei der Stange, wenn es hart auf hart geht **P**

ABBILDUNG 14. **Entscheidungsprozesse in Beziehungen**. Wenn es um Beziehungen geht, führen wir gern Selbstgespräche oder beraten uns mit engen Vertrauten. Was für Fragen stellen wir uns da? Auf was für Antworten sind wir aus? Jedes Temperament fragt anders. Wenn Sie von Ihrem bis jetzt gewonnenen Wissen über die Temperamente ausgehen – wer könnte die gewünschte Antwort am ehesten geben?

C	S
Verlässliche Zuwendung Beständig Plötzliche Verärgerung aufgrund von Erschöpfung möglich Mittelstarkes, aber beständiges sexuelles Interesse	Sucht immer die Verbundenheit Verteidigt Entscheidungsfreiheit Liebt Regelmäßigkeit Häufig zu liebevollem sexuellem Austausch bereit
Wechselhaft Braucht Zeit für sich allein Sucht Austausch Sexuelles Verlangen wechselt stark	Beständig Rückhalt gebend Hat es gern, wenn die Dinge absehbar sind Wenig sexuelles Interesse, aber um des lieben Friedens willen bereit
M	**P**

ABBILDUNG 15. **Rhythmen in der Beziehung**. Jedes Temperament hat einen ihm eigenen Rhythmus. Es kann sehr vorteilhaft sein, diese Rhythmen bei Freunden und Angehörigen zu kennen. Sie sollten auch Ihren eigenen Rhythmus kennen; dann sind Missverständnisse oder unabsichtliche Kränkungen leichter zu vermeiden. Beachten Sie vor allem die unterschiedlichen Rhythmen des sexuellen Verlangens. Wo die natürliche Flexibilität eines ausgeglichenen humoralen Haushalts fehlt, können solche Unterschiede eine Beziehung zerstören.

C Soweit ich sehe … Hier sehen Sie, dass … Ich möchte … Wunsch – Handeln	**S** Soweit ich verstehe … Es fühlt sich an wie … Ich spüre, dass … Fühlen – Kommunikation
Ich höre bei dir heraus … Hör mir zu … Ich weiß … Wissen – Information **M**	Mich berührt … Ich wünschte … Ich glaube … Glaube – Erfahrung **P**

ABBILDUNG 16. **Lieblingsausdrücke**. Wenn wir uns anderen verständlich machen wollen, ist das, was wir ausdrücken, ebenso wichtig wie unsere Ausdrucksweise. Mit unserer Ausdrucksweise sagen wir sehr viel über uns selbst, über unsere humorale Geisteshaltung, und daraus kann eine Verbindung entstehen, die den Weg für künftigen Austausch bereitet. Fahren Sie bei Ihren nächsten Gesprächen die Antennen aus, um nicht nur zu erfassen, was jemand sagt, sondern auch wie es gesagt wird. Achten Sie darauf, wie Sie dann schon zu halb bewussten Schlussfolgerungen darüber kommen, »wie einer gestrickt ist«. Von jetzt an werden Ihnen diese kleinen Auslöser nicht mehr entgehen, und vielleicht gelingt es Ihnen, Ihre Reaktionen und Antworten besser als bisher auf Ihr Gegenüber abzustimmen.

[In Shakespeares Stücken um Heinrich IV.] sind Falstaff, Pistol, Bardolph und die übrigen »humorale« Charaktere und werden im Personenverzeichnis der ersten Folioausgabe von 1623 als »irregular humourists« geführt ...

Jonson hatte die Klassiker studiert. Er billigte die aristotelische Dramentheorie ... Außerdem war er wie auch die ernst zu nehmenden Kritiker seiner Zeit der Meinung, Literatur müsse moralische Zwecke verfolgen. Insbesondere in der Komödie ging es darum, die Dummheit zu geißeln, indem man sie lächerlich machte. So gestaltete er in seinen Stücken Charaktere, die typischen Zeitgenossen entsprachen, und steuerte den Handlungsverlauf so, dass jeder »Humor« die ihm eigene Fehlhaltung vorführt und entsprechend abgestraft wird ...

Every Man out of His Humour war ein Misserfolg. Nach dem Erfolg von *Every Man in His Humour* wurde Jonson überheblich und stellte seinem neuen Stück eine Einleitung voran, in der drei Gestalten, offenbar als Zuschauer gemeint, die Bühne betreten und die Säftelehre sowie Zielsetzung und Geschichte der Komödie erörtern. Das Stück selbst war jedoch nicht so gut wie sein Vorläufer; die Temperamente sind zu eindeutig dargestellt, und die Handlung ist zu verwickelt.

Harrison, G. B. »General Introduction«,
in: *Shakespeare, the Complete Works*, S. 41–43.

6. Kapitel

Ihre humorale Berufung

Nur einen Menschen, der noch tierisch ist, regiert, meistert, zwingt und nötigt das »Gestirn«, daß er nicht anders kann, als ihm zu folgen – wie der Dieb dem Galgen ... nicht zu entgehen vermag. Das aber rührt daher, daß ein solcher Mensch sich selbst nicht kennt und die Kräfte, die in ihm verborgen liegen, nicht zu gebrauchen versteht, und er nicht weiß, daß er das »Gestirn« auch in sich trägt, daß er der Mikrokosmos ist und so das ganze Firmament mit allen seinen Wirkekräften in sich birgt ...

Die Weisheit Christi ist tiefer als die der Natur, also ist auch ein Prophet, ein Apostel höher einzuschätzen als ein Astronom oder ein Arzt; und es ist besser, aus Gott zu weissagen als durch die Astronomie, besser durch Gott zu heilen als durch die Kräuter ... Weiter ist zu sagen, daß die Kranken eines Arztes bedürfen und nur wenige eines Apostels; ebenso müssen manche Voraussagen durch den Astronomen geschehen und nicht durch den Propheten. So kommt einem jeden sein Teil zu: den Propheten, den Astronomen, den Aposteln und den Ärzten. Darum ist auch die Astronomie uns Christen weder aufgehoben noch verboten worden, sondern es ist uns nur geheißen, sie in christlichem Sinne zu gebrauchen. Denn wir sind vom Vater in das »Licht der Natur« gesetzt worden und vom Sohn in das ewige Licht. Und so ist es notwendig, daß wir sie beide wissen und kennen.

Paracelsus, *Lebendiges Erbe,* S. 165–167.

STELLEN SIE SICH Ihr Arbeitsumfeld vor, und betrachten Sie es als ein Zusammenspiel von Menschen mit einem gemeinsamen Ziel. Es wird sicher gut sein, wenn alle Temperamente repräsentiert sind, auch wenn Sie mit manchen besser zurechtkommen als mit anderen. Wir haben gelernt, Führungspersönlichkeiten zu bewundern und möglichst selbst eine zu werden, aber bei einem gemeinsamen Unternehmen kann natürlich nicht jeder Anführer sein. Ein Phlegmatiker kann vielleicht ein erstklassiges, ganz entspanntes Familienoberhaupt abgeben, bei der Arbeit jedoch besser als der für das ganze Unternehmen entscheidende Anker und als der für die Details zuständige Mitarbeiter fungieren. Ein munter zupackender Choleriker kann durchaus lernen, sich seinem cholerischen Sohn oder seiner melancholischen Tochter gegenüber kooperativ und unterstützend zu verhalten. Vielleicht ist er im Restaurant sogar bereit, seine phlegmatische, rezeptive, entspannte Seite zu leben und nicht den Befehlshaber herauszukehren, der vor seinen peinlich berührten Tischgenossen die Bedienung herumkommandiert.

Alle Temperamente sind in bestimmten Situationen von natürlicher Überlegenheit, so dass ihnen eine Führungsrolle zufällt, doch sind hier subtile, aber entscheidende Unterschiede in Art und Zielrichtung der Führerschaft zu erkennen. Abbildung 17 versucht diese Unterschiede des Führungsstils zu erfassen. Der Choleriker fühlt sich als Befehlshaber am wohlsten. Und wo es auf schnelle Entscheidungen, weiten Horizont und entschlossenes Handeln ankommt, ist ein Kommandant oft unabdingbar.

C Kommandoführer Führt aufgrund einer Vision Bietet Klarheit Anziehungskraft liegt in der Dominanz	**S** Magier Führt aufgrund seines Abenteuergeistes Bietet eine vernünftige und realistische Einschätzung der Dinge Anziehungskraft liegt in der Begeisterungsfähigkeit
Weiser Führt durch überlegenes Wissen Bietet Analyse Anziehungskraft liegt in der Inspiration **M**	Meister Führt durch Beispiel Bietet Pragmatik Anziehungskraft liegt im Teamgeist **P**

ABBILDUNG 17. **Führungsstile**. Der klassische Führer ist der Choleriker, doch jedem Temperament kann auf seinem Spezialgebiet die Führungsrolle zufallen. Um zu wissen, welcher Weg einzuschlagen ist, muss jeder Führer und Geführter sein können. Der Kommandoführer entwirft eine Zielvorstellung und sucht dann andere für seine Vision zu gewinnen. Der Magier bietet eine bestens geführte »mystery tour« oder Fahrt ins Blaue. Der Weise wartet einfach ab, bis sich Schüler einstellen. Der Meister sammelt Menschen um seine Arbeit, die bewundernd seine Geschicklichkeit und Beharrlichkeit zur Kenntnis nehmen. Der Weise und der Meister warten auf Anhänger, während der Kommandoführer und der Magier sie von sich aus suchen.

Die Führerschaft eines Phlegmatikers besteht darin, dass er Meister seines Faches ist. Ein Meister zieht Lehrlinge an und gibt sein Können durch Tun und durch Beispiel weiter; in Disziplin, Beharrlichkeit und Konzentration zeigt sich seine Meisterschaft. Ein Meister übt einfach sein Handwerk aus und gewinnt seine Gefolgschaft dadurch, dass er Ergebnisse vorzuweisen hat.

Ein Sanguiniker führt als »Magier«. Er führt die Menschen auf eine Reise, in ein Abenteuer. Er stellt Situationen her, in denen der willige Schüler etwas lernen kann. Die Anhänger des Sanguinikers fühlen sich vom Geist und dem Geheimnisvollen des Magiers angezogen. Er setzt sie in Erstaunen, erschließt ihnen aber auch ihre eigenen Kräfte.

Ein Melancholiker führt als Wissender oder Weiser. Seine Weisheit kann viele Menschen anziehen. Seine Anhänger sehen über seine Stimmungsschwankungen hinweg, um sein reiches und vielfältiges Erfahrungswissen für sich nutzbar machen zu können. Die Menschen kommen auf der Suche nach Erkenntnis und gehen wieder, wenn sie erfahren haben, was sie wissen wollten.

Der Magier bewegt unseren Geist in Richtung Intention, der Weise regt uns an, verstehen und einen Plan entwickeln zu wollen, der Meister gibt dem Herzen ein, sich dem Können und der Disziplin zu verschreiben, der Kommandoführer gibt dem Körper den Anstoß zum Handeln. Welche Organisation würde nicht profitieren, wenn diese vier Arten der Führung zur Verfügung stünden?

Sehr erfolgreiche Menschen zeichnen sich durch besondere Flexibilität aus. Sie wissen, worin in jeder gegebenen Situation die ihnen angemessene Rolle besteht, und kennen die Tendenzen der Menschen in ihrer Umgebung. So kommen alle besser miteinander aus und können ihre gemeinsamen Ziele erreichen.

Was nützen Ihnen diese Informationen nun für den Umgang mit Kollegen, Nachbarn, Vorgesetzten?

Berufsentscheidungen beginnen mit der schulischen Ausbildung. Nicht umsonst sprechen wir von der schulischen »Laufbahn«. Selbst wenn Kinder schon ganz gut wissen, was sie einmal werden wollen, wenn sie groß sind, hängt es doch auch von ihren schulischen Leistungen ab, wie schnell und wie zielsicher sie dahin kommen, wohin sie wollten. Überlegen Sie einmal, ob zwischen Ihrem Temperament und Ihren Erfahrungen in der Schule ein Zusammenhang besteht. Wenn die in der Schule angewandten Methoden nicht zu Ihrem Temperament passten, werden Sie vielleicht mit einiger Erleichterung hören oder bereits erkannt haben, dass damit nichts über Ihre späteren Leistungen gesagt ist, sofern Sie ein Ihrem Temperament entsprechendes berufliches Umfeld finden. Das wird in empirischen Untersuchungen zur Frage des Zusammenhangs zwischen schulischen Leistungen und Berufserfolg immer wieder festgestellt. Wenn der gewählte Beruf zu Ihrer humoralen Konstitution passt, werden Sie Großes leisten.

Abbildung 18 zeigt die bevorzugten Lern- und Verarbeitungsmethoden der vier Temperamente.

Bedenken Sie auch, was es für junge Leute, die sich auf dem Arbeitsmarkt orientieren, bedeuten könnte, wenn sie ein wenig mehr über die Säfte wüssten. Wenn Ihr Gesprächspartner beim Einstellungsgespräch ein großer kräftiger Mann mit entschlossenem Blick, breiter Stirn und ausgeprägter Kinnpartie ist, sagen Sie vielleicht am besten etwas wie »Ich bin sicher, dass ich genügend Drive und Weitblick für die Aufgaben habe, die Sie mir übertragen wollen«. Selbst wenn die Wahrheit ein wenig anders lautet, nämlich »Ich bin gefühlsmäßig sehr offen und kann dadurch Vertrauen und eine kooperative Atmosphäre schaffen« – in diesem konkreten Fall sollten Sie sich doch für die erste Formulierung entscheiden. Ihr cholerisches Gegenüber interessiert sich nämlich sehr viel mehr für messbare Leistung als für kooperative Gefühle. Die zweite Formulierung könnte sich aber bei einem eher untersetzten, redseligen Gesprächspartner, der Sanguiniker ist, als Volltreffer erweisen.

Wenn Sie eine schlanke, hoch gewachsene Angestellte eines Servicebereichs für sich gewinnen möchten und es eine Melancholikerin sein könnte, fahren Sie sicher gut mit einem Satz wie: »Ich weiß, Sie haben zu tun, aber es wäre mir eine große Erleich-

C	**S**
Nimmt über das Sehen wahr Urteilt intuitiv Wünscht sich ein Säulen- oder Tortendiagramm Möchte sich den Gesamtüberblick verschaffen	Nimmt über Geschmacks- und Geruchssinn wahr Urteilt gefühlsmäßig Wünscht sich ein Fließdiagramm Möchte den Ursprung erkennen
Nimmt über das Gehör wahr Urteilt nach der Plausibilität der Erklärung Möchte wissen, auf welche Autorität man sich beruft Möchte die Details wissen	Nimmt über den Tastsinn wahr Urteilt nach Augenschein Lernt am liebsten durch eigenes Handanlegen Nimmt Wiederholbarkeit als Gültigkeitskriterium
M	**P**

ABBILDUNG 18. **Bevorzugte Lern- und Verarbeitungsverfahren**. In der psychologischen Theorie C.G. Jungs treten die unterschiedlichen Lernvorlieben als Unterscheidungsmerkmale der vier Grundtypen deutlich hervor. Beobachtungen dieser Art folgen einer jahrtausendealten Tradition der Zuordnung humoraler Prägungen zu bestimmten Sinnen und Vorlieben.

terung, wenn Sie mir kurz helfen könnten, sobald Sie Zeit haben« – und dies bitte ohne ironischen Unterton! Sagen Sie in diesem Fall lieber nicht: »Ach bitte, könnten Sie mir vielleicht helfen, mein Zug geht gleich.« Dieser Satz wäre jedoch für eine Phlegmatikerin durchaus geeignet. Sie würde Ihre missliche Lage sofort verstehen und ihre ganze Hilfsbereitschaft aufbieten. Die Melancholikerin fühlt sich dadurch motiviert, dass Sie ihr Beschäftigtsein respektieren und es ihr freistellen, ob und wann sie hilft; bei der Phlegmatikerin genügt es, dass Sie sich hilfsbedürftig zeigen.

Gut, das wirkt jetzt ein bisschen knifflig, aber Ihr eigener Erfahrungsschatz gibt Ihnen ja schon sinnvollere Reaktionen ein, wenn Sie sich einen Augenblick Zeit lassen, um sich zu vergewissern, mit wem Sie es zu tun haben und wen Sie dazu bringen möchten, etwas für Sie zu tun. Wenn Sie humorale Überlegungen einbeziehen, bedeutet das eigentlich nur, dass Sie Ihre natürliche Intuition weiter ausbilden. Auch ein geborenes Fußballgenie braucht Übung und Coaching.

Kann die Säftelehre uns auch nützen, wenn wir mit unserer Arbeit oder unserem Beruf nicht zufrieden sind?

Wir haben schon vom Kommunikationsverhalten der verschiedenen Temperamente gesprochen, von dem, was sie am meisten interessiert und bewegt. Man kann demnach davon ausgehen, dass sich die verschiedenen Temperamente in ihnen gemäßen Berufen wohler fühlen als in anderen. Zum Glück bietet auf dem heutigen Arbeitsmarkt fast jeder Tätigkeitsbereich eine Vielfalt von Aufgaben und Funktionen, weshalb Sie in der Regel nicht gänzlich umschulen müssen, wenn Ihre derzeitige Arbeit Sie nicht befriedigt.

Nehmen wir Michelle aus der Einleitung, die ihren Computerjob nicht mochte. Wir hatten Sie als eine Frau von sanguinischem Temperament identifiziert. Sie wünschte sich mehr Umgang mit Menschen und befürchtete schon, den falschen Beruf gewählt zu haben. Eigentlich habe sie ihn gar nicht gewählt, sagte sie. Der Job habe vielmehr sie gewählt, weil sie gut in Mathematik war und sich für den Computer als Kommuni-

Humorales Vokabular in der Alltagssprache

Im Anhang zur Werkausgabe *Shakespeare, The Complete Works* fasst der Herausgeber G. B. Harrison den Einfluss der alten Viersäftelehre auf die englische Sprache und Kultur folgendermaßen zusammen:

> Gegen Ende des sechzehnten Jahrhunderts war die Anatomie eine beliebte Forschungsrichtung, und das Wort selbst gewann im literarischen Jargon eine Bedeutung, die ungefähr dem entspricht, was wir heute Analyse oder Psychologie nennen. Die gelehrten Männer, die den menschlichen Körper untersuchten, waren immer wieder beeindruckt von seinem allgegenwärtigen »Humor«, seiner Feuchtigkeit. Nun waren die Humores oder Säfte des Körpers jedoch offensichtlich von unterschiedlicher Art, und da man davon ausging, dass der Körper aus den vier Elementen zusammengesetzt ist, ordnete man »Erde« der schwarzen Galle zu und so weiter … Jedes Element brachte ein ihm entsprechendes Temperament hervor.
> In den neunziger Jahren des sechzehnten Jahrhunderts wurde das Wort »Humor« in England plötzlich sehr populär, wie das bei Wörtern manchmal so ist, und jeder intelligente Mensch begann von seinen »humours« zu sprechen. Es wurde sogar das Kennzeichen des Möchtegernintellektuellen, einen »humour« zu haben, und zwar vorzugsweise den melancholischen, denn der galt als das Kennzeichen eines großen Geistes …
> In Shakespeares Stücken kommt das Wort »Humor« häufig vor, und zwar in unterschiedlichsten Bedeutungen. Es kann buchstäblich Nässe oder Feuchtigkeit oder auch einer der vier Säfte gemeint sein; am häufigsten erscheint das Wort jedoch in den Bedeutungen »Laune«, »Obsession«, »Tem-

peramentǂ, »Stimmung«, »Gefühlsausbruch« oder »Neigung«. (S. 1632–33)

Hier eine Auswahl von Wörtern und Ausdrücken, die, aus der Säfte- und Temperamentelehre stammend, ein Teil unseres kulturellen Erbes geworden sind. Die Humores sind in unserer Sprache und Kultur noch gegenwärtig, nur wissen wir kaum etwas davon. Die geschulte Intuition vieler Menschen in allen Epochen der Geschichte hat einen Nachhall, der uns heute noch zur Erweiterung unseres Verständnisses dienen kann.

Humor. Sinn für das Lustige oder Komische. Diese abgeleitete Bedeutung des (auf der ersten Silbe betonten) lateinischen Wortes *humor*, »Feuchtigkeit«, entstand um 1600 im elisabethanischen England aus der damals beliebten komisch überzeichneten Darstellung der humoralen Typen in zahlreichen Bühnenstücken.

Humorvoll nennen wir jemanden, der auf gutmütige Weise witzig oder komisch ist. Kennzeichen eines ausgeglichenen humoralen Haushalts, der einen für andere amüsant macht.

Einfluss. Etwas wird nicht durch unmittelbare physische Einwirkung, sondern durch das »Einfließen« feinstofflicher Kräfte bewirkt, beispielsweise göttlicher Kräfte oder eben der humoralen Kräfte, die nach den Vorstellungen der alten Säftelehre in alles Materielle und alles Lebendige eingehen.

Gallig nennen wir bitterböse, verbiesterte oder sauertöpfische Menschen beziehungsweise deren Äußerungen. Das Wort ist wie »Galle« etymologisch mit »cholerisch« verwandt. In der Humorologie wird die Galle als der Saft angesehen, der das cholerische Temperament beherrscht.

Heißblütig. Von leicht aufwallendem Temperament, impulsiv, leidenschaftlich reagierend. Hier ist das überschießende sanguinische Temperament angesprochen.

Influenza. Der wissenschaftliche Name der echten Grippe. Verbunden mit diesem Begriff war ursprünglich das unter

»Einfluss« Gesagte, nämlich die Vorstellung des Einfließens eines krank machenden Fluidums (und nicht, wie wir heute wissen, der Einfluss von übertragbaren Viren).

Erkältung. Warum heißt die Erkältung Erkältung? Wir wissen heute, dass nicht die Kälte selbst das Schädliche ist, sondern dass sie lediglich durch Herabsetzung der lokalen Durchblutung die Ansiedlung von Krankheitserregern begünstigt. Aber bis heute hören wir Mütter sagen: »Kind, zieh dich warm an, du holst dir noch den Tod.« Die antike Bedeutung wäre hier, dass Kälte – und nicht Wärme, Feuchtigkeit oder Trockenheit – den Tod bringt.

Sanguinisch. In diesem Begriff, mit dem wir bis heute leichtblütige Menschen von lebhaft-heiterem Temperament bezeichnen, steckt das lateinische Wort für Blut, *sanguis*.

Melancholisch. So bezeichnen wir schwermütige, trübsinnige, traurige oder auch depressive Menschen. Der ursprüngliche griechische Begriff bedeutet wörtlich »schwarzgallig«.

Cholerisch. Heute noch im Sinne von reizbar, aufbrausend, jähzornig gebraucht. Das griechische Grundwort zu diesem Begriff, *cholé* oder »Galle«, ist auch zum Beispiel in Melancholie oder Cholesterin noch zu erkennen. Interessanterweise ist das Cholesterin trotz seiner vielen wichtigen Funktionen im Körper zum bösen Buben im Gesundheitsdenken unserer Zeit geworden, und das dürfte zum Teil am althergebrachten Misstrauen gegenüber allem »Galligen« liegen. Heute wissen wir, dass es gutes und schlechtes Cholesterin gibt, wie es ja auch ausgeglichene und unausgeglichene Choleriker gibt. In Katastrophengebieten darf man froh sein, wenn ausgeglichene Choleriker die Dinge in die Hand nehmen. Hierzu gehört auch das nächste Stichwort.

Koller. Umgangssprachlich für Wutausbruch, Tobsuchtsanfall. Der Begriff ist von dem griechischen Wort *choléra* abgeleitet, mit dem man eine seit der Antike bekannte Krankheit bezeichnete, den »Gallenbrechdurchfall«. Später bekam der Begriff die übertragene Bedeutung »galliges Temperament,

Zornesausbruch«. (Die Krankheit, die wir heute Cholera nennen, kam erst im 19. Jahrhundert nach Europa.)

Phlegmatisch. Heute noch im Sinne von körperlicher oder geistiger Trägheit und Schwerfälligkeit oder als Ausdruck für Gleichgültigkeit oder Dickfelligkeit gebraucht. Die ursprüngliche Bedeutung des griechischen *phlegmatikós* in der Humorologie war »schleimig, am zähflüssigen Schleim leidend«.

Humoralpathologie, **Humoralmedizin**. Heute noch gängige Bezeichnungen für die aus der Viersäftelehre abgeleitete Heilkunde sowie für moderne so genannte ausleitende Verfahren, die eine Reinigung der Körpersäfte zum Ziel haben.

Temperament. Mit diesem Wort bezeichnen wir die Wesens- oder Gemütsart eines Menschen, aber es steht auch für Lebhaftigkeit, Schwung oder Feuer als Charaktermerkmale. Das lateinische Ursprungswort bedeutet so viel wie »das richtige Mischungsverhältnis« oder »das rechte Maß«, und das liegt sehr nah am Gebrauch dieses Wortes in der Humorologie, wo es bestimmte Mischungsverhältnisse der vier Säfte beschreibt.

Air. Dieses französische Wort griechischen Ursprungs bedeutet »Luft«. Wir gebrauchen es in der Bedeutung Aussehen oder Haltung, aber auch im Sinne von Fluidum oder Hauch. Gemeint ist meist ein bestimmter Nimbus, der jemanden umgibt oder mit dem dieser Mensch sich gezielt umgibt, um einen gewünschten Eindruck zu erwecken. In England war das um 1600 vor allem der Eindruck der Melancholie, der als schick galt.

Denken wir auch an »warmherzig« und »kaltblütig«, an den »trockenen Witz« oder den »kühlen Kopf« und viele andere Begriffe, die vielleicht nicht alle aus der alten Säftelehre stammen, aber tiefe humorale Assoziationen heraufbeschwören, die im kollektiven Unbewussten wurzeln. Da Sie jetzt ein wenig mit den Humores vertraut sind, können Sie vielleicht auch etwas mit der Weisheit, ja dem Humor anfangen, die in der Säftelehre und ihrer Bildersprache liegen.

kationsmedium interessierte. Deshalb sei sie dem Ratschlag ihrer Lehrer gefolgt. Ihre sanguinischen Tendenzen hatten sie dahin gebracht, wo sie nun war, doch die Arbeit passte nicht zur starken Seite ihrer sanguinischen Natur. Ich schlug ihr vor, sich in ihrer Firma nach Computerjobs umzusehen, die mehr mit Menschen zu tun hatten. Kaum einen Monat später war sie bereits für Computerschulung zuständig, und das ist für Sanguiniker, wie Sie jetzt bereits wissen, so etwas wie der Himmel auf Erden.

Eine andere Frau, eine junge Mutter namens Joan, war Lehrerin und lebte in dem Gefühl, der Job habe sie bereits verschlissen. Sie liebte Kinder, aber Lehrpläne, der Verwaltungskram und der Umgang mit schwierigen Kindern lagen ihr gar nicht. Wir stellten fest, dass sie zum melancholischen Temperament gehörte. Ich fragte sie, ob sie je an eine künstlerische Tätigkeit gedacht habe. Ja, sagte sie, sie habe immer gern malen wollen, aber ihr Talent reiche nicht aus. Ich fragte sie, woher sie das wisse. Sie erwiderte, in der fünften Klasse habe ihre Lehrerin geäußert, sie habe absolut keine Begabung. »Sie sind jetzt selbst Lehrerin«, gab ich zu bedenken. »Finden Sie, dass es richtig von Ihrer Lehrerin war, so etwas zu sagen?« Joan machte große, erstaunte Augen. »Nein ... natürlich nicht. Ich käme nie auf die Idee, einen Schüler derart festzulegen.« Sie nahm danach einmal pro Woche Abendschulunterricht in Malerei, und hier bekam sie bescheinigt, dass sie durchaus begabt sei. Bald stellte sie fest, dass sie im Umgang mit den Schülern lockerer und im Unterricht entspannter wurde. Sie bekam mehr Freude an ihrem Beruf und hatte das Gefühl, eine bessere Lehrerin geworden zu sein.

Dann hätten wir noch Sam und Mike, die beiden Geschäftspartner aus der Einleitung. Sie führten zusammen eine Anwaltskanzlei. Sam war Melancholiker, Mike Sanguiniker. Sam wurde schnell ungeduldig und wollte immer möglichst bald wissen, was unter dem Strich herauskam; Mike wollte lieber erst die ganze Geschichte zusammentragen und vor einer Entscheidung herausfinden, wie sich alle Einzelheiten mit ihren langfristigen Plänen zusammenfügten. Als sich beide entschlossen, die humoralen Neigungen des jeweils anderen gelten zu lassen, fanden sie schnell heraus, wie sie vorgehen konnten, um für Sam die Besprechungen abzukürzen, für Mike einen genauen Vorhabensplan zu entwickeln sowie für regelmäßige Orientierungsmarken zu sorgen und schließlich die für Entscheidungen notwendigen Informationen so aufzuteilen, dass jeder für den Teil der Analyse zuständig war, der ihm wirklich lag. Jeder konnte jetzt das an den anderen delegieren, was er selbst nicht so gern tat, und da beide sahen, dass der andere seine Sache gut machte, wuchs auch der gegenseitige Respekt.

Nehmen wir als letztes Beispiel Sarah, die Verkäuferin, die ständig an ihrem Gespür für Menschen zweifelte, wenn ein Verkauf nicht zustande kam. So groß ihr Erfolgswille auch war und so viele verschiedene Techniken sie auch ausprobierte, sie erkannte die humorale Persönlichkeit ihrer Kunden nicht, und so traf sie nur zufällig dann und wann den richtigen Tonfall. Schließlich erkannte sie, dass sie als Cholerikerin einen eher nachdrücklichen bis aggressiven Verkaufsstil pflegte, auf den nur wenige prospektive Käufer ansprachen. Sie stellte sich um und tastete sich bei jedem neuen Kunden erst einmal langsam vor, bis sie sein Temperament einzuschätzen vermochte. Danach konnte sie bei Phlegmatikern und Sanguinikern sehr gemächlich fortfahren und bei Melancholikern auf die entscheidenden Dinge eingehen; sie konnte mit Phlegmatikern über Familie, mit Sanguinikern über alles, was Spaß macht, mit Melancholikern über Gott und die Welt sprechen. Bei Cholerikern wusste sie natürlich immer gleich, was zu tun war. Da fand sie schnell den Zugang und kam bald zum Abschluss.

Abbildung 19 zählt einige klassische und zeitgenössische Berufsmöglichkeiten für jedes der Temperamente auf. Ich möchte aber noch einmal betonen, dass es heute in fast allen Berufsumfeldern Tätigkeitsbereiche für jedes Temperament gibt. Sollten Sie jedoch einen völligen Berufswechsel vorhaben, möchte ich Sie nicht davon abhalten. Achten Sie aber darauf, dass Sie keine Funktion übernehmen, die wieder nicht Ihrem Temperament entspricht. Die Abbildungen 20 und 21 stellen einige humorale Typen in für ihr Temperament geeigneten Berufen dar.

C General Mannschaftskapitän Staatsmann Politiker Hauptgeschäftsführer Bauen	**S** Militärstratege Verteidiger im Mannschaftssport Lehrer Pfarrer Redner Kommunikation
Militäranalytiker Spielführer Künstler Darstellender Künstler Wissenschaftler Regeln und Regelverstoß **M**	Einfacher Soldat Mannschaftsanker Handwerker Berater Sozialarbeiter Das Gemeinwesen und seine Belange **P**

ABBILDUNG 19. **Berufsfelder**. Die Verknüpfung der Temperamente mit bestimmten Berufsbildern hat eine lange Geschichte, und dabei ging es ebenso oft um die Einschränkung der Wahlmöglichkeiten wie um den Aufruf, seiner wahren Berufung zu folgen. Wo auch immer Sie beruflich tätig sind, fast überall kann man durch richtige Akzentsetzung erreichen, dass die Tätigkeit Ihrer humoralen Anlage entspricht und Sie zufrieden stellt. Wenn Sie Ihren Horizont erweitern möchten, wenden Sie sich am besten einem Gebiet zu, das Ihren humoralen Neigungen besonders gut entspricht. In der New Economy kann jeder Unternehmer werden, aber wenn es Spaß machen soll und man erfolgreich sein will, braucht man Mitarbeiter mit komplementären Anlagen und Fähigkeiten. So kann jeder sein Spezialgebiet finden und das tun, was ihm am meisten liegt.

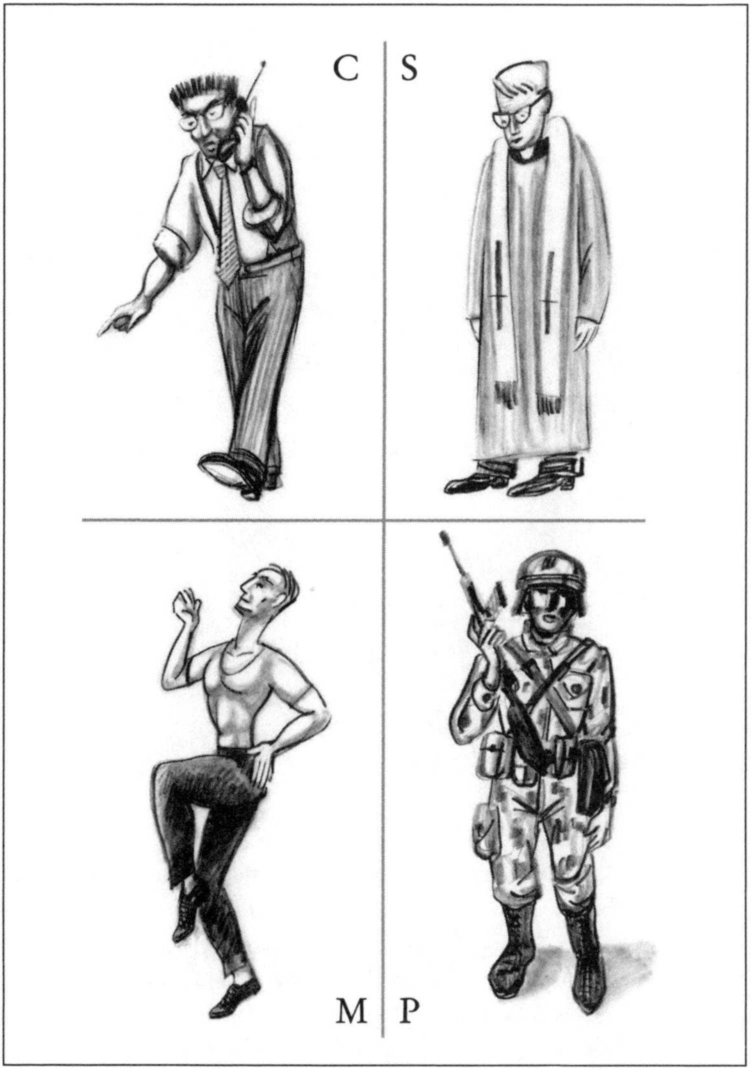

ABBILDUNG 20. **Typische Männerberufe**. Diese Männer haben Berufe ergriffen, die ihren temperamentsbedingten natürlichen Neigungen höchstwahrscheinlich entsprechen. Choleriker managen gern, Phlegmatiker helfen gern, Sanguiniker lehren gern, Melancholiker lieben die künstlerische Darstellung.

ABBILDUNG 21. **Typische Frauenberufe**. Sie erkennen an diesen Abbildungen vielleicht, wie viel Spaß es machen kann, von den Säften und Temperamenten ausgehend Charaktere für Schauspiele und Geschichten zu entwerfen. Der Ausdruck »Stereotypen« kann hier kurzsichtig und hinderlich sein, wenn er die Menschen daran hindert, ihre ganz eigene Wahl zu treffen, oder wenn er gar impliziert, manche Berufe seien weniger wichtig oder wertvoll als andere. Tatsächlich erleben wir jedoch manche Stereotypen intuitiv als glaubwürdig, einfach weil die Menschen von ihrem humoralen Temperament her für manche Berufe besser geeignet sind als für andere – und in diesen Berufen auch die größte persönliche Befriedigung finden. Wichtig ist, dass der Jobsuchende selbst und nicht irgendein Dritter letztlich entscheidet.

Nachdem Sie sich in den letzten Kapiteln darüber informieren konnten, wie die Säfte sich auf Ihre Beziehungen daheim, unter Freunden und bei der Arbeit auswirken, können wir jetzt zu den Nahrungsvorlieben und der optimalen Ernährung für die einzelnen Temperamente übergehen.

Schon die antiken Dichter, später Chaucer und nach ihm viele andere, hatten sich ausgiebig der Psychologie bedient, wenn es darum ging, Motive aufzuzeigen und Leidenschaften darzustellen. Im letzten Viertel des sechzehnten Jahrhunderts wurde man sich der Möglichkeiten der Psychologie noch viel deutlicher bewusst, und es wuchs der Glaube, dass mit ihrer Hilfe viel zu erreichen sei. Timothy Bright und Robert Burton wandten die Psychologie bei der Diagnose und Behandlung von Geisteskrankheiten an. John Huarte entdeckte sie als eine Methode, nach der man die Menschen auf ihre Eignung für bestimmte Gewerbe und Berufe hin untersuchen konnte, indem man feststellte, wie sich die Qualitäten warm, kalt, feucht und trocken bei ihnen mischten. Daneben gab es zahlreiche teils wissenschaftliche, teils populäre Autoren, die in den vielfach »humours« genannten psychologischen Phänomenen eine Möglichkeit sahen, das Seelenleben des Menschen darzustellen und zu erklären. So ging das Thema vom Wissenschaftler auf den Literaten über, wie wir es in unserer Zeit beim Pragmatismus und bei der Psychoanalyse erlebt haben. Shakespeare und fast alle anderen Dramatiker wurden Psychologen und nutzten die Psychologie je nach Fähigkeit und Genius in ihren Stücken.

HARDIN CRAIG, »General Introduction«,
in: *The Complete Works of Shakespeare*, S. 12.

7. Kapitel

Ernährung, Energie und Lebensweise der Temperamente

Der Leib besitzt vier Arten des Geschmacks: den sauren, den süßen, den bitteren und den salzigen ... Sie sind in jedem Geschöpf, aber nur im Menschen kann man sie erforschen ... Alles Bittere ist heiß und trocken, also cholerisch; alles Saure kalt und trocken, also melancholisch ... Das Süße gebiert das Phlegmatische, denn alles Süße ist kalt und feucht, wenn auch nicht mit dem Wasser zu vergleichen ... Das Sanguinische entstammt dem Salzigen, und dieses ist heiß und feucht ... Herrscht das Salz gegenüber den anderen drei im Menschen vor, dann ist er ein Sanguiniker; überwiegt das Bittere in ihm, dann ist er ein Choleriker. Das Saure macht ihn zum Melancholiker und das Süße, wenn es vorherrscht, zum Phlegmatiker. Also stehen die vier Temperamente im Leibe des Menschen wie in einer Gartenerde.

Paracelsus, »Vom Wesen des Leibes«, in: *Lebendiges Erbe: eine Auslese aus seinen sämtlichen Schriften,* herausgegeben von Jolande Jacobi, S. 11.

Bisher haben Sie in diesem Buch vor allem etwas über konstitutionelle Körper- und Charaktermerkmale erfahren, die bei jedem Menschen vom Mischungsverhältnis der humoralen Kräfte abhängen. Im Folgenden werden Sie nun Aufschluss darüber gewinnen, wie sich Ihre persönlichen Vorlieben und Verhaltensweisen, vor allem im Hinblick auf die Ernährung, auf den humoralen Aspekt Ihres Denkens, Fühlens und Handelns auswirken.

Anders als bei körperlichen Merkmalen, grundlegenden psychischen Zügen und den tiefen Anziehungskräften, die in Beziehungen eine Rolle spielen, können wir bei den Dingen, von denen jetzt die Rede sein soll, bewusst manches ändern, abwandeln und durch Entwicklung verbessern. Das kann Spaß machen und muss nicht schwierig sein, und die Wirkungen sind mitunter verblüffend.

Wenn Sie zwischendurch »eine Kleinigkeit« brauchen, wonach greifen Sie dann am liebsten? Pizza, Eis, Brathähnchen und Pommes sind bei uns die beliebtesten Nahrungsmittel, Bier und Limonaden die beliebtesten Getränke (wobei inzwischen auch Kaffee einen Platz in der Spitzengruppe beanspruchen kann). Das ist kein Zufall. Wir haben die Bedeutung des dynamischen Gleichgewichts unserer humoralen Kräfte bisher übersehen und uns in einen Teufelskreis aus überschießenden humoralen Reaktionen und dadurch hervorgerufenem Verlangen nach schnellem Nachschub zur Dämpfung oder Anheizung der Säfte hineinziehen lassen.

Nehmen Sie sich ein wenig Zeit für Abbildung 22, es ist eine der wichtigsten im ganzen Buch. Sie kann Ihnen nicht nur in Verbindung mit dem bisher Gesagten viel über sich selbst verraten, sondern liefert auch den Schlüssel zur Lösung unzähliger kleiner und großer Probleme.

C	**S**
Salz und Fleisch Salz- und Fleischgeschmack Trockene, feste Beschaffenheit Gesalzene Erdnüsse, Salzstangen, Chips Instant-Fleischmahlzeiten, die nur noch erwärmt werden müssen Rindfleisch, Hamburger Hochprozentige Alkoholika Isst schnell Macht sich nicht viel aus süßem Nachtisch	Sahne und pikant Gewürztes Sahniger und pikanter Geschmack Cremige und knusprige Beschaffenheit Zimt, Nelken, schwarzer Pfeffer, Schokolade Schellfisch Aperitif und Likör Isst langsam Käsekuchen oder Obstkuchen als Dessert
Kohlenhydrate und Koffein Süßer und schokoladiger Geschmack Beschaffenheit: bissfest (al dente) und glatt Nudeln, Brot, Kleingebäck Getreidegerichte, Kekse, Konfekt Kaffee, Kakao Wein, Bier Isst schnell Kuchen und Eis als Nachtisch	Obst und Milch Leicht beißender und milchartiger Geschmack Einfache Beschaffenheit Obst, Beeren Milch, Jogurt, milder Käse, Hüttenkäse Kekse Wenig Neigung zum Alkohol Isst langsam Eis mit Obst oder Kekse zum Nachtisch
M	**P**

ABBILDUNG 22. **Gelüste**. Gelüst ist: Wenn Sie von etwas über die Sättigung hinaus essen oder in Stresszeiten, wenn keine Zeit zum Essen bleibt, davon träumen (obwohl Sie wissen, dass eine gesunde Kleinigkeit Ihnen besser bekommen würde). Solche Nahrungsmittel kommen Ihrer dominanten humoralen Kraft zugute und können Sie, im Übermaß genossen, aus dem Gleichgewicht bringen, sofern Sie nicht durch andere Nahrungsmittel, atmosphärische Veränderungen oder körperliche Betätigung einen Ausgleich schaffen. Sicher fällt Ihnen auf, dass viele unserer heutigen Nahrungsmittel, die außer Kalorien kaum einen Nährwert zu bieten haben, auf eines oder mehrere der Temperamente zielen und auf sicheren Absatz bei all denen rechnen können, die nichts vom Wert des humoralen Gleichgewichts wissen.

ABBILDUNG 23. **Bekömmliche Nahrungsmittel**. Auch wenn Sie sich ganz auf gesunde Nahrungsmittel umstellen, können Sie Ihre Säfte noch durcheinander bringen, wenn Sie das Falsche zur falschen Zeit essen – aber natürlich fallen Fehler hier nicht so ins Gewicht wie bei all dem hoch konzentrierten Junkfood, das unseren überstrapazierten Säften viel stärker zusetzt. Sie werden sicher gern hören, dass Sie mit einfachen kleinen Korrekturen für ein besseres Gleichgewicht sorgen können, ohne Ihre bevorzugten gesunden Nahrungsmittel gleich ganz aufgeben zu müssen. Sie können zum Beispiel die spezifische Tageszeit Ihrer dominanten humoralen Kraft beachten und ausgleichende Nahrung ohne zu starke Auswirkung auf den Zuckergehalt des Blutes zu sich nehmen, etwa gedämpftes oder frisches ökologisches Gemüse, Obst und Getreideprodukte.

C	S
Rotes Fleisch aus ökologischer Erzeugung Herzhafte Suppen mit Salz und Bohnen Stärkereiches Gemüse in nicht denaturiertem Öl Omelett aus ökologischen Eiern	Ökologische Gewürze aller Art Sahne und Butter aus ökologischer Kuh- oder Ziegenmilch Schellfisch Frische Kokosnuss Ökologische Eier
Ökologisches Obst Trauben, Äpfel, Wassermelonen, Birnen, Orangen Wurzelknollen – Kartoffeln, Süßkartoffeln Vollkornbrot und -nudeln	Ökologisches Obst Naturjogurt und Kefir Käse aus ökologischer Kuh- oder Ziegenmilch
M	P

Aus Abbildung 23 ersehen Sie, dass die verschiedenen Temperamente auch dann deutliche Vorlieben erkennen lassen, wenn man sich ganz natürlich von vollwertigen, sorgfältig zubereiteten Speisen ernährt. Im Übermaß und unter Ausschluss anderer Nahrungsmittel genossen, können auch solche Speisen das humorale Gleichgewicht stören, und das zeigt sich in der Persönlichkeit, in der Stimmung, in der Fettverteilung und sogar, wie Sie später noch erfahren werden, in bestimmten typischen Erkrankungsmustern.

Es gibt verschiedene Erklärungsmöglichkeiten für die Tatsache, dass solche Ernährungsvorlieben von so großer Wirkung sein können. Wir wollen hierzu erstens die uralte Zuordnung der Säfte zu den vier Elementen Erde, Wasser, Feuer und Luft betrachten und zweitens die (im Abschnitt über Entwicklungsphysiologie besprochenen) Verbindungen einbeziehen, die in neuerer Zeit zwischen den Hormonsystemen des Körpers und unserem Erscheinungsbild gesehen werden.

Der cholerische Stoffwechsel

Aus antiker Sicht ist das Cholerische mit der Sonne verbunden, mit Hitze und Trockenheit. Deshalb besitzt diese humorale Kraft eine Affinität zu Nahrungsmitteln, die Hitze und Trockenheit im Körper erzeugen. Hitze und Trockenheit können beispielsweise durch Konzentration entstehen. Diese Wirkung haben rotes Fleisch und Natrium beziehungsweise Kochsalz. Rotes Fleisch ist die denkbar konzentrierteste Form von Eiweiß und Fett, die zusammen mit den Vitaminen und Mineralien Körperwärme erzeugen. Sie lassen den Körper hoch konzentriertes Gewebe in der Form von Muskeln bilden. Salz trocknet den Körper durch Wasserentzug aus und sorgt so ebenfalls für Konzentration. Menschen des cholerischen Temperaments werden schnell durstig und schwitzen übermäßig.

Aus wissenschaftlicher Sich steht das Cholerische zu den Nebennieren in Beziehung. Diese Drüsen produzieren Hormone, die wir für die Stressantwort benötigen. Unter Stress verstehen wir Bedingungen im Körper oder außerhalb, die ein Verlassen des inneren körperlichen Gleichgewichts, der Homöostase, erforderlich machen. Es geht also um eine Anpassungsreaktion, die für das Wohlergehen des Organismus notwendig ist. Die Nebennierenhormone erhöhen Puls- und Atemfrequenz und verstärken die Muskelinnervation, um den Körper zu schnellen Flucht- oder Abwehrreaktionen zu befähigen. Moderner Stress erfordert meist weder Flucht noch körperliche Kampfkraft, sondern dosierte, subtile Reaktionen. Deshalb kann Stress sich, wie viele Fachleute meinen, im Körper ansammeln. Andere meinen jedoch, wir könnten durchaus auch mit subtilem Stress zurechtkommen, wenn nur der Körper energetisch im Gleichgewicht wäre. Dann könnte er nämlich ohne zu große Belastung körperlicher Schlüsselfunktionen die notwendigen Anpassungen vollziehen.

Um dieses Umschalten zu bewältigen, dämpfen die Nebennierenhormone auch das rationale Denken, die Verdauung, das Schmerzempfinden und andere Funktionen, die dem augenblicklich Wichtigsten – der Reaktion auf die Krise – unnötig Energie entziehen würden. Dafür aktivieren sie das sympathische Nervensystem, das unter anderem für Muskelkontraktion zuständig ist.

Salz und rotes Fleisch gehören zu den wichtigsten Stimulanzien der Nebennieren. Auch destillierter Alkohol scheint diese Wirkung zu haben. Fallen einem da nicht Cowboyfilme ein, in denen reichlich Whiskey durch die Gurgel geht, allerlei Machos ständig ihr Mannestum unter Beweis stellen müssen und endlos gerauft wird, aber niemand irgendeine normale Schmerzreaktion zeigt?

Nun gut, die Nebennieren brauchen jedenfalls erhöhte Gaben Vitamin C und dazu B-Vitamine und Spurenelemente, um unter Stress funktionsfähig bleiben zu können.

Vielleicht interessiert es Sie auch, dass Menschen des cholerischen Temperaments extrem stressresistent sind, insbesondere in jungen Jahren. Man hat das Gefühl, sie können den ganzen Tag in Aktion sein und brauchen trotzdem wenig Schlaf.

Gegen vier oder fünf Uhr nachmittags haben sie ihren Energieknick. Vielleicht entspricht es dem natürlichen Tagesrhythmus der Nebennieren, am Nachmittag ein wenig auszuspannen. Oder liegt es daran, dass die Sonne, die Kraft des Cholerischen, um diese Zeit zu sinken beginnt? Vielleicht handelt es sich aber auch um verwandte oder gar identische Kräfte. Ich überlasse das Ihrer metaphysischen Phantasie. Beide Erklärungen sind plausibel.

Jedenfalls wünscht sich das cholerische Temperament am Nachmittag einen ordentlichen Cocktail, zum Beispiel einen Martini, oder einen Wodka mit Salzrand oder ein saftiges Steak, um für den Abend gerüstet zu sein. Wenn das anschlägt, kann ein Choleriker noch ein paar Stunden aktiv sein; wenn nicht, wird er sich vielleicht früher als andere zurückziehen oder wenigstens ein Nickerchen machen. Alles in allem schläft er jedoch weniger als andere. Er wird mit der Sonne rege. Ein herzhaftes Frühstück mit Ei, Schinken, Wurst bringt ihn schnell wieder in Gang. Die Nebennieren bringen den Stoffwechsel für die Stressbewältigung auf Touren, weshalb die meisten Choleriker ordentlich zulangen können, ohne zuzunehmen. Sie gehen in der Regel einer anspruchsvollen Arbeit nach, bei der sie viele Leute dirigieren müssen und erheblichem Stress ausgesetzt sind.

Irgendwann aber können die Nebennieren erschöpft, kann der cholerische Saft verausgabt sein, und dann muss der Mensch seinen Tag mit Hilfe der anderen Säfte zu bewältigen versuchen. Der Choleriker mit einer an Salz und rotem Fleisch reichen Kost kann frühzeitig »ausbrennen«. Dann verlangsamt sich der Stoffwechsel und reagiert nicht mehr auf Salz und rotes Fleisch; auch die Verdauung spielt nicht mehr mit, weil sie zu oft durch Stress eingeschränkt wurde. So kommt es zu Verdauungsstörungen wie Sodbrennen, Rückfluss von Speisebrei aus dem Magen und anderen Magen-Darm-Problemen, woraufhin dem Choleriker mitgeteilt wird, er möge seine Ernährung ändern. Prompt stellt er sich auf Nahrungsmittel um, die seine sekundären Säfte anregen.

Auf diesem Wege können untergeordnete Säfte sich ebenfalls erschöpfen, und der Choleriker – aber auch jedes andere Temperament – gelangt am Ende zum erhöhten Verlangen nach Zucker als dem Einzigen, was dem daniederliegenden Stoffwechsel noch stundenweise eine manische Betriebsamkeit erlaubt. Mit dem Zucker werden die Energieerzeuger in den Zellen befeuert, was einen Energieschub ergibt, durch den die Person sich für kurze Zeit angeregt und leistungsfähig fühlt. Für den Melancholiker, auf den wir gleich zu sprechen kommen, ist dies das natürliche Verlaufsmuster.

Gordon war ein Choleriker, dessen humorale Natur etwas aus dem Ruder gelaufen war. Alles, was er anfing, musste grandiose Ausmaße haben. Sein Unternehmen war sehr erfolgreich, so dass er seiner Familie jeden Wunsch erfüllen konnte. Aber seine Frau hatte es gründlich satt, dass er immer nur geschäftlich unterwegs war; und seine Art, die Kinder herumzukommandieren, mochte sie auch nicht. Seine Leibesfülle fand er angesichts seiner Körpergröße unbedenklich.

Ich deutete an, dass sein cholerisches Temperament mit einer Ernährungsumstellung gewiss ein wenig besser in den Griff zu bekommen sei. Sein Unternehmen verlangte ihm einiges ab, und seine dominante humorale Kraft war überreizt. Wie sich zeigte, nahm er mindestens zwei große Mahlzeiten pro Tag zu sich – Geschäftsessen mit neuen Partnern, Angestellten oder Kunden. Er selbst ging dabei mit gutem Beispiel voran und bestellte einen Cocktail sowie eine umfangreiche Fleischmahlzeit, damit die Gäste keine Hemmungen hatten, für sich selbst nach Herzenslust zu bestellen.

Wir spielten durch, was er in solchen Fällen sagen könnte, nämlich: »Ich habe gestern Abend sehr gut gegessen und nehme deshalb nur eine Kleinigkeit, aber Sie erlegen sich bitte keinerlei Zwang auf. Bestellen Sie, was Sie mögen.« Kaum hatte Gordon seine die Nebennieren anheizende Ernährung ein wenig eingeschränkt, da begann sich auch seine Stimmung deutlich aufzuhellen und seine phlegmatische Frau bekam das Gefühl, er interessiere sich wieder für die Familie.

Hier ein paar Ernährungsrichtlinien für den eher ausgeglichenen Choleriker:

- Rotes Fleisch nicht häufiger als drei- bis viermal die Woche
- Zu den anderen Hauptmahlzeiten weißer Fisch oder Hühnerfleisch
- Leichtes Frühstück, unbedingt mit Obst oder Getreide
- Mehr Salat zu den eiweißreichen Mahlzeiten
- Keine Zwischenmahlzeiten, vor allem keine Hamburger
- Snacks sollten aus nur leicht oder gar nicht gesalzenem Gemüse, Erdnüssen oder anderen Sämereien bestehen
- Vitamin C sowie B_1 und B_2 sollten zusätzlich genommen werden; außerdem Spurenelemente aus Algen
- Für regelmäßig sieben bis acht Stunden Schlaf sorgen.

Der melancholische Stoffwechsel

Aus antiker Sicht steht das Melancholische mit dem Element Erde in Verbindung. Zucker ist der eigentliche Brennstoff des Stoffwechsels. Er wird von der Erde und ihren Pflanzen mithilfe des energiereichen Sonnenlichts hergestellt. Aller aufgenommene Zucker wird im Körper von der Leber in Glukose verwandelt. Die Stimmungsschwankungen des Melancholikers scheinen auf die Empfindlichkeit des Körpers für die Zufuhr erdhafter Energie zurückzuführen zu sein.

Typisch für den Melancholiker ist, dass er etwa alle zwei Stunden Heißhunger auf Süßes bekommt. So lange hält die anfeuernde Wirkung des Zuckers an, um dann wieder nachzulassen, weil der Körper mit Hochdruck an der Normalisierung des Blutzuckerspiegels arbeitet, damit die Zellen auf ein normales Nährstoff- und Elektrolytangebot zurückgreifen können. Das Element Erde ist nach antiker Auffassung kühl und trocken. Pflanzliche Ernährung wirkt weitaus kühlender als die Fleischkost des Cholerikers. Und konzentrierter Zucker wirkt wie das Salz austrocknend. Wird das Blut plötzlich mit Zucker überschwemmt, entzieht der Körper den Zellen Wasser, um das Blut zu verdünnen. Kaffee und Kakao, die ebenfalls die Energieproduktion anregen, wirken darüber hinaus noch diuretisch (entwässernd) und trocknen den Körper weiter aus.

Wenn wir die altbekannte Tatsache, dass Süßigkeiten die Lieblingsdroge der Melancholiker sind, wissenschaftlich betrachten, erscheint hier eine Beteiligung der Schilddrüse wahrscheinlich. Der Körper verfügt über einen sehr fein austarierten Mechanismus zur Stabilisierung des Blutzuckerspiegels. Zucker wirkt wie gesagt stark austrocknend, und wenn seine Konzentration in den Arterien zu hoch wird, kann dadurch den Zellen der Arterienwände Wasser entzogen werden, wodurch ihre Widerstandskraft gegen sonstige Blutbestandteile geschwächt wird. Hier können sich dann Eiweiße, Mineralien wie Kalziumverbindungen oder auch fettartige Stoffe wie Cholesterin anlagern und die geschädigten Stellen abdecken. Normalisiert sich dieser Zustand nicht wieder, können sich arterielle Krankheiten entwickeln – Zellwandverhärtungen und die gefährlichen Plaques, die zu Verstopfungen führen. Dieses Problem haben jedoch nicht nur Melancholiker, denn wie wir bereits sahen, neigen alle Temperamente letztlich zu überhöhtem Konsum von Zucker und anderen isolierten Kohlenhydraten, wenn ihr natürliches Gleichgewicht dauerhaft gestört ist.

Ihr Körper achtet sehr genau auf den Zuckergehalt seines Blutes, denn nur so kann er sicherstellen, dass alle Zellen über den Blutkreislauf stets ausreichend mit Sauerstoff und Nährstoffen versorgt werden – Aminosäuren (zum Aufbau von Eiweißen), Fettsäuren (für die Synthetisierung von Fetten), Vitamine und Mineralien.

Wenn Sie etwas stark Zuckerhaltiges zu sich nehmen, steigt der Blutzuckerspiegel drastisch an. Als Reaktion schüttet die Bauchspeicheldrüse vermehrt Insulin aus, das die Zellen veranlasst, dem Blut Zucker zu entziehen. Unglücklicherweise zieht der in die Gewebezellen eingelagerte Zucker einen Wasserverlust für diese Zellen nach sich. Deshalb schüttet die Schilddrüse jetzt Hormone aus, die den Zellstoffwechsel beschleunigen und den Zucker zu Wasser und Sauerstoff verbrennen, damit die Zelle nicht durch das Überangebot von Zucker geschädigt wird.

Diese von der Schilddrüse ausgelöste Beschleunigung des Stoffwechsels erlebt der Melancholiker als plötzlichen Energieschub. Der Zustand hält jedoch nur etwa neunzig Minuten an, dann braucht man wieder Zucker, um das Energieniveau zu halten, oder man steigt auf Koffein und Koffeinverwandtes um, weil es von ähnlicher Wirkung auf die Schilddrüse und damit auf den Energiehaushalt ist. Melancholiker lieben Kaffee, können geradezu schokoladesüchtig sein und trinken lieber Pepsi als Coca Cola (weil es *noch* süßer ist).

Wenn Ihre melancholische Freundin den Zucker meidet, könnte es sein, dass sie sich auf Stärkehaltiges verlegt hat – Brot, Brötchen, Nudeln, Corn Flakes und dergleichen. Melancholiker lieben fettarme Diäten, weil ihnen die Kohlenhydrate ohnehin lieber sind. Das zuckrige Knusperfrühstück, das angeblich einen gesunden Start in den Tag garantiert, bedeutet in Wirklichkeit einen Fehlstart in die Schilddrüsenüberfunktion und auf Dauer in eine melancholische Stimmungslage. Diese Teufelskreise sind für die Hersteller solcher »Lebensmittel« ideal, denn das, was die Zuckersucht verlangt, ist billig herzustellen und lange haltbar: zuckersüße Stärkeprodukte, die man nur noch durch Aroma- und Farbstoffe den verschiedenen Vorlieben anpassen muss.

Fett hat keinen so direkten Bezug zur Erde wie die Kohlenhydrate. Fett stammt von Tieren oder aus Früchten und Samen, die die Pflanze möglichst hoch über die Erde erhebt, damit sie vom Wind oder von Tieren weitergetragen werden. Melancholiker benötigen hochwertige Fette und sollten sich an kohlenhydratarme Gemüse und andere Nahrungsmittel halten. Das sind Nahrungsmittel von niedriger glykämischer Wirksamkeit (das heißt von relativ geringer Auswirkung auf den Blutzuckerspiegel), die langsam verstoffwechselt werden und deshalb keine oder eine eher geringe Insulinreaktion auslösen. Melancholiker sind am ehesten zur Umstellung auf eine vegetarische

Lebensweise bereit – ganz im Unterschied zu Cholerikern, die sich dazu allenfalls nach dringenden Ermahnungen ihrer Ernährungsberaterin durchringen.

Bier und Wein heizen das melancholische Temperament noch stärker an als Zucker allein. Sie entstehen durch Kohlenhydratgärung, und der Körper verwendet sie zur Energiegewinnung. Sie regen den Insulin-Schilddrüsenhormon-Prozess an wie der Zucker. Die meisten Melancholiker ziehen Bier und Wein den Bränden vor, weil sie noch Kohlenhydrate enthalten und so den süßen Geschmack liefern, den Melancholiker so lieben.

Wer als Melancholiker seinen Energiehaushalt durch kohlenhydratreiche Kost ständig auf hohem Niveau hält, läuft Gefahr, seine Schilddrüse zu schädigen. Übrigens erleben Schilddrüsenstörungen eine neue Hochblüte, seit man in den neunziger Jahren den Blutfettspiegel zum Killer Nummer eins erklärte und allerlei blutfettreduzierende, kohlenhydratreiche Diäten ersann. Leider läuft auch dieses Bemühen wieder ins Leere, unter anderem deshalb, weil erhöhte Blutfettwerte weniger durch mit der Nahrung aufgenommene Fette bedingt sind als durch ein Überangebot an Kohlenhydraten, die der Körper – als eine seiner vielen Maßnahmen zur Stabilisierung des Blutzuckerspiegels – einfach zu Fetten umbaut.

Viele unerwünschte Folgen einer kohlenhydratreichen Kost ließen sich vermeiden, wenn man mehr auf die glykämische Wirksamkeit der Nahrungsmittel achten würde, das heißt auf ihre Tendenz, eine schnelle Erhöhung des Blutzuckerspiegels zu bewirken, die eine Insulinausschüttung nach sich zieht, die wiederum die Schilddrüse zu vermehrter Hormonproduktion anregt, damit der vom Insulin in die Zellen verdrängte Zucker verbrannt werden kann. Hypoglykämische Zustände und Vorstufen des Diabetes ließen sich durchaus vermeiden. Melancholiker auf kohlenhydratarmer Diät können das Gefühl haben, dass ihnen etwas fehlt, aber wenn sie sich an Melonen, Grapefruits, Beeren, tropische Früchte und an Roggen- und Haferprodukte halten, können sie auch ohne Weißmehlprodukte, raffinierten Zucker und gärungsstarkes Obst den süßen Geschmack genießen, den sie so lieben.

Jedenfalls sind vor allem die Melancholiker die Leidtragenden der Empfehlung, sich kohlenhydratreich zu ernähren. Nie zuvor litten sie so sehr an Allergien, Depressionen und chronischer Müdigkeit. Wenn Zucker nicht mehr ausreicht, um die Schilddrüse auf Touren zu bringen und die Energieschübe auszulösen, an die ein Melancholiker gewöhnt ist, verfällt er nur zu leicht dem Koffein oder dem Alkohol. Melancholiker bilden auch stets die stärkste Fraktion in Kursen über Ernährung und Gewichtsabnahme, weil sie aufgrund der Tatsache, dass ihr Energieniveau so schnell abfällt, mit kalorienarmer Kost schlecht zurechtkommen.

Häufiger Konsum von Zucker und leeren Kohlenhydraten strapaziert auch den Stoffwechsel insgesamt, so dass es auf Dauer zu Vitamin- und Mineralstoffmangel kommt, aus dem sich wiederum allerlei Stoffwechselstörungen ergeben können.

Je mehr sich ein Melancholiker in den Zucker-Koffein-Zyklus hineinziehen lässt, desto übersteigerter manifestieren sich die charakteristischen Züge seines Temperaments, bis schließlich ein Erschöpfungszustand dieser humoralen Kraft eintritt. Aus der melancholischen Anlage kann jetzt eine gefährliche klinische Depression werden, die womöglich mit noch gefährlicheren Psychopharmaka bekämpft wird, anstatt die Ernährung so umzustellen, dass sich wieder ein humorales Gleichgewicht einpendeln kann.

Die sehr empfindliche Schilddrüse des Melancholikers kann unter verschiedenen Umständen mal zu Über- und mal zu Unterfunktion neigen. Schilddrüsenhormone regen das parasympathische Nervensystem an, das eher Ausdehnungs- als Kontraktionsimpulse setzt und für Entspannung zuständig ist – die Voraussetzung für nach außen gerichtete, kreative Regungen.

Ein Melancholiker kann eben noch angeregt und gesprächig sein und im nächsten Moment schier einnicken. Die Blutzucker-Achterbahn, auf der er sich befindet, kann sein ganzes

Leben bestimmen. Es sind Menschen, die nach dem Abendessen die Augen nicht mehr aufhalten können oder aber die ganze Nacht auf den Beinen bleiben – je nach Stimmung. Sie lieben es, morgens lange im Bett zu bleiben, schlafen jedoch nachts häufig schlecht, weil ihr Blutzuckerspiegel stark schwankt, vor allem in den Morgenstunden, wenn das Glykogen (die Speicherform des Zuckers in der Leber) aufgebraucht ist und infolgedessen der Blutzucker sinkt.

Das Brötchenfrühstück ebenso wie das Überspringen des Frühstücks zur Gewichtsabnahme stoßen den Melancholiker gleich wieder in das Auf und Ab seines sensiblen Zuckerhaushalts. Beobachten Sie mal in einem Großraumbüro, wie viele Leute alle zwei Stunden Kaffee, Schokolade oder kohlenhydratreiche Snacks brauchen. Es ist eine Volksseuche!

Den Melancholiker überfällt nach dem Essen häufig eine bleierne Müdigkeit, weil seine kohlenhydratreichen Mahlzeiten eine heftige Insulinreaktion auslösen, die den Blutzucker plötzlich abfallen lässt. Wenn Sie wach bleiben möchten, greifen Sie lieber zu eiweißreicher Kost mit Salat und lassen die Kohlenhydrate sowie den Nachtisch weg.

Unter denen, die mit Diäten experimentieren, finden sich viele Melancholiker. Sie reagieren nicht nur empfindlich auf das Wetter, sondern auch auf ihr Gewicht und ihr Aussehen. Verbreitet ist unter ihnen auch das stimmungsabhängige Essen, weil sie von Natur aus diesen Hang zu Stimmungsschwankungen haben.

Sandy war eine von ihnen. Sie entwarf Modedisplays für Kaufhäuser und liebte ihre Arbeit, geriet jedoch stets in Verlegenheit, wenn sie sich zwischen all den makellosen Parfümleuten, Visagistinnen oder auch Models bewegen musste. Wie gerne hätte sie mal wieder ihre langen Beine gezeigt, ihre Körbchengröße und die etwas üppig gewordenen Oberarme ein wenig reduziert! Sie errang kleine Erfolge mit populären Diäten (die in der Regel auf Melancholiker zugeschnitten sind), andererseits mochte sie gerade als Melancholikerin die Einschränkung ihrer Freiheit und diese ewige penible Buchführung nicht, die von vielen Diäten verlangt werden. Und ihre Stimmungsschwankungen wurden durch diese Diäten auch nicht gerade besser.

Schon in den ersten beiden Wochen der richtigen Melancholikerdiät stellte sie fest, dass ihr Energie- und Stimmungszustand besser und stabiler war denn je – und dass sie rapide abnahm. Hier hatte sie zum ersten Mal das Gefühl, dass die Diät für und nicht gegen sie arbeitete, und so blieb sie auch nach dem Erreichen ihrer Ziele dabei. Wie froh war sie, dass sie sich wieder schön finden konnte und glücklich war, beides zugleich.

Ihre Diät bestand aus diesen einfachen Maßnahmen:

- Eiweißreiches Frühstück mit Fett, spätestens eine Stunde nach dem Aufstehen
- Keine kohlenhydratreichen Zwischenmahlzeiten
- Nach acht Uhr abends nichts mehr essen
- Zurückhaltung bei Wein, Bier, Nudeln, Weißmehlbackwaren und anderen reinen Kohlenhydraten
- Zu allen kohlenhydratreichen Speisen auch Eiweißhaltiges essen
- Jeden Tag reichlich Wasser trinken und Salat essen
- Zur Energiegewinnung lieber hochwertige Fette als Kohlenhydrate: Butter, Olivenöl, Nüsse und Samen
- Nahrungsergänzung mit Magnesium und Aminosäuren, vor allem L-Glutaminsäure
- Mit dem Ausschlafen nicht bis zum Wochenende warten, sondern alle Tage etwas früher ins Bett gehen

Der sanguinische Stoffwechsel

Nach antiker Auffassung ist das Sanguinische dem Element Luft zugeordnet, das vom Blut (lat. *sanguis*) transportiert wird. Wenn man zu viel Blut verliert, »haucht« man sein Leben aus – vielleicht ist in dieser Redewendung noch die alte Verbindung zu erkennen. In den meisten antiken Traditionen, das gilt auch für den Mittelmeerraum, war der Atem mit dem Geist verknüpft. Ebenso galt das Herz, das Zentralorgan des Bluttransports, als Sitz des Geistes. Als »heißblütig« bezeichnen wir heute noch leidenschaftliche Menschen, die immer zu allem bereit sind. Damit sind vor allem Sanguiniker beschrieben.

Bei sexueller Erregung und Betätigung fließt das Blut schneller, die Atemfrequenz erhöht sich, der ganze Körper stellt sich auf intensive Aktivität ein. Das Blut – und damit die Luft – wird stärker als sonst in die Sexualorgane geleitet, um die Lust des Zusammenseins und die Chancen einer Zeugung so groß wie möglich zu machen.

Die humorale Kraft, die wir sanguinisch nennen, steht in enger Beziehung zu unserer Sexualität, und Menschen dieses Temperaments tendieren zu Leidenschaft, Flow und Austausch. Landläufig wird der Sanguiniker als ein heiterer, umgänglicher und optimistischer Zeitgenosse gesehen, und das passt sicher zu seinem sexuellen Selbstvertrauen und einer gesunden, starken Libido, die sich in allen Bereichen als positive Haltung gegenüber Menschen und in Beziehungen zeigt.

Darüber hinaus besitzen Sanguiniker eine natürliche Vorliebe für aphrodisische Nahrungsmittel wie Schellfisch und Kürbispie, für Gewürze und alles Sahnige oder Cremige, für dunkle Schokolade. Da die sexuelle Aktivität des Menschen eher in die Abendstunden fällt, ist dies auch die Zeit, in der sich ein Sanguiniker besonders lebhaft und sanguinisch zeigt. Auch tagsüber kann er meist nicht über Energiemangel klagen, aber den Abend liebt er ganz besonders, und er hat gern seine acht Stunden Schlaf, vorzugsweise nach einem romantischen Zwischenspiel.

Der Sanguiniker liebt Speisen, die (auch aus wissenschaftlicher Sicht) die Geschlechtsdrüsen anregen – Gewürze, Schellfisch und cremige Fette. Wenn ein Sanguiniker unter Stress steht oder ein Energietief erlebt, sind es die Keimdrüsen, die bei ihm den Stoffwechsel anheizen.

Die Keimdrüsen regen wie auch die Nebennieren vor allem das sympathische Nervensystem an und sorgen für Kontraktion der Muskeln und Organe – Vorbereitung des für die sexuelle Lösung notwendigen Spannungsaufbaus. Sanguiniker lernen schon früh im Leben, dass aphrodisische Nahrungsmittel ihnen im Stress zusätzliche Energien bereitstellen.

Sanguiniker lieben das Frühstück, allerdings nur, wenn es Eier enthält (deren cremiges Fett, aus Cholesterin, gesättigten Fetten und Phospholipiden bestehend, er mag) und möglichst auch würzige Fleischanteile wie Wurst oder Schinken sowie Sahnejogurt, cremegefülltes Gebäck oder Buttercroissants. Andere Backwaren sind nur mit Sahnefrischkäse akzeptabel. Leider regt diese Kost die Hormonausschüttung zu früh an, so dass der Sanguiniker möglicherweise den ganzen Tag unter Druck steht oder andere sanguinische Züge etwas aufdringlich werden.

Sie haben sich vielleicht schon gedacht, dass gegen solch ein fettreiches Frühstück ohnehin die meisten Ernährungslehren Sturm laufen würden. Aber eine Mahlzeit dieser Art, solange man Übertreibungen meidet, kann auf den Sanguiniker ausgleichend wirken – und sie schmeckt ihm himmlisch. Solange die Nahrungsmittel ganz frisch und chemiefrei sind und tagsüber durch humoral ausgleichende Speisen wie Obst, Gemüse (vor allem Zwiebeln) und möglichst vollwertige Getreideprodukte ergänzt werden, können sie niemandem schaden. Generationen von gesunden Farmern haben sich so ernährt. Aber Sanguiniker und Choleriker dürfen es mit dieser Art von Frühstück nicht übertreiben, da es ihre dominanten Säfte zu stark anregen und zu Übertreibungen der typischen Züge ihres Temperaments führen könnte.

Der sanguinische Stoffwechsel kann Fette gut verwerten und arbeitet sehr effektiv. Sanguiniker müssen wenig Kalorien aufnehmen, um sich ausreichend mit Energie zu versorgen. Sie nehmen leicht zu, werden jedoch selten stark übergewichtig, haben allerdings Schwierigkeiten beim Abnehmen. Probleme stellen sich, wie beim Choleriker, vor allem dann ein, wenn die sanguinische Kraft erlahmt und man deshalb auf Zucker zur Energiegewinnung über die Schilddrüse, also eigentlich auf melancholischen Stoffwechsel umstellt. Natürlich kann der übermäßige Verzehr industriell verarbeiteter Fette – dazu gehören insbesondere gehärtete Fette, stark cholesterinhaltige Fertigprodukte und sahnig oder cremig schmeckender Ersatz für frische Sahne und Eier – den sanguinischen Körper erheblich belasten, besonders das Kreislaufsystem.

Hier kann uns Patrick als schönes Beispiel für diätische Herausforderungen des sanguinischen Temperaments dienen. Wie in der Einleitung berichtet, hatte er eine viel versprechende Laufbahn eingeschlagen, litt jedoch unter Energiemangel, weil er sich seit über zwanzig Jahren mit allerlei Diäten herumquälte, jedoch erfolglos blieb, was seinem Selbstbewusstsein sehr zusetzte. Zunächst einmal staunte er, dass er klar als Sanguiniker zu identifizieren war. In all den Typologien, nach denen er sich schon zu richten versucht hatte, war ihm nie ein Profil begegnet, das ihm wirklich entsprach. Er hatte es mit kalorienarmen Diäten, mit fettarmen Diäten, mit Grapefruitdiät, mit eiweißreicher Kost und vielem anderen probiert. Die Umstellung auf eine für Sanguiniker geeignete Kost brachte nicht nur den Durchbruch für die Gewichtsabnahme, sondern befreite ihn außerdem von quälenden Gelüsten und von seinen Energielöchern. Hier die wichtigsten Anhaltspunkte:

- Kleines Frühstück, keine Gewürze, natürliche Fette in kleinen Mengen
- Keine Zwischenmahlzeiten aus fetten oder sahnigen Speisen, Chips oder Dips
- Knackiges Gemüse oder Sämereien als Zwischenmahlzeit
- Nach sieben Uhr abends nichts mehr essen
- Keine stark erhitzten oder gehärteten Fette
- Wenn Fett und Kohlenhydrate gemischt werden, auf richtiges Verhältnis achten (wie in der italienischen Küche)
- Viel Salat mit hochwertigem Öl und Apfelessig
- Zur Nahrungsergänzung Vitamin B6, E und A, Magnesium und Kalium.
- Nicht an mehreren Abenden hintereinander lange aufbleiben

Der phlegmatische Stoffwechsel

Die alten Schriften bringen das Phlegmatische mit dem Element Wasser in Verbindung. Es besteht hier eine Affinität zu kühlen und feuchten Nahrungsmitteln, die ihrerseits das Kühle und Feuchte im Körper stärker machen. Phlegmatiker lieben Getränke, Obstsäfte, Milch und milde Suppen, die nicht zu heiß sein dürfen. Die Gelüste des phlegmatischen Temperaments sind in konzentrierter Form durch Käse und Frischkäse oder durch mit Obst oder Zucker gesüßte Milchprodukte repräsentiert. Phlegmatiker erkälten sich leicht und haben dann eine laufende Nase, aber sie werden, zumindest in jüngeren Jahren, schnell wieder gesund. Mehr dazu später.

Aus wissenschaftlicher Sicht geht es beim Phlegmatiker um einen von der Hypophyse (Hirnanhangsdrüse) gesteuerten Energiehaushalt. Diese Drüse leitet die Energie jedoch eher dem Wachstum als der Aktivität oder dem Denken zu. Ein Kuhkalb muss drei Monate nach seiner Geburt in der Lage sein, mit der Herde zu ziehen, denn das ist die ursprüngliche Lebensweise des Weideviehs: mit den wechselnden Jahreszeiten von Weidegrund zu Weidegrund zu ziehen. Kuhmilch ist deshalb reich an Hypophysenhormonen, den Hormonen des Wachstums. Menschen dagegen sind in der Regel sesshaft, und außerdem tragen sie ihre Säuglinge und Kleinkinder. Lernen und geistige Entwicklung sind für uns wichtiger als schnelles körperliches Wachstum.

Phlegmatische Kinder kommen schnell auf ihre Vorliebe für Milch, wenn ihnen Milch angeboten wird. Leider wird damit ihre ohnehin dominante humorale Kraft noch weiter angeregt. Und da die Hypophyse auf Energieeinsparung aus ist, haben diese Menschen es schwer, schlank zu bleiben. Da sie meist klein sind und leicht Fett ansetzen, müssen sie sich, um die Figur zu erhalten, zurückhaltender als die übrigen Temperamente ernähren, vor allem wenn sie ihre phlegmatische Anlage noch mit gesüßten Kuhmilchprodukten päppeln.

Eier gehören, anders als Milchprodukte, nicht zu den Vorlieben des Phlegmatikers. Alles in allem wissen Phlegmatiker häufig nicht so genau, was sie zu den Hauptmahlzeiten besonders gern mögen. Die kleinen Häppchen zwischendurch sind ihrem Bewusstsein näher. Eiweiß und hochwertige Fette können Energie und Stoffwechsel des Phlegmatikers auf geradezu wunderbare Weise beflügeln, und in Eiern findet sich beides in optimaler Form. Wenn Sie ein phlegmatisches Kind haben, lohnt es sich, nach einer Zubereitungsart für Eier zu forschen, die angenommen wird. Eine Möglichkeit wäre ein Milkshake mit einem verquirlten Eidotter. Phlegmatiker sind häufig Laktovegetarier, aber erfahrungsgemäß fahren sie mit einer Fleisch- oder Geflügelmahlzeit pro Woche besser.

Das Abnehmen fällt diesen Menschen schwer, da sie einen eher langsamen Stoffwechsel haben. Sie versuchen es normalerweise erst einmal mit der Hüttenkäse-Obst-Diät. Das schürt aber nur ihre phlegmatischen Tendenzen, so dass sie sich bald müde und schlapp fühlen. Das phlegmatische Element, Wasser, ist flexibel und gefügig, passt seinen Lauf den Gegebenheiten an, sucht sich sein stabiles Niveau – aber wenn es das einmal hat, ist es nur noch schwer zu bewegen. Davon haben auch Phlegmatiker einiges.

Bei der Milch sind Phlegmatiker leider, wie alle anderen Temperamente auch, größtenteils auf die homogenisierten, pasteurisierten, denaturierten Produkte angewiesen, die heute den Markt beherrschen. Rohmilch schmeckt süßer, und wäre sie überall verfügbar, wären Phlegmatiker vielleicht mit weniger Süßigkeiten und weniger Milch zufrieden. Auch das Fett der Milch wird durch die Homogenisierung verändert, oder man entfernt es mehr oder weniger weitgehend für die Magermilchprodukte. Kurzum, heutige Milch ist ein fraktioniertes, industriell verarbeitetes Nahrungsmittel, das zur Gesundheit des Körpers nicht mehr viel beitragen kann.

Seit Jahrhunderten ist bekannt, dass Milch bei manchen Menschen Verschleimung bewirkt. Viele Völker verwenden, wenn die Milch nicht unmittelbar nach dem Melken getrunken wird, ausschließlich fermentierte Milchprodukte. Nach dieser Verarbeitung durch Mikroorganismen ist die Milch vorverdaut und mit Enzymen angereichert, so dass sie im menschlichen Verdauungstrakt nicht mehr so stark schleimbildend wirkt. Kinder, die viel Milch trinken, mögen oft kein Blattgemüse, weil die Milch zur Schleimbildung in den Verdauungswegen führt und alles Grüne gegenteilig wirkt, nämlich entschleimend. So kommt es zu einem unbehaglichen Tauziehen im Bauch, das die meisten Menschen, auch Kinder, lieber vermeiden. Eltern, die das Milchtrinken bei ihren Kindern einschränken, stellen oft erstaunt fest, dass die Kleinen jetzt viel eher bereit sind, auch mal das Gemüse zu probieren.

Dieses Phänomen ist so eindeutig, dass ich Eltern, die in der Gemüsefrage meinen Rat suchen, auf den Kopf zusage, dass ihre Kinder große Milchtrinker sind. Meist liege ich damit richtig. Es kommt allerdings vor, dass ich genauer nachfragen muss, denn heutige Eltern meinen oft, mit einem Glas Milch pro Mahlzeit sei man noch kein großer Milchtrinker. Nach traditioneller Auffassung ist das ein Irrtum.

Schon lange ist bekannt, dass Menschen mit trägem Stoffwechsel von einer Ernährungsform profitieren, die reich an Eiweiß (vor allem Fisch und innere Organe) und Gemüse ist und in der Milchprodukte nur eine Nebenrolle spielen.

Wie schon gesagt, steht der phlegmatische Stoffwechsel ganz im Zeichen der Hypophyse. Sie erzeugt Hormone, die auf andere Drüsen regulierend einwirken, und außerdem das menschliche Wachstumshormon oder somatotrope Hormon (STH). Kinder brauchen unter anderem deshalb so viel Schlaf, weil dieses Hormon vor allem im Schlaf gebildet wird. Die STH-Produktion ist im Kleinkindalter am höchsten, was auch das schnelle Wachstum in dieser Zeit erklärt.

Hypophysenhormone regen alles in allem eher die parasympathischen Funktionen des Körpers an, was der Melancholiker als weitend erlebt, der Phlegmatiker als entspannend und behaglich.

Hier könnte noch die Anmerkung interessant sein, dass das vermehrte Größenwachstum und die immer früher eintretende

Pubertät bei Kindern in den entwickelten Ländern mit dem Milchkonsum in Verbindung gebracht worden ist. Phlegmatiker jedenfalls behalten vielfach auch als Erwachsene etwas Jugendliches, ja Kindliches. Ihre Libido ist jedoch eher schwach. Vielleicht meint ihr Körper, er sei noch in der Wachstums- und nicht in der Vermehrungsphase.

Phlegmatiker neigen nicht zum Alkoholkonsum, und wenn sie etwas trinken, dann eher leichte und süße Sachen wie alkoholarmes Bier, Weinschorle oder Sangria. Sie haben schnell einen Schwips.

Es wird Sie freuen, Brenda als anschauliches Beispiel für einige Züge des phlegmatischen Temperaments kennen zu lernen. Sie war klein und jugendlich und immer gern bereit, anderen zu helfen. Nur ging sie nicht mehr gern aus, weil es ihr gar nicht gefiel, dass sie so rund wurde, ganz besonders seit der Geburt ihrer Kinder. Dann wurde sie auch an den Arbeitstagen immer wieder von Müdigkeitsanfällen geplagt. Sie wusste zwar eine Diät, mit der sie abnehmen konnte, Hüttenkäse und Obst, aber Müdigkeit und Erschöpfung nahmen dann noch zu, und wenn sie die Diät abbrach, waren die Pfunde gleich wieder da.

Es erleichterte sie zu hören, dass sie Phlegmatikerin war, aber es verwirrte sie auch. Sie hatte sich während der Schwangerschaften an den gängigen Rat gehalten, zum Wohl des Kindes viel Milch zu trinken, und auch später war sie zur Vorbeugung der Osteoporose bei der Milch geblieben, um genügend Kalzium für ihre Knochen zu bekommen. Wir gingen zusammen durch, dass ein gesunder Körper seinen Mineralienhaushalt auch auf andere Weise in Ordnung halten kann und dass vor allem Bewegung – von Phlegmatikern wegen ihrer raschen Ermüdbarkeit oft gemieden – für die optimale Mineralisierung der Knochen sorgt, wenn durch Gemüse, Suppen, Vollkornprodukte und ein wenig Fleisch ein ausreichendes Angebot an Mineralien besteht.

Die Umstellung brauchte bei Brenda einige Zeit, aber sie bewegte sich im Laufe der nächsten Monate stetig auf ihr Ziel zu und gewann genügend Energie zurück, um mit einer Nachbarin ein regelmäßiges und wohltuendes Bewegungsprogramm durchziehen zu können. Hier ein paar einfache Richtlinien für Phlegmatiker:

- Frühstück mit Eiweiß in irgendeiner Form, aber keine Milch
- Regelmäßiges Mittagessen, auch wieder mit Eiweiß, etwa Huhn, Fisch oder Schwein
- Jeden Tag einen Salat, möglichst bunt, zum Beispiel mit Paprika und Tomaten
- In Maßen hochwertige Fette wie Olivenöl oder Kürbiskerne
- Keine Milch, kein Käse zwischendurch; nur zu den Hauptmahlzeiten
- Als Snack Gemüse, Erdnussbutter, Kräcker
- Keine Milch, keine Getreideprodukte vor dem Schlafengehen
- Nahrungsergänzung mit Chlorophyll, Vitamin D und Spurenelementen
- Viel Schlaf, aber früh aufstehen

Wie Sie vielleicht bemerkt haben, als wir von den Ernährungsvorlieben der einzelnen Temperamente sprachen, sorgen die Säfte dafür, dass wir gern zu ebenden hoch konzentrierten Kunstnahrungsmitteln greifen, die unsere dominante (manchmal auch die subdominante) humorale Kraft besonders aufputschen. Wenn Sie nicht wissen, wie sehr Sie das aus dem Gleichgewicht werfen kann, werden Sie der Versuchung wahrscheinlich nachgeben. Andererseits hören wir aber, dass Kinder, die sich ihre Mahlzeiten selbst aus einem breiten Angebot zusammenstellen können, im Laufe der Zeit immer zielsicherer nach dem greifen, was ihnen am besten bekommt. Das trifft zu, gilt aber nur, wenn es sich um relativ naturbelassene Nahrungsmittel handelt. Wird das natürliche Gespür der Kinder nicht durch Aromazusätze, Konzentrate oder raffinierte Bestandteile ohne Mikronährstoffe getäuscht, so teilt ihr

Geschmackssinn ihnen zuverlässig mit, was gut für ihre Gesundheit ist. Das war bei wissenschaftlichen Experimenten der Fall. Es ging darum zu ermitteln, ob Kinder aus verschiedenen Nährstoffgruppen so wählen würden, dass alle wesentlichen Nahrungsbestandteile – Eiweiß, Fett, Kohlenhydrate, Vitamine und Mineralien – in ausgewogenem Verhältnis zueinander standen. Es ging nicht um die Frage, ob ungesunde humorale Gelüste sich gegen unverbildete natürliche Instinkte durchsetzen würden. Das können und tun sie jederzeit.

Für Eltern ist da sehr deutlich herauszuhören: Setzt euren Kindern hochwertige, nicht industriell verarbeitete Nahrungsmittel vor, und ihr braucht euch nicht darum zu kümmern, ob sie bei jeder Mahlzeit alle Nährstoffe im richtigen Mengenverhältnis zu sich nehmen. Sie haben einen natürlichen Hang dazu. Sollten sich dann einmal gesundheitliche oder charakterliche Schwierigkeiten zeigen, richtet euer Augenmerk auf das Temperament eurer Kinder.

Humorale Gelüste können uns also auf mancherlei Weise irreführen, wenn unsere Nahrungsmittel so verändert werden, dass sie eine direkte humorale Stimulation darstellen. Und glauben Sie bloß nicht, die Nahrungsmittelindustrie wüsste nicht, dass man zwanghaftes Essen am besten mit konzentriertem Zucker, raffinierten Kohlenhydraten, rotem Fleisch, Milch, Salz, Sahnigem und Gewürzen in Gang hält.

Im Folgenden werden wir von den bisher gegebenen Grundempfehlungen ausgehen, die Ihnen erlauben, sich wieder ins Gleichgewicht zu bringen und trotzdem auch mal Ihren humoralen Gelüsten nachzugehen, ohne gleich Schlimmes befürchten oder Schuldgefühle haben zu müssen. Zu diesem entspannten Essen braucht man weder die Medizin noch spezialisierte Dienstleistungen. Wenn Sie Ihr humorales Gleichgewicht einmal verstanden haben, kommen Sie künftig ohne jede Diät aus. Das will einiges heißen, wenn man bedenkt, wie sehr wir uns mit der überall massenhaft verfügbaren Industriefertignahrung herunterwirtschaften können. Hierbei handelt es sich übrigens eigentlich um Drogen, nämlich um Substanzen, die auf bestimmte Stoffwechselwirkungen abzielen und nicht in erster Linie der Ernährung dienen. Wie Drogen sind raffinierte Nahrungsmittel auf bestimmte Wirkungen abgestimmt, zum Beispiel auf Anregung der Drüsen, auf Mobilisierung von Energiereserven, auf allergische oder Stressreaktionen, die ein vorübergehendes Gefühl von Wohlbefinden erzeugen. Sie sind nicht dazu da, den Körper insgesamt zu ernähren oder den geistig-körperlichen Gesamtorganismus zu eigenen Ausgleichsmaßnahmen für die hier wirkenden Kräfte zu befähigen.

In der Sprache der alten Humoralmedizin könnten wir auch sagen, diese denaturierten Nahrungsmittel dienten dem Zweck, den Fluss der humoralen Lebenskräfte in häufig schädlicher Weise zu manipulieren, anstatt zur Ernährung des gesamten Körpers so beizutragen, dass zum Wohl des Gesamtorganismus – das sind Sie – eine flexible Anpassungs- und Ausgleichsdynamik der Säfte gefördert wird.

Nachdem wir jetzt die Ernährungsvorlieben der Temperamente im Einzelnen betrachtet haben, schlage ich Ihnen vor, sich anhand der Abbildungen 22 und 23 noch einmal einen Gesamtüberblick zu verschaffen.

Abbildung 24 bietet eine sehr knappe, einprägsame Übersicht über besonders typische Züge der Temperamente in den zentralen Bereichen Ernährung, Stimmungslage und Beziehungen. Danach werden Sie vielleicht einige Zeit mit der ausführlicheren Tabelle in Abbildung 25 verbringen wollen. Abbildung 26 schließlich gibt Ihnen ein paar Hinweise, wie Sie sich mit einfachen Maßnahmen in Zeiten besonderer Anfälligkeit schützen können.

Bei der Harmonisierung Ihrer Säfte durch die Ernährungsweise geht es zunächst um eine möglichst vollwertige Ernährung. Zweitens müssen Sie raffinierte Nahrungsmittel meiden, die Ihr dominantes Drüsensystem zu stark anregen, und besonders zu Nahrungsmitteln greifen, die alle Drüsen ernähren und die weniger aktiven sanft anregen. Hier könnte es nützlich sein, sich die zehn Punkte aus dem ersten Kapitel noch einmal zu vergegenwärtigen.

C Nahrungsvorlieben: Fleisch und Salz Positive Stimmung: selbstbewusst, visionär Negative Stimmung: aggressiv, ärgerlich Partnervorliebe: kompakt, still, zuverlässig	**S** Nahrungsvorlieben: Sahne und Gewürze Positive Stimmung: warmherzig und gesprächig Negative Stimmung: weinerlich und streitlustig Partnervorliebe: schlank, geschmeidig, selbständig
Nahrungsvorlieben: Zucker, Brot, Schokolade Positive Stimmung: spontan, begeisterungsfähig Negative Stimmung: deprimiert, in sich gekehrt Partnervorliebe: warmherzig, gesprächig **M**	Nahrungsvorlieben: Milch und Honig Positive Stimmung: freundlich, hilfsbereit Negative Stimmung: rebellisch, stur Partnervorliebe: groß, beschützend **P**

ABBILDUNG 24. **Die Temperamente auf einen Blick**. Hier haben Sie die wichtigsten Aspekte der humoralen Persönlichkeiten zum schnellen Überblick griffig zusammengefasst.

Temperament	Element/Jahreszeit (antike Humorologie)	Dominante Drüse(n)	Beschaffenh (antike Humorologi
Cholerisch	Feuer-Sommer	Nebennieren	warm-trocke
Sanguinisch	Luft-Frühjahr	Keimdrüsen	warm-feucht
Melancholisch	Erde-Herbst	Schilddrüse	kühl-trocken
Phlegmatisch	Wasser-Winter	Hypophyse	kühl-feucht

Temperament	Beste Seite	Schlimmste Seite	Energie-umwandlun im Körper
Cholerisch	entschlossen, tatkräftig	aufbrausend, aggressiv	schnell
Sanguinisch	leidenschaftlich, geduldig	pompös, weinerlich	langsam
Melancholisch	kreativ, begeisterungsfähig	depressiv, in sich gekehrt	schnell
Phlegmatisch	engagiert, hilfsbereit	rebellisch, lethargisch	langsam

Temperament	Hunger zwischendurch	Gesichtsschnitt
Cholerisch	früher Abend	groß, kantig
Sanguinisch	später Abend	klein, herzförmig
Melancholisch	jederzeit	groß, oval
Phlegmatisch	Nachmittag	mittelgroß, rund

ABBILDUNG 25. **Übersicht: Die Kennzeichen der Temperamente**. Diese Tabelle habe ich bereits bei Hunderten von Workshops und Privatkonsultationen verwendet. Die Profile beschreiben Tendenzen, die erfahrungsgemäß erwartet werden können, sie müssen aber nicht in jedem Einzelfall genau zutreffen. Menschen, die alle Kennzeichen eines Temperaments aufweisen, sind selten. Ein erfahrener Humorologe wird schnell ein Muster erkennen, aufgrund dessen er weitere

ahrungsverlangen	Eiweiß-Fett-Stoffwechsel	Körperbau
eisch-Salz	stark	groß, breitschultrig, Fett oberhalb der Taille
ett-Gewürze	stark	geschwungene Linien, Fett unterhalb der Taille
ohlenhydrate-Koffein	schwach	leichter Körperbau, Fett um die Körpermitte
ilchprodukte-Zucker	schwach	rundlich, Fett gleichmäßig verteilt

eblingsmahlzeit	Bevorzugter Beruf	Kohlenhydrat-stoffwechsel
bendessen	Manager, Staatsmann	stark
ühstück	Lehrer, Kommunikator	schwach
ittagessen	Künstler, Theoretiker	stark
wischenmahlzeit	Handwerker, helfende Berufe	schwach

usgleichende Ernährung

eines, kohlenhydratreiches Frühstück, Fleisch nur einmal am Tag
eines, fettarmes Frühstück, nach dem Abendessen nichts mehr naschen
weißreiches Frühstück, kleineres Abendessen, nichts Süßes zwischen-urch
ühstück, Milchprodukte nur einmal am Tag, keine Milchprodukte wischendurch

ige voraussagen und Empfehlungen zur Ernährungsweise und anderen esundheitsrelevanten Faktoren geben kann. Es geht bei jedem Einzelnen arum, seine Anlagen zu Gesundheit und Ausgeglichenheit durch vernünf-ge, ganzheitliche Beratung zu Lebensweise optimal zu entwickeln. Hier ommt es natürlich auf Toleranz und »Humor« an.

C Feuer: trocken und warm Um nach einem heißen Tennismatch wieder ins Gleichgewicht zu kommen, versuchen Sie es mit einem Glas kühlem Wasser oder ein paar gemächlichen Schwimmrunden Vorsicht vor Überforderung im Sommer	**S** Luft: feucht und warm Zum Ausgleich nach einer warmen Dusche sollten Sie noch einen Augenblick kühl duschen Nehmen Sie sich im Frühjahr nicht zu viel vor, treffen Sie eine kluge Auswahl
Erde: trocken und kühl Zum Ausgleich nach einem kalten Wintertag hilft Ihnen eine warme Suppe oder ein warmes Bad Wenn der Herbst kommt, müssen Sie ganz besonders darauf achten, Ihr Immunsystem zu stärken und eine positive Haltung zu wahren **M**	Wasser: feucht und kühl Nach einem Tag voller Geschäftigkeit knabbern Sie zum Ausgleich ein paar Salzkräcker oder setzen sich eine Weile in die Sonne Halten Sie sich im Winter gut warm, trinken Sie nicht zu viel, und baden Sie nicht zu lange **P**

ABBILDUNG 26. **Elemente und äußere Einflüsse**. So simpel es klingt, für jedes Temperament gibt es ganz einfache Maßnahmen, mit denen man mögliche Belastungen und Gesundheitsgefährdungen durch äußere Einflüsse abfangen kann.

Wenn Sie alles verdaut haben, was Sie hier über die Säfte, Ihr Temperament und die Temperamente der Menschen in Ihrer näheren Umgebung erfahren haben, können Sie anfangen zu überlegen, wie Sie die Ernährung und andere Dinge so einsetzen können, dass Sie zu einem besseren humoralen Gleichgewicht, einem fröhlicheren Temperament und einem befriedigenderen Leben gelangen.

Eine Mahnung muss ich hier jedoch noch anfügen. Wenn Sie sich dazu durchringen, alles Junkfood zu meiden, das Ihre dominanten Drüsen überreizen könnte, taucht möglicherweise die Versuchung auf, die untergeordneten humoralen Kräfte durch entsprechende Nahrungsmittel anzustacheln. Wenn Sie beispielsweise Melancholiker sind, werden Sie sich an die Regel halten, zwischen den Hauptmahlzeiten keine raffinierten Kohlenhydrate zu sich zu nehmen, aber vielleicht denken Sie, dass gesalzene Kartoffelchips nicht schaden können. Die werden in der Tat Ihre melancholische Seite nicht so sehr schüren wie beispielsweise eine Zuckerbrause; dafür geben sie Ihren Nebennieren und Keimdrüsen, also Ihrer cholerischen und sanguinischen Seite, einen Kick, tun jedoch im Übrigen nichts dafür, dass Ihr Körper seine humorale Gesundheit wiederherstellen oder erhalten kann. Halten Sie sich lieber an Dinge, die Ihre dominante humorale Kraft wirklich ernähren, anstatt die übrigen Säfte aufzuputschen. Und greifen Sie außerdem zu Nahrungsmitteln, durch die Ihre untergeordneten Drüsen ernährt und gefördert, aber nicht überreizt werden.

Viele meiner Schüler und Klienten bedienen sich eines Standards für hochwertige Ernährung, den ich für meine Familie entwickelt habe, um zu verfolgen, wie weit wir uns jeweils auf das Gebiet industriell verarbeiteter Lebensmittel verirrt haben. Sie können damit bei jedem einzelnen Gericht überprüfen, welchen Qualitätsstandard es hat und inwieweit es mit einem gesunden Funktionieren der körperlichen Prozesse vereinbar ist. So sollten die Nahrungsmittel, die Sie Ihrer Familie vorsetzen, beschaffen sein, wenn sie den Kriterien einer gesunden Ernährung genügen sollen:

- Vollwertig – ohne allzu stark raffinierte Bestandteile
- Ökologisch – ohne Pestizide und andere Agrarchemikalien angebaut
- Aus der Region – im Einklang mit den lokalen Bedingungen
- Frisch
- Einfach – keine Herausforderung für das Verdauungssystem
- Rein – ohne viele Zusatz- und Konservierungsstoffe
- Rohkost – Rohverzehr überall da, wo es ohne Risiko möglich ist
- Jahreszeitlich – den jeweils herrschenden Umständen entsprechend
- Unbestrahlt
- Ohne gentechnisch veränderte Anteile

Je mehr Sie in Ihrer täglichen Grundernährung von diesen Bedingungen abweichen, desto eher werden Sie Nahrungsmittel zu sich nehmen, die Ihr Temperament negativ beeinflussen. Aus meiner Sicht ist es übrigens kein Zufall, dass die Temperamente in unserer Zeit wieder interessant werden. Es könnte daran liegen, dass raffinierte Nahrungsmittel inzwischen eher die Regel als die Ausnahme sind. In der Zeit des Hippokrates behandelten die Ärzte die Wohlhabenden, die sich den Zeit- und Geldaufwand für verfeinerte Gaumenfreuden leisten konnten. Diese Menschen litten nämlich auch damals schon an manchen der Degenerationserscheinungen, die heute zu beobachten sind. In unserer Zeit ist diese Entwicklung allerdings nicht auf die Wohlhabenden beschränkt. Es hat hier seit der Antike eine Umkehrung stattgefunden, so dass heute überwiegend die ärmeren Schichten betroffen sind. Der modernen Technik und Chemie haben wir zu verdanken, dass viele industriell produzierte Nahrungsmittel mit mehr oder weniger hohen raffinierten Anteilen billiger sind als vollwertige Lebensmittel. Letztere werden von den Wohlhabenden zunehmend bevorzugt, während die weniger Wohlhabenden und Armen zu industriell gefertigten Produkten greifen und sich damit humorale und andere Störungen einhandeln.

Geraten so die Lebensgewohnheiten auf breiter Basis immer mehr auf Abwege, müssen zwangsläufig die Temperamente in immer deutlicherer Übertreibung hervortreten, und es kann nicht ausbleiben, dass uns zunehmend humorale Entgleisungen auffallen. Es wird großer gemeinsamer Anstrengungen bedürfen, uns als Gesellschaft auf einen Wissensstand zu bringen, der eine Rückkehr zu gesunden Verhältnissen erlaubt. Auch der immer höher werdende Anteil übergewichtiger Menschen ist unter diesen Voraussetzungen kein Zufall. Wir sind aus dem Gleichgewicht und in die Schattenseite unserer Temperamente abgeglitten.

Als ich die Kriterien einer gesunden Ernährung erstmals aufstellte, war von Bestrahlung und Gentechnik noch kaum die Rede. Heute schreiben die Zeitungen fast täglich darüber. Ich rufe Sie auf, aktiv zu werden, um eine unbedenkliche, ausgewogene und Ausgleich schaffende Ernährung für sich und Ihre Lieben sicherzustellen. Wenn Sie das Gefühl haben, dass Ihr Leben aus dem Gleichgewicht ist und Ihre Säfte Sie in eine Richtung drängen, die Sie nicht einschlagen möchten, dann überprüfen Sie einmal Ihre Ernährung und führen die Änderungen ein, die für die angestrebten Resultate notwendig sind. Sie werden staunen, wie viel man auf diesem Wege erreichen kann.

Im nächsten Kapitel werden Sie sehen, weshalb die Kenntnis Ihres humoralen Haushalts auch dann wichtig ist, wenn Sie derzeit keine ernsthaften Beschwerden haben. Benjamin Franklin sagte, ein Gramm Vorbeugung wiege ein Pfund Heilbehandlung auf. Die in diesem Buch aufgestellten Kriterien einer gesunden Ernährungs- und Lebensweise können zur Basis eines Vorbeugungskonzepts werden. Im nächsten Kapitel sprechen wir über die spezifischen Krankheitsanfälligkeiten der vier Temperamente. Im daran anschließenden Kapitel erfahren Sie, was Sie verändern können, um vielen Krankheiten vorzubeugen oder, falls sie sich schon eingenistet haben, zu begegnen.

Richtige Ernährung hängt auch von endokrinen Funktionsmustern ab, von der besonderen Ausprägung, den dieser Mechanismus beim Einzelnen hat. Endokrine Muster werden vererbt, und die allgemeinen Nahrungsbedürfnisse lassen sich an bestimmten Körpermerkmalen ablesen. Wir alle brauchen Kohlenhydrate, Eiweiß, Fett, Mineralien und Vitamine, aber jeder braucht sie in bestimmten Mengenverhältnissen, die anhand unserer körperlichen Unterschiede zu bestimmen sind …Wir haben zwei Vorgehensweisen, mit denen wir die Ernährungsbedürfnisse eines Menschen einkreisen können:

Zunächst einmal deuten körperliche Merkmale auf eine bestimmte Abstammung hin. In der Vergangenheit haben die Menschen im Allgemeinen keine großen Ortswechsel vorgenommen. Sie lebten und starben in derselben Gegend, und bei ihren Kindern und Kindeskindern war es ebenso. Im Laufe der Generationen formte sich ihr körperliches Erscheinungsbild nach den Bedingungen ihres jeweiligen Lebensraums. Die jeweilige Ernährungsform, wichtiger und charakteristischer Aspekt jedes Lebensumfeldes, schlug sich in der körperlichen Entwicklung nieder … Unser zweites Mittel, um für jeden Einzelnen die optimale Ernährung zu ermitteln, sind die Instinkte … Nach meiner Überzeugung muss niemand die Kalorien seiner Nahrung oder Ähnliches zählen, wenn er nur eine ausreichende Versorgung mit Mineralien sicherstellt und entwertete Nahrungsmittel weglässt …

Im natürlichen Zustand orientieren wir uns an den vier Geschmacksrichtungen: süß, sauer, salzig und bitter. In keinem der vielen Nahrungsmittel, zu denen sie uns führen, finden wir nur ein einziges dieser Nahrungselemente vor; jedes enthält Vitamine, Eiweiß, Kohlenhydrate und so weiter in wechselnden Anteilen. Wenn Ihr Körper also nach etwas Süßem oder Saurem verlangt, dann will er eigentlich nicht die reine Süße des raffinierten Zuckers, sondern Süße zusammen mit anderem.

Melvin E. Page, *Degeneration – Regeneration*, S. 77–80.

8. Kapitel

Temperament und Krankheitsneigung

… diese Salbe, dieser einzigartig hoch destillierte Extrakt, der alle aus heißer, kalter, feuchter oder windiger Verursachung erwachsenen üblen Humores zu vertreiben vermag …

Volpone preist ein angebliches Allheilmittel an. Aus Ben Jonson, *Volpone,* in: Richard Dutton, *Ben Jonson: To the First Folio,* S. 91–93.

Wenn der Körper gesund ist und Sie innerlich heiter sind, fühlen Sie sich wohl. Stimmt auf einer der beiden Seiten etwas nicht, fangen Sie an, sich unwohl zu fühlen. Nicht beachtetes Unwohlsein wird irgendwann zur Krankheit, und so handelt es sich bei den Krankheiten, die uns heute schrecken, meist um Störungen, die sich weit über die ersten Anzeichen von Unwohlsein hinaus entwickelten, und das manchmal über Jahrzehnte. Mit der Humorologie können Sie jetzt lernen, viel sensibler auf die ersten Anzeichen zu reagieren und das Problem abzufangen, bevor es richtig akut wird. Vorbeugen ist besser als heilen.

Sie werden dieses Kapitel vielleicht als nicht ganz so erfreulich empfinden. Wir müssen uns nämlich jetzt fragen, was alles schief gehen kann, wenn die Säfte aus dem Gleichgewicht geraten sind. Andererseits werden Sie gewiss verstehen, dass es wichtig ist, die Zeichen zu erkennen, damit ernstere Probleme gar nicht erst auftreten. Außerdem können wir an zurückliegenden Erkrankungen ablesen, welches die dominante humorale Kraft des Betreffenden ist und welche Gesundheitsmaßnahmen ihm am besten entsprechen und den größten Nutzen versprechen.

Sie haben den bisherigen Kapiteln bereits entnehmen können, dass den einzelnen Temperamenten bestimmte Muster von körperlichen oder seelischen Verstimmungen und Krankheiten entsprechen. Natürlich geht es nicht darum, aus dem Temperament bestimmte Krankheitsvoraussagen abzuleiten. Ihr Temperament verdammt Sie nicht zu bestimmten Anfälligkeiten, sondern mit dem Wissen um Ihre Anlagen werden Sie herausfinden, wie Sie Ihre Ernährung, Ihre Lebensweise, Ihre äußeren Lebensbedingungen, Ihre Beziehungen und Ihr Berufsleben so gestalten können, dass Sie Ihr persönliches Optimum erreichen – ein gesundes Leben, das Spaß macht und in dem Sie sich wohl fühlen.

Hier nun für jedes Temperament die Krankheitstendenzen, mit denen man rechnen muss, wenn das humorale Gefüge über längere Zeit aus dem Gleichgewicht ist.

Krankheitsanfälligkeiten des melancholischen Temperaments

Melancholiker sind besonders anfällig für akute Krankheiten. Das betrifft vor allem Infektionen wie Erkältungen, Grippe, Mandelentzündung und Pilzinfektionen, aber auch Allergien, also akute Abwehrreaktionen auf vom Körper als fremdartig empfundene Stoffe.

Sie werden sich vielleicht fragen, ob das direkt aus der Dominanz der melancholischen humoralen Kraft folgt oder eher indirekt aus der kohlenhydratreichen Ernährung und der von unregelmäßigen Ruhepausen gekennzeichneten Lebensweise des Melancholikers. Das ist schwer zu sagen und vielleicht auch nicht gar so wichtig. Ein gesunder Melancholiker hat in der Regel herausgefunden, dass er mit regelmäßig ausreichendem Schlaf und einer hochwertigen Eiweiß-, Fett- und Gemüse-Ernährung am besten fährt. Ein ungesund lebender Melancholiker dagegen schläft meist schlecht oder zu unregelmäßigen Zeiten und spricht den raffinierten Kohlenhydraten zu sehr zu – Zucker, Schokolade, Nudeln, Brot aus Auszugsmehl, Bier, Wein.

Allergien und akute Infektionen können die Heimsuchung der Kindheit und Jugend eines Melancholikers sein; später werden sie in der Regel seltener oder verschwinden ganz. Leider

Moderne Medizin und Humorologie

Mit Beginn des Industriezeitalters wurden die Temperamente zunehmend in unerfreuliche Extreme getrieben – ein Versuch des humoralen Ausgleichs für neue Belastungen wie Überbevölkerung, hygienische Missstände, falsche Ernährung und so weiter. Viele Probleme konnten seitdem durch Verbesserung der Hygiene und Ernährung überwunden werden, andere lassen sich durch Medikamente in Schach halten. Nach wie vor wissen wir jedoch wenig darüber, wie man Krankheiten am besten vorbeugt oder weshalb etwas, das den einen heilt, für einen anderen Gift ist.

Moderne Labordiagnostik und moderne medikamentöse oder chirurgische Behandlungsmethoden sind, wie sich in unserer Zeit herausstellt, auch nicht die endgültige Lösung. Mehr und mehr sehen wir uns jetzt wieder nach überlieferten, ja antiken Lösungen für gesundheitliche Probleme um – von der Akupunktur bis zur Aromatherapie, von ganzheitlichen Ernährungsformen bis zur Homöopathie, vom Handauflegen bis zum Magnetismus, von der Kräuterheilkunde bis zum Gebet.

Als Europa nach Jahrhunderten politisch und religiös motivierter, von Krankheiten und Seuchen begleiteter Kriege in die Moderne eintrat und Psychologen, Erziehungswissenschaftler und Naturwissenschaftler sich zunehmend für die menschliche Natur, für Gesundheit und Charakterentwicklung zu interessieren begannen, führte das zu einem Wiedererwachen des Interesses an den Erkenntnissen der Antike.

Dennoch hat sich die Medizin schließlich von der alten Säftelehre abgewandt, weil neue Techniken ihr eine immer feinere Aufschlüsselung biologischer Abläufe erlaubten und die sich entwickelnde Petrochemie ungeahnte neue pharmazeutische Möglichkeiten eröffnete. Gegen die neuen Erkenntnisse über Mikroorganismen und Wechselwirkungen auf molekularer und atomarer Ebene nahm sich die alte aristotelische Elementelehre geradezu lächerlich naiv aus. Schnell setzten sich die neuen, hochwirksamen Medikamente durch, und überlieferte Methoden, die den Körper durch geeignete Ernährung und ähnliche Maßnahmen ins Gleichgewicht zu bringen versuchen, damit er sich dann selbst heilen kann, wirkten von da an hoffnungslos antiquiert, wenn nicht abwegig. Sie waren nur noch von historischem Interesse, und im Medizinstudium erfuhr man allenfalls etwas über die Exzesse der alten Humoralmedizin, etwa die übertriebene Anwendung von Aderlass, Blutegeln oder Darmreinigungskuren und anderer eher unappetitlicher Verfahren. Das machte die alten Heilmethoden verabscheuungswürdig, obwohl sie beispielsweise in Amerika bis in die Zeit nach dem Bürgerkrieg angewandt wurden und obwohl es auch in der heutigen Medizin extreme Maßnahmen wie Elektroschocks und Chemotherapie gibt, bei denen es einen graust und die man vielleicht irgendwann in der Zukunft ebenfalls als allzu drastisch ansehen wird.

Außerdem ist der Gedanke, dass wir eine humorale Konstitution und dadurch gewisse Charaktertendenzen besitzen, der modernen Freiheits- und Selbstvervollkommnungsideologie ein Dorn im Auge. So wurden die angeborenen Temperamente mitsamt allen humoral geprägten Gesundheitsmaßnahmen unter »Großmutters Hausmittel« oder schlicht »Ammenmärchen« eingeordnet und in Gegensatz zur »seriösen« Medizin gebracht. Auch die männliche Vormachtstellung in den hierarchisch gegliederten Institutionen westlicher Gesellschaften beschleunigte die Aufspaltung der Heilkunst in eine von Männern beherrschte naturwissenschaftliche Medizin einerseits und das überwiegend von Frauen bewahrte alte Wissen um Gesundheit und Charakterbildung andererseits.

Doch der Übergang ins einundzwanzigste Jahrhundert war

auch eine Zeit der Neubewertung unserer Annahmen über Gesundheit und Charakter. Die schon so gut wie besiegt geglaubten Mikroben haben Resistenzen gegen die von uns bevorzugte Methode der Vergiftung entwickelt, und viele dieser Gifte bedrohen nun eher uns, weil sie sich in der Umwelt anreichern. Zum anderen haben wir uns jetzt auch mit der (längst bekannten) Tatsache befasst, dass manche Menschen gegen Krankheitskeime immun sind und andere nicht. Die Schlussfolgerung daraus lautet, dass der grundlegende Gesundheitszustand eines Menschen eine mindestens ebenso große Rolle spielt wie die Krankheitskeime, denen er ausgesetzt sein mag. Plötzlich interessieren wir uns wieder für die Möglichkeit, den Körper und sein Abwehrsystem durch eine Ernährungs- und Lebensweise ins Gleichgewicht zu bringen, die unserem individuellen Stoffwechsel entspricht. Es ist eine um sich greifende Bewegung, und die wissenschaftliche Medizin sieht sich in der Pflicht, diesem Trend Rechnung zu tragen.

Überdies hat sich in der Zwischenzeit gezeigt, dass wir durch Abkehr von der Tradition und durch standardisierte schulische Erziehung keineswegs alle gleich und hochproduktiv geworden sind. Die Gleichbehandlung – gleiche Ernährung, gleiche Lernverfahren, gleiche Berufswege, gleiche Beziehungsformen für alle – hat uns weder so zufrieden noch seelisch so ausgeglichen gemacht, wie wir gehofft hatten.

Seit den siebziger Jahren haben Umweltbewegung, Frauenbewegung und die New-Age-Bewegung Impulse gegeben, die ein allmähliches Umdenken und die Entstehung neuer Wertvorstellungen bewirken: Intuition, Ganzheitlichkeit, Spiritualität, das Gespräch mit anderen Kulturen und Religionen, Achtung des Überlieferten, Misstrauen gegenüber reinen High-Tech-Lösungen. So sind die Voraussetzungen für ein erneuertes wissenschaftliches und populäre Interesse an der Humorologie jetzt gegeben.

heißt das aber nicht unbedingt, dass die Probleme überwunden wären. Die Störung geht nur in die Tiefe und äußert sich meist in Form von Verdauungsstörungen, die vermutlich durch Übersäuerung aufgrund der kohlenhydratreichen Kost bedingt sind. Auch Schilddrüsenstörungen sind nicht selten, wie man sich denken kann. Weitere Probleme, mit denen Melancholiker rechnen müssen, sind Hypoglykämie und Diabetes.

Häufig sind außerdem Verstopfung und Durchfall im Wechsel, Kopfschmerzen, Gelenkschmerzen, Hefepilzinfektionen und unter Umständen Osteoporose. Das Kalte und Trockene dieser humoralen Kraft zeigt sich auch als Neigung zu Depression und Rückzug, körperlich in Nebenhöhlenerkrankungen, Bronchitis und Migräne.

Doch nichts davon muss wirklich eintreten, wenn man sich seiner humoralen Ausrichtung bewusst ist. Man muss nicht einmal auf Schokolade, Süßes und Weißmehlprodukte verzichten, solange man nur auf die Ausgeglichenheit des Säftehaushalts achtet und Nahrungsmittel wie diese maßvoll und zu einer geeigneten Tageszeit genießt. Darauf kommen wir aber im nächsten Kapitel zurück, das von der klugen Wahl Ihres humoralen Lebensstils handelt.

Der Herbst ist nach antiker Auffassung die kalte und trockene Jahreszeit. Denken wir an die antiken Mittelmeerkulturen, die als Ursprung des Herbstwetters die kalten, trockenen Steppen Zentralasiens ansahen. Melancholiker bekommen ihre unangenehmsten Symptome meist in dieser Jahreszeit. Die Zersetzungsprozesse in den Schichten alten Laubs auf dem Boden können allergische Symptome auslösen. Wer in dieser Zeit besonders Acht gibt, kann selbst dafür sorgen, dass der Winter gesünder und behaglicher wird. Im Winter halten wir uns meist in beheizten Räumen auf, und deren trockenes Klima kann dem Melancholiker sehr zusetzen. Halten Sie sich warm, und führen Sie Ihrem Körper genügend Feuchtigkeit zu, oder leisten Sie sich um die Mitte des Winters einen Urlaub in tropischen Regionen, der sich ausgleichend auf Ihr Grundtemperament auswirken wird. Und sorgen Sie im Winter für viel möglichst feuchte frische Luft.

Hüten Sie sich vor jahreszeitlich bedingten seelischen Störungen, von denen viele Melancholiker befallen werden. Das kündigt sich als Winterflaute an und kann sich zu einem regelrechten Stubenkoller ausweiten. Melancholiker reagieren aufgrund ihrer Erdhaftigkeit besonders empfindlich auf das Wetter. Tiefdrucktage können die Stimmung ganz erheblich drücken. Ein schlechter Tag lässt sich leichter überwinden, wenn Sie wissen, dass es mit der Änderung des Wetters auch für Sie wieder aufwärts gehen wird.

Krankheitsanfälligkeiten des cholerischen Temperaments

Das Krankheitsmuster des Cholerikers ist der Schwelbrand. Choleriker werden selten krank, und wenn es doch geschieht, gehen sie am liebsten einfach darüber hinweg. Ihrem Tätigkeitsdrang darf sich nichts in den Weg stellen. Leichtere Symptome nehmen sie kaum wahr und machen einfach wie gewohnt weiter, wobei ihre Nebennieren sie immer wieder mühelos auf Höchstgeschwindigkeit bringen und vorübergehende körperliche Einschränkungen auszugleichen helfen. Viele Choleriker haben eine symptomfreie Kindheit – wenn man von gelegentlichen Knochenbrüchen und anderen Verletzungen absieht, die sie sich zuziehen, weil sie alles auf die Spitze treiben müssen.

Wenn sie jedoch auf Dauer keine ihre cholerische Anlage mit den anderen Säften harmonisierende Ernährungs- und Lebensweise finden, kann es sein, dass ihre Nebennieren schon mit dreißig oder vierzig erschöpft sind und immer mehr Probleme sichtbar werden. In vielen Fällen entwickeln sich jetzt ernsthafte Gesundheitsstörungen. An Cholerikern ist fast alles irgendwie gewaltig. Sie neigen zum »Typ-A-Verhalten«. Dieser Persönlichkeitstyp, der getriebene Antreiber mit einer deutlich erhöhten Neigung zu Herzinfarkten, wurde um die Mitte des vorigen Jahrhunderts konstatiert, als die Zahl der Herzinfarkte Besorgnis erregend anstieg. Hohe Triglyzerid- und Cholesterinwerte sind hier nicht selten. Gewichtszunahme macht sich vor allem oberhalb der Gürtellinie bemerkbar, an Brust und Schultern – das so genannte männliche Körperfett-Verteilungsmuster (das eigentlich das cholerische Körperfett-Verteilungsmuster ist).

Wenn der hektisch getriebene Choleriker nicht lernt, wie man Tempo wegnimmt, wenn er seinen Alkoholkonsum nicht einschränkt und auf eine zurückhaltende Ernährungsweise mit viel Gemüse und hochwertigen Fetten umstellt, sind seine Aussichten auf ein langes Leben nicht sehr gut. Für den Choleriker ist zweierlei besonders wichtig: sich vor körperlicher Betätigung aufzuwärmen und hinterher eine Abkühlungspause einzulegen; und die übrigen Säfte genauso gut zu ernähren wie den cholerischen. Wer als Choleriker nicht lernt, sich immer wieder ins Gleichgewicht zu bringen, sondern einfach seinem immer vorwärts drängenden cholerischen Temperament folgt, geht das Risiko drastischer Gewichtszunahme und gefährlicher Herzbelastungen ein.

Krankheitsanfälligkeiten des phlegmatischen Temperaments

Das typische phlegmatische Krankheitsmuster besteht wie beim melancholischen Temperament in Infektionen, hier jedoch eher von der langsamen und chronischen Art. Das können chronische Bronchitis, Asthma und Ohrenentzündungen sein, später chronische Müdigkeit, Gelenkbeschwerden, Hautkrankheiten und Nieren- oder Verdauungsstörungen. Phlegmatiker können eine relativ gesunde Kindheit erleben, weil in dieser Zeit der Einfluss der Hypophyse überwiegt, und später wissen sie gar nicht, wie ihnen geschieht, wenn plötzlich Gesundheitsprobleme auftreten.

Atemwegserkrankungen können sich als sehr hartnäckig zeigen. Ähnliches gilt für Hautkrankheiten, weil die Haut eher zart ist und die Verdauung sich leicht aus dem Gleichgewicht bringen lässt, so dass Stoffwechselschlacken, die der Körper anders nicht mehr loswerden kann, über die Haut ausgeschieden werden. Antriebslosigkeit, Müdigkeit, Allergien, Kopfschmerzen und leichte depressive Verstimmungen kommen bei vielen Phlegmatikern vor, können aber lange unbemerkt bleiben, weil dieser Persönlichkeitstyp so sehr darauf aus ist, seine Arbeit zu erledigen, die Bedürfnisse anderer über die eigenen zu stellen und sich im Kollegenkreis als bedingungslos zuverlässig zu zeigen.

Phlegmatiker müssen auf alle Anzeichen achten, die ihnen nahe legen, mehr für Ruhe und Erholung zu sorgen. Sie müssen ihre eigenen Bedürfnisse und Wünsche mehr zur Geltung bringen und dürfen Veränderungen der Lebensweise nicht scheuen, wenn es darum geht, chronischen Zuständen zu begegnen, die sich durch fortgesetzten Stress und weitere Selbstverleugnung nur verschlimmern würden. Wer anderen wirklich helfen möchte, muss selbst gesund genug dazu sein und wird unter Umständen lernen müssen, zuerst an die eigene Gesundheit und den eigenen Seelenfrieden zu denken.

Krankheitsanfälligkeiten des sanguinischen Temperaments

Sanguinische Krankheitsverläufe sind weniger dramatisch als cholerische, weniger akut als melancholische und nicht so schleichend wie phlegmatische. Sanguiniker können Schwierigkeiten aller Art haben, doch ihre sanguinische Natur gibt ihnen ein, dergleichen nicht so schwer zu nehmen. Die Beteiligung des Luftelements kann zu Problemen mit der ausreichenden Sauerstoffversorgung der Gewebe führen. Davon können Muskeln und Weichteile, Hals und Gelenke betroffen sein; Schmerzen in Händen und Füßen kommen vor, manchmal auch Störungen der Zeugungsorgane. In der Kindheit sind leichte Allergien nicht selten. Sie verschwinden später in der Zeit der Geschlechtsreife, werden aber möglicherweise durch Hefepilzinfektionen und starke Gewichtszunahme ersetzt, die sich gern auf den Bereich unterhalb der Taille konzentriert – das so genannte weibliche Körperfett-Verteilungsmuster (das in Wirklichkeit das sanguinische Körperfett-Verteilungsmuster ist).

Sanguiniker neigen zu Herz-Kreislauf-Störungen, wenn ihre Vorliebe für Fett sie zum übermäßigen Verzehr ungesunder Fette verleitet; dazu gehören stark erhitzte Fette, gehärtete Fette und andere durch industrielle Verarbeitung stark veränderte Fette. Auch Hautprobleme können die Folge sein, wenn der Körper ungesundes Fett auf diesem Wege loszuwerden versucht.

Männlicher Haarausfall kommt häufig vor, stellt jedoch keine Gesundheitsstörung dar. Zu Verdauungsstörungen kann es beim Sanguiniker kommen, wenn er häufig größere Mengen von Gemischen aus Fett und Kohlenhydraten zu sich nimmt. Um sich seine Gesundheit zu erhalten, muss der Sanguiniker vor allem auf den maßvollen Verzehr hochwertiger Fette achten und zum Ausgleich möglichst viel Blattgemüse zu sich nehmen.

Andere Gesundheitsthemen für die einzelnen Temperamente

Der weibliche Menstruationszyklus scheint stark von den humoralen Kräften beeinflusst zu sein. Cholerikerinnen und Sanguinikerinnen haben eine eher regelmäßige Periode, Melancholikerinnen und Phlegmatikerinnen eine unregelmäßige, bei Ersteren ist der Zyklus eher kürzer, bei Letzteren eher länger. Melancholikerinnen und Sanguinikerinnen neigen zum prämenstruellen Syndrom, wenn ihr Säftehaushalt nicht ausgeglichen ist. Auch die Libido ist, wie Sie sich erinnern werden, stark vom jeweiligen Temperament abhängig. Stellt man das Gleichgewicht wieder her, werden Zyklus und Stimmungslage stabiler und angenehmer. Melancholikerinnen und Phlegmatikerinnen haben in der Schwangerschaft mehr Beschwerden als

Cholerikerinnen und Sanguinikerinnen. Letztere erleben die Schwangerschaft als durchweg erfreulich, vielleicht wegen des für diese Zeit notwendigen hohen Spiegels an Geschlechtshormonen und weil die Schwangerschaft überhaupt von Gefühlen des Fließens und der Wärme begleitet ist.

Für Krebs, diese seit der Mitte des vorigen Jahrhunderts wahrhaft zur Geißel gewordene Krankheit, ist so gut wie jeder anfällig, dessen Säfte nicht im Gleichgewicht sind, wenn auch wahrscheinlich aus unterschiedlichen Gründen. Krebszellen gedeihen am besten in übersäuertem Gewebe, und das treffen wir vor allem beim Choleriker an. Sie profitieren natürlich auch von einem schlecht funktionierenden Immunsystem, und das finden sie am ehesten beim Melancholiker vor. Krebszellen können sich besonders gut einnisten, wenn die Versorgung des Gewebes mit Sauerstoff mangelhaft ist, und dieser Zustand ist vor allem beim Sanguiniker gegeben. Und schließlich kommen auch träge Gewebefunktionen, wie wir sie beim Phlegmatiker finden, den Krebszellen entgegen, weil Krebs auslösende Toxine nicht zügig abgebaut oder ausgeschwemmt werden. Jede der vier humoralen Kräfte kann demnach an der Entwicklung schwerer degenerativer Krankheiten wie Krebs beteiligt sein.

Wirklich schlimm ist in diesem Zusammenhang aber nur, dass unsere Ernährungs- und Lebensweise sich so sehr verschlechtert haben. Nur deshalb ist heute jeder vom Krebs bedroht oder wird anfällig für schwere degenerative Erkrankungen wie Herzinfarkt, Gehirnschlag, Diabetes oder Arthritis. Zum Glück ist es aber so, dass praktisch jeder seine Gesundheit und sein Wohlbefinden wiederherstellen kann, wenn er umschwenkt, bevor der Körper seine Selbstheilungskraft eingebüßt hat.

Jede Suchtkrankheit weist auf ein schwer gestörtes Gleichgewicht hin. Sucht erfasst den Menschen in allen Schichten seiner Person. Süchtig kann jeder werden, dessen humorales Gleichgewicht gestört ist. Im Kern ist Sucht dies: die Suche nach Glück und Wohlbefinden am falschen Ort. Sie haben in diesem Buch bereits erfahren, dass jedes Temperament bestimmte Gelüste nach Dingen schürt, die den dominanten Saft besonders schnell aufmöbeln. Solche Patentlösungen vergrößern in Wirklichkeit nur das Ungleichgewicht, sind aber allzu verführerisch, weil sie ein kurzzeitiges Wohlbefinden erzeugen.

Ein Choleriker mit gestörtem humoralem Gleichgewicht wird wahrscheinlich nach starken Alkoholika – Whisky, Wodka, Gin – oder Zigarren greifen oder arbeits-, ruhm- und anerkennungssüchtig werden oder viel zu viel essen – oder alles zusammen.

Der in seinem humoralen Gleichgewicht gestörte Sanguiniker hält sich gern an aromatische Alkoholika wie Weinbrand, Portwein oder Sherry, manchmal auch Mixgetränke, oder an cremige und würzige Nahrungsmittel, die er in großen Mengen vertilgt; im Übrigen diskutiert er ausschweifend, bezieht unhaltbare Positionen oder gibt sich sexuellen Abenteuern hin. Das Rauchen schmeckt ihm in der Regel nicht. Er singt gern das Loblied des maßvollen Lebens, aber er ist auch ein glänzender Rationalisierer. Selbst die Mäßigung kann zur Sucht werden. Der Sanguiniker läuft Gefahr, seine Gesundheit zu untergraben, indem er es allen recht zu machen versucht und stets um Wahrung des Friedens bemüht ist.

Ein Melancholiker mit gestörtem humoralem Gleichgewicht wird in seiner Sucht zu Wein und Bier, Zucker und Schokolade, Kaffee und Nikotin greifen. Künstlerisch veranlagte Melancholiker können auch von den Dämpfen der Farben oder anderer Künstlermaterialien abhängig werden oder sich dem als kreativ empfundenen Lebensstil früherer Künstler hingeben, die an Schwindsucht oder Tabak- und Alkoholmissbrauch starben. Sie können auch nach der Innigkeit des leidenschaftlichen sexuellen Austauschs süchtig werden. Sie sind in ihrem Suchtverhalten ziemlich sprunghaft, mal ihren Gelüsten nachgebend, mal reumütig – immer auf Freiheit aus, selten von vorhersagbarem Verhalten.

Ist der humorale Haushalt des Phlegmatikers nicht in Ordnung, wird er vielleicht rauchen oder zu viel Bier und Süßwein trinken. Seine Hilfsbereitschaft gegenüber anderen kann derart ausufern, dass seine Gesundheit und Urteilsfähigkeit leiden. Seine Loyalität kann zur Falle werden, wenn er von einem Süchtigen abhängig wird, der sich auf seine Hilfe verlässt.

Das sind natürlich nur allgemeine Grundzüge. Ich hoffe aber, dass Sie die Kenntnis dieser typischen Verhaltensweisen für sich und Ihre Angehörigen nutzen können, um temperamentsbedingte Schwächen und Fallgruben rechtzeitig zu erkennen und zum Ausgleich Ihrer Säfte gesunde Gewohnheiten zu entwickeln, die Ihnen liegen.

> Gehen wir jetzt zum zweiten Jahrsiebent [siebtes bis vierzehntes Lebensjahr] …
>
> Für cholerische Kinder mit ihren Feuerkräften gebe man viel Blatt- und Stengelgemüse, auch wäßrige Früchte wie Gurken, Kürbisse usw., eine leichte Kost, die nicht hitzt …
>
> Sanguinische Kinder hingegen mit ihrer Licht-Luft-Leichtigkeit und dem flüchtigen Stoffwechsel muß man besser verwurzeln im Irdischen; man muß ihnen solche Dinge geben, die den Stoffwechsel beschäftigen …
>
> Das Phlegma wird man aufzuwecken versuchen durch allerlei wärmende Gewürze, scharfe Wurzeln, Pilze, Früchte und Obstsalate. Man wird weniger Milch geben und dafür mehr Blütentees mit Zitrone …
>
> Das melancholische Kind mit seinem Erleben der Erdenschwere braucht viel Blütenhaftes, Wärmendes, um es den lastenden Erdenkräften zu entreißen …
>
> Man sieht immer wieder, es ist nicht die Quantität an Fett, Eiweiß und Kohlenhydrat, die ausschlaggebend ist, sondern die Qualität, die Bildekräfte, die den Stoffen innewohnen durch ihren Entstehungsprozeß.

RUDOLF HAUSCHKA, *Ernährungslehre,* S. 241–243;
Vittorio Klostermann GmbH, Frankfurt am Main,
10. Auflage 1999.

9. Kapitel

Ihr humorales Gleichgewicht

Auch hatt' ein Doktor sich zu uns gesellt,
ein Arzt. Gewiß sprach keiner auf der Welt
so klug von Medicin und Chirurgie.
Er war gelahrt auch in Astronomie,
und stundenlang übt' er des Patienten
Geduld mit magischen Experimenten.
Er wußte wirklich mit geschickten Händen
des Kranken Horoskop zum Glück zu wenden.
Der Krankheit Grund sah er mit Leichtigkeit,
ob Kälte, Hitze, Trockniß, Feuchtigkeit,
an welchem Ort erzeugt, aus welchen Stoffen.
Er war als Praktiker unübertroffen.
Hatt' er des Übels Wurzel erst erkannt,
ward gleich die Medicin auch angewandt. ...
Die Alten kannt' er: Aesculap voran
und Dioscorides und Rufus dann,
Hippokrates, Hali und Galen,
Serapion, Rasis und Avicen,
Averroes, Damascenus, Constantin,
Bernard und Gatisden und Gilbertin.
In der Diät liebt' er nicht Überfluß,
er gab nur solche Speise zum Genuß,
die nahrhaft war und leicht zu digerieren. ...
Er sparte, was er in der Pest gewann.
Gold gilt dem Arzt als ein Specificum,
ausnehmend liebte er das Gold darum.

Geoffrey Chaucer, *Canterbury-Geschichten*, S. 78–79.

WAS IST NUN zu tun? Die erfreulichste Mitteilung dieses Buchs besteht darin, dass es jede Menge Dinge gibt, die Sie tun können, um Ihre Säfte wieder in ein gesundes Gleichgewicht zu bringen – und Sie müssen nicht einmal alles tun, was möglich wäre.

Es ist eine Binsenweisheit, dass die meisten Menschen schon wüssten, was sie für ihre Gesundheit tun könnten – aber es einfach nicht tun. Sie schieben es auf, sie fassen gute Vorsätze, nur eben heute haben sie nicht die Energie dazu, und gerade jetzt ist ihnen nicht danach. Das kommt daher, dass ihr humoraler Haushalt ohnehin schon aus den Fugen ist. Doch sobald die schlimmsten Mängel behoben sind, haben sie auch wieder Lust, etwas zu tun, was wirklich gut tut. Sie können einen Teufelskreis von Fehlentwicklung mit etwas so Einfachem wie der richtigen Raumtemperatur und Luftfeuchtigkeit in eine Aufwärtsspirale des Erfolgs verwandeln. Halten Sie sich das bitte einmal vor Augen!

Wenn Sie etwas ändern möchten, tun Sie einfach nur das, was Ihnen unter den hier noch folgenden Vorschlägen am meisten liegt – vorausgesetzt natürlich, sie waren bei der Beantwortung des Fragebogens so ehrlich, dass Sie Ihre humorale Konstitution zuverlässig ermittelt haben. Und gehen Sie bitte nicht der Versuchung auf den Leim, sich für ausgerechnet das Temperament zu halten, das von dem, was Ihnen gerade vorschwebt, profitieren würde.

Wenn Sie zum Beispiel gern Süßes naschen, aber eigentlich bei ganz guter Gesundheit sind, schließen Sie daraus lieber nicht, dass Sie ein Choleriker sind, weil Choleriker normalerweise nicht empfindlich auf Zucker reagieren. Möglicherweise sind Sie doch Melancholiker, haben nur bisher Glück gehabt. Ähnlich kann ein Choleriker aufgrund einer energetischen Flaute zu dem Schluss kommen, er sei vermutlich Melancholiker und brauche unbedingt mehr Fleisch und Sport – das also, was ihm ohnehin besonders lieb ist. Zuletzt die Sanguinikerin, die sich zur Phlegmatikerin erklärt, um ihre Rationen Sahne und Gewürze erhöhen zu können – was der Phlegmatikerin tatsächlich gut tun würde, ihr jedoch nicht.

Diese Beispiele enthalten eine generelle und traurige Wahrheit: Menschen, die aus dem Gleichgewicht sind, sehen ausgerechnet in ihren schlimmsten Verhaltensweisen das Hilfsmittel, das ihnen in schwierigen Situationen noch den Erfolg sichern kann. Kurzum, humorale Tendenzen können unser Denken so übel zurichten wie unsere Gesundheit. Wenn wir aus dem Gleichgewicht sind, werden unsere Stärken zu Schwächen. Wir beharren immer unbelehrbarer auf untauglichen Verhaltensweisen, anstatt aufnahmebereit und flexibel auf die jeweilige Situation einzugehen.

Das kann so weit gehen, dass wir nicht einmal mehr wahrnehmen, wie unser Verhalten sich auf unsere Umgebung auswirkt. Für einen Choleriker ist es beispielsweise ganz natürlich, seine Vorhaben durch Anordnungen umzusetzen, aber wenn sein humorales Gleichgewicht nicht mehr stimmt, wird sein rücksichtsloses Herumkommandieren für andere unerträglich, die dann auch keine Lust mehr haben, sich kooperativ zu zeigen. Trotzdem wird er dann zu noch mehr Druckanwendung neigen und stur auf dem untauglichsten aller Wege zu seinem Ziel beharren.

Ein Melancholiker kann durch seine Begeisterung und Intelligenz andere dazu bewegen, seinen Wünschen zu entsprechen. Ist jedoch sein humorales Gleichgewicht gestört, wird er verbissen und ohne Verhandlungsspielraum zu lassen auf seinem Standpunkt beharren und die Leute vor den Kopf stoßen, die er überzeugen möchte. Ein schlecht »temperierter« Phlegmatiker wird noch auf Loyalität beharren, wenn schon alles zu spät ist, und der Sanguiniker wird in dieser Verfassung endlos und mit unerträglicher Dramatik auf ein und demselben Argument herumreiten, das schon niemand mehr hören kann. Auf denkbar ungeeignete Art sucht er sich der Kooperation der Menschen in seiner Umgebung zu versichern.

Aber wenn Sie dieses Buch so weit gelesen haben, werden Sie das Gelernte wohl einigermaßen ernst nehmen und solche Fehltritte vermeiden können.

Machen Sie sich klar, dass Sie in Ihrem neuen Wissen um die Temperamente auf nichts verzichten müssen, nur muss alles seinen rechten Ort und Zeitpunkt haben: richtige Tageszeit, richtige Portionsgröße, richtige Zubereitung, richtige Kombination der Nahrungsbestandteile. Das ist, wenn Sie nur ein paar Grundzüge vor Augen behalten, nicht so schwierig, wie es vielleicht klingt. Choleriker sind warm und trocken (mögen Fleisch und Salz), Melancholiker sind kühl und trocken (lieben Getreide, Brot, Zucker), Phlegmatiker sind kühl und feucht (lieben kalte Milch und Beeren), Sanguiniker sind warm und feucht (lieben warme Cremespeisen, Buttergebäck, Gewürze).

Nehmen wir also alles zusammen, was Sie bis jetzt gelernt haben, und überlegen wir, was wir tun können, um Ihren Säftehaushalt, Ihr Temperament, in seine bestmögliche Verfassung zu bringen.

Beginnen wir mit dem melancholischen Temperament, das wegen seiner Sensibilität am ehesten Abhilfe für seine körperlichen Symptome und Stimmungsschwankungen suchen wird.

Wege zum ausgeglichenen melancholischen Temperament

Wenn es in Ihrem Leben irgendwelche Beschwerden gibt, die Sie gern los wären, werden Sie wahrscheinlich die Kohlenhydrate in Ihrer Ernährung reduzieren und sich besser ausruhen müssen.

Kommen wir zuerst zu den vorübergehenden körperlichen und seelischen Störungen. Hier können Sie einiges durch genügend Wärme und Feuchtigkeit erreichen, weil Ihre dominante humorale Kraft kühl und trocken ist. Wenn Sie sich warm anziehen und mehr Wasser trinken, kann das ein guter Anfang sein, aber es gibt noch mehr Möglichkeiten. Außerdem schwitzen manche Melancholiker stark und fühlen sich erhitzt, so dass sie nicht noch mehr anziehen möchten. Andere trinken ohnehin schon viel Wasser. Ähnlich Diabetikern haben sie häufig Durst, besonders wenn sie Zucker zu sich nehmen.

Solche einfachen Maßnahmen müssen durch andere ergänzt werden, die eine tiefere innere Erwärmung und Befeuchtung bewirken. Hier ein paar Vorschläge:

Bei vorübergehenden melancholischen Störungen

1. Duschen Sie ausgiebig und warm. Das hat äußerlich etwas Kühlendes, weil die Poren sich öffnen, so dass Toxine entweichen können, und später beim Abtrocknen durch die Verdunstungskühle. Innerlich kann der Körper sich dabei jedoch erwärmen. Die Befeuchtung der Haut ist so wichtig wie das Trinken. Sie können Ihr Duschwasser durch einen vorgeschalteten Magneten leiten, dessen Magnetfeld das Wasser physikalisch so verändert, dass es noch stärker netzt. Sollte das Wasser gechlort sein, müssen Sie entsprechende Filter einsetzen. Das ist für Melancholiker besonders wichtig, da flüchtige Stoffe ihr Immunsystem und ihre Schleimhäute stark belasten können.
2. Nehmen Sie eine kleine Zwischenmahlzeit. Es soll Ihnen schmecken, aber bitte kein Junkfood.
3. Gehen Sie häufig nach draußen, um sich (außer in der größten Tageshitze) der direkten Sonneneinstrahlung auszusetzen. Melancholiker reagieren besonders empfindlich auf Wetterwechsel. Fallender Luftdruck kann sich stark auf ihre Stimmung auswirken. Sie beugen diesem heftigen Auf und Ab vor, wenn Sie bei jeder Gelegenheit Sonne tanken. Suchen

Sie auch so oft wie möglich die natürliche Feuchtigkeit der Außenluft, um den Einfluss der trockenen Heizungsluft im Winter und der eher dämpfigen Raumluft in den warmen Monaten auszugleichen.

4. Planen Sie für den Winteranfang einen Tropenurlaub ein, der das trockene, kalte Herbstwetter ausgleicht.
5. Trinken Sie lieber kühles als kaltes oder gar eiskaltes Wasser. Das ist vor allem vor und nach den Mahlzeiten wichtig, weil der Kälteschock für den Magen Ihre Verdauung beeinträchtigen würde.
6. Essen Sie reichlich wasserhaltiges Obst und Gemüse wie Zitrusfrüchte, Melonen und Beeren oder Kopfsalat, Tomaten, Staudensellerie und Kohl. Seien Sie zurückhaltend bei stärke- und zuckerreichem Obst und Gemüse wie Bananen, Äpfeln und Birnen oder Mais, Kartoffeln und Bohnen.
7. Meiden Sie wasserarme Nahrungsmittel wie trockene Brotsorten, die Ihr melancholisches Element nur noch trockener und kühler machen. Meiden Sie besonders alles, was stark in den Wasserhaushalt eingreift, zum Beispiel Zucker, Koffeinhaltiges und stark Gesalzenes. Schränken Sie ansäuernde Nahrungsmittel ein, die dem Körper seine Entgiftungsarbeit und die Aufrechterhaltung seiner idealen Gewebetemperatur erschweren; das betrifft vor allem Fastfood.
8. Für den Fall, dass Sie zu plötzlichen melancholischen Stimmungseinbrüchen neigen, sollten Sie sich schnelle Entlastungsmaßnahmen entwickeln. Es kann schon genügen, sich für ein paar Minuten aus der schweißtreibenden Sonnenhitze in den luftigen Schatten zurückzuziehen. Wenn Sie Ihr Augenmerk auf solche kleinen Veränderungen der »Umweltbedingungen« richten – etwa zur Abkühlung ein Kleidungsstück oder die Schuhe ausziehen –, werden Sie das Stimmungstief wahrscheinlich schnell überwinden, ohne zu stärkeren Anregungsmitteln greifen zu müssen.

Die Gefahr für den Melancholiker besteht heutzutage darin, dass der natürlichen Neigung, seine dominante humorale Kraft noch eigens zu »puschen«, ein breites Angebot an schnellen, aber ungesunden »Lösungen« gegenübersteht, nämlich Fertiggerichte oder Imbisskost und die ganze Palette industriell gefertigter, überzuckerter und aromatisierter Getränke. Melancholiker verfallen leicht dem Speiseeis oder süßen kohlensäurehaltigen Getränken; beides wirkt kühlend und beeinträchtigt den Wasserhaushalt.

Würden unsere Kinder früh genug lernen, wie man die Säfte durch kleine äußere Veränderungen immer wieder austarieren kann, sie würden kaum der irreführenden Fernsehpropaganda vom immer griffbereiten, einzeln verpackten kleinen Energieschub aufsitzen, und unsere Gesellschaft wäre insgesamt gesünder und ausgeglichener. Dazu passt vielleicht die Anmerkung, dass sechzig Prozent der Kinder, die in den Vereinigten Staaten während der letzten Jahre Morde in der Schule begingen, Psychopharmaka gegen ihre Stimmungstiefs nahmen.

Wenn Sie den Eindruck haben, dass Ihr melancholischer Zustand bereits chronisch ist, genügen kurzzeitige Anstöße für Ihre dominante humorale Kraft nicht mehr. Sie müssen ihr vielmehr Ruhe gönnen, für einen ruhigen, gleichmäßigen Fluss sorgen und zugleich die übrigen Säfte aufbauen. Bei chronischer Depression, starken und häufigen Stimmungsschwankungen, hartnäckigen Verdauungsproblemen oder dauerhaft schlechter Abwehrlage, sollten Sie die folgenden Maßnahmen ergreifen:

Bei chronischen melancholischen Störungen

1. Machen Sie sich einen Tagesplan für Mahlzeiten, Arbeit, Freizeit und Schlaf. Ein Plan entschärft die hektischen Tendenzen des Melancholikers.
2. Essen Sie manchmal etwas für Sie Ungewöhnliches. Auch wenn Sie sich normalerweise gesund und vollwertig ernähren, deutet ein Auftauchen der dunklen Seite Ihres Temperaments mit ziemlicher Sicherheit darauf hin, dass Sie zu viel

stärke- und zuckerhaltige Nahrungsmittel zu sich genommen haben, etwa Vollkornbrot, Nudeln und Muffins – oder vielleicht doch Schokotröpfchenkekse? Greifen Sie jetzt lieber zu weißem Fisch, ökologischen Geflügelgerichten mit viel Gemüse, warmen, herzhaften Suppen mit Adzukibohnen oder Linsen, frischen Nüssen und Sämereien oder Rührei in reichlich Butter. Mixen Sie Sardinen mit Mayonnaise zu einem nukleinsäurereichen Aufstrich für Roggenkräcker – eine Verjüngungskur für Ihr Gewebe.

3. Meiden Sie süße oder stärkereiche Zwischenmahlzeiten und »Betthupferl«. Nehmen Sie Kohlenhydrate in kleinen Mengen zu den Hauptmahlzeiten zu sich.
4. Tun Sie etwas wirklich Schöpferisches, das Ihnen schon lange vorschwebt, vielleicht ganz für sich allein – entwerfen Sie am Computer eine Grußkarte, malen Sie Ihre eigene Fassung einer Van-Gogh-Landschaft, basteln Sie ein Mobile im Stil von Alexander Calder, Sie können auch singen und tanzen und sich in kreativer Kochkunst üben.
5. Probieren Sie aus, wie Sie Ihre Kreativität bei der Arbeit zur Geltung bringen können. Ersinnen Sie ein neues Projekt, aber sorgen Sie dafür, dass Sie es auch auf Ihre Weise durchführen können.
6. Schmeißen Sie eine Party, bei der Sie selbst für alles Drum und Dran und die Verpflegung sorgen. Planen Sie alles minutiös, und laden Sie nur die Leute ein, die Sie wirklich dabeihaben möchten.
7. Gibt es etwas, das Sie sich schon lange kaufen wollten? Entschließen Sie sich, es jetzt zu tun, was es auch sei. Nehmen Sie sich alle Zeit der Welt, um sich wirklich umzusehen, bis Sie genau das Richtige zum richtigen Preis in einem Ihrer Lieblingsgeschäfte finden.
8. Schlafen Sie mehr. Machen Sie es sich richtig komfortabel, was Temperatur und Luftfeuchtigkeit angeht. Schlafen Sie morgens nicht zu lange, gehen Sie lieber früher ins Bett. Belasten Sie Ihren Magen nicht kurz vorher noch mit raffinierten Leckereien. Ein wenig Jogurt oder ein Glas nicht zu

kalte Ziegenmilch wird Sie beim Einschlafen unterstützen. Wenn Sie zu kurz vor dem Schlafengehen noch essen, stören Sie nicht nur Ihren Schlaf, sondern werden außerdem am Morgen keinen Appetit haben – und ein Frühstück, ein eiweißreiches Frühstück, ist für Melancholiker unabdingbar.

9. Toben Sie sich körperlich aus, am besten in Bewegungsformen mit häufigen Stellungs- und Tempowechseln. Probieren Sie verschiedene Übungsformen und Sportarten aus. Melancholiker hassen alles Eintönige, das langweilig zu werden droht. Halten Sie Ihr Bewegungsprogramm also immer frisch – aber das Wichtigste ist, dass Sie sich überhaupt bewegen. Melancholiker sind, als erdhafte Typen, besonders körperlich ausgerichtet, und wenn sie sich nicht körperlich betätigen, werden sie schnell kopflastig und denken ständig an die Unvollkommenheit ihres Lebens oder zerbrechen sich den Kopf über andere Leute, das Wetter, die Politik, ihre Arbeit und so weiter. Das körperliche Ventil ist für den erdhaften Melancholiker sehr wichtig und hält ihn im Gleichgewicht.

Alles in allem: Geben Sie Ihrer natürlichen kreativen Körperlichkeit nach, um nicht ein künstliches und kurzlebiges Wohlbefinden durch Fastfood oder Schlimmeres suchen zu müssen. Begegnen Sie Ihrer Tendenz zu Stimmungs- und Befindensschwankungen mit einem Programm, auf das Sie sich wirklich freuen und das Sie ändern können, sobald es langweilig wird.

Wege zum ausgeglichenen cholerischen Temperament

Ein Choleriker ist der »geborene Führer«, auch wenn er es vielleicht nicht weiß. Alles in allem ist er erst zufrieden, wenn er irgendeine große Sache anführt oder leitet, sei es ein Team, eine Firma, eine Familie oder ein Gemeinwesen. Wenn er alles in allem gesund und lebenslustig ist, aber auffallende cholerische Tendenzen zu zeigen beginnt – herrischer Tonfall, aggressiver

Zorn, unmäßiges Essen und Trinken oder Konkurrenzverhalten, das ihm selbst eher schadet –, wird es Zeit, sich klar zu machen, dass eine akute Störung des Gleichgewichts vorliegt.

In diesem Fall müssen Sie versuchen, Ihrer dominanten humoralen Kraft einen kleinen Schubs zu geben. Es kann nämlich sein, dass ihre negativen Aspekte sich seitliche Ventile schaffen, weil sie nicht genügend direkte Äußerungsmöglichkeiten haben.

Ein Choleriker, der eigentlich Anführer sein möchte, aber es nicht weiß oder aus irgendeinem Grund daran gehindert wird, neigt dazu, sich durch Platzhirschgebaren und Einschüchterung Gehorsam erzwingen zu wollen, und das ist natürlich in den meisten Fällen der beste Weg, um sicherzustellen, dass niemand ihm wirklich folgen möchte.

Was können Sie als Choleriker also tun, wenn sich plötzlich unerfreuliche Symptome einer Störung im Säftehaushalt zeigen?

Bei vorübergehenden cholerischen Störungen

1. Gehen Sie in die Körperlichkeit – aber werden Sie nicht handgreiflich, sondern stürzen Sie sich in den sportlichen Wettkampf. Spielen Sie Squash, Golf, Tennis – irgendein Spiel, bei dem Ihr Können, Ihr Mut und Ihre Ausdauer gegen Können, Mut und Ausdauer anderer Cracks stehen.
2. Ihr Frühstück sollte nicht so viel Fleisch und Salz enthalten, dass die Stressreaktion Ihrer Nebennieren – ihr bevorzugter Stoffwechselbeschleuniger, aber auch der Sitz der Flucht-Abwehr-Reaktion – den ganzen Tag auf vollen Touren läuft. Ein leichteres Frühstück mit ein oder zwei Eiern, einem Hafergericht und etwas Obst bekommt Ihnen besser. Von sich aus essen Choleriker selten Obst, bis ihre Nebennieren nach dreißig Jahren Stress erschöpft sind und die Schilddrüse für den Energieschub sorgen muss, der sie durch den Tag trägt. Lassen Sie es nicht so weit kommen.
3. Beginnen Sie den Feierabend nicht mit Schnaps. Machen Sie lieber ein Nickerchen. Choleriker bilden sich gern ein, sie

brauchten nur fünf oder sechs Stunden Schlaf, aber die Gesundheit leidet dabei, und nach Jahren oder Jahrzehnten holt das ständige Defizit sie ein.

4. Achten Sie auf Umgebungstemperatur und Luftfeuchtigkeit. Choleriker bemerken ihre unmittelbaren Umweltbedingungen, ja sogar Unbehagen und Schmerz nur am Rande. Damit müssen Sie aufräumen, wenn Ihnen auffällt, dass die Schattenseiten Ihres Temperaments sich zeigen. Ein typisches Beispiel bietet der cholerische Tennischampion, der in einem schwierigen Match immer aggressiver wird und gar nicht merkt, wie sehr ihm die trockene Sonnenhitze zusetzt, bis er plötzlich schreckliche Schmerzen in der Brust bekommt und abbrechen muss. Hüten Sie sich vor diesem Fahrwasser. Sie sind ohnehin schon ein Siegertyp. Sorgen Sie vor, während und nach dem Spiel gut für sich.
5. Nehmen Sie eine kurze warme Dusche, die Ihr cholerisches Temperament sanft in seiner elementaren Zusammensetzung unterstützt, so dass es sich nicht als cholerische Verstimmung zeigen muss. Noch besser: Gehen Sie in die trockene Hitze der Sauna, aber übertreiben Sie nicht. Die Sauna treibt das Blut an die Oberfläche und wirkt dadurch auf den Hitzestau des Cholerikers ausgleichend, aber jedes Zuviel würde hier schaden.

Was aber, wenn Sie chronische cholerische Beschwerden haben? Sie bellen Befehle und gebärden sich machthaberisch auch da, wo es gar nicht nötig wäre. Sie hören munkeln, mit Ihnen sei nicht gut Kirschen essen. Abends, wenn Sie sich Ihrer Familie widmen möchten, überfällt Sie eine bleierne Müdigkeit. Oder Sie bringen Arbeit mit nach Hause und kommen einfach nicht ins Bett. Sie fangen an, sich zu fragen, ob Sie wohl ein Workaholic sind. Vielleicht beginnt die gewohnte unerschöpfliche Energie Sie im Stich zu lassen. Oder Ihr Blutdruck ist zu hoch, und das schon einige Zeit.

All das sind Anzeichen dafür, dass Ihr Säftehaushalt chronisch gestört ist. Sie müssen jetzt von kurzfristigen Lösungen für Ihr Temperament wegkommen und etwas zutiefst Unterstützendes für Ihre dominante humorale Kraft finden, dabei aber auch die übrigen Säfte aufbauen. Lassen Sie sie nicht brachliegen und das cholerische Element die ganze Lebenslast allein tragen. Hier ein paar Anregungen, wie Sie Ihr chronisch gestörtes Temperament wieder ins Gleichgewicht bringen können. Sollten die Symptome sich als hartnäckig erweisen, überlegen Sie einfach, was ein warm-trockener Dynamiker noch benötigen könnte.

Bei chronischen cholerischen Störungen

1. Nehmen Sie ein eher bescheidenes Frühstück zu sich, das Ihre übrigen Säfte ernährt, ohne den cholerischen Anteil zu sehr anzuregen. Ein heiß-trockenes Frühstück mit gut durchgebackenem Omelett und knusprigem Schinken wäre hier fehl am Platz. Nehmen Sie etwas Kühleres und Feuchteres, vielleicht eine Schale Haferflocken mit Ziegenmilch für das Phlegmatische oder zusätzlich eine Prise Zimt, mit der Sie das Sanguinische wecken. Oder ergänzen Sie Ihr Omelett mit wasserreichem Gemüse wie in Öl gedünsteten Zwiebeln, Tomaten oder Paprika. Choleriker sind meist keine Gemüseesser. Gemüse ist weich, feucht und kühlend – nicht sehr attraktiv für jemanden, der seine Dinge mit vollem Druck zu verfolgen gewohnt ist. Aber wenn das Cholerische Überhand nimmt, muss etwas geändert werden.
2. Engagieren Sie sich für etwas, bei dem Sie keine Führungsrolle spielen können. Schließen Sie sich einer Bridgerunde an, und spielen Sie mit wechselnden Partnern. Melden Sie sich als freiwilliger Helfer für etwas, wovon Sie keine Ahnung haben und in das Sie folglich eingearbeitet werden müssen. Wenn Ihre Arbeit Sie vorwiegend geistig beansprucht und Sie im Hämmern und Sägen ein Anfänger sind, wären Sie vielleicht bei Habitat for Humanity (weltweit operierende gemeinnützige Hilfsorganisation, die erschwinglichen Wohnraum für Bedürftige erstellt) gut aufgehoben. Helfen Sie ein-

mal die Woche aus. Man wird Ihnen bald den Posten des Aufsehers anbieten – lehnen Sie dankend ab.

3. Machen Sie Urlaub irgendwo im hohen Norden, vielleicht in Alaska. Und lassen Sie sich nicht gleich wieder auf irgendeinen Wettkampf ein, zum Beispiel wer den größten Lachs fängt. Nehmen Sie sich lieber Zeit, um für sich allein die Gegend zu erkunden, oder entspannen Sie sich (ich weiß, das ist für viele Choleriker ein Tabuwort) bei einer kleinen Kreuzfahrt, und sehen Sie zu, wie viele Menschen Sie dabei kennen lernen können, nur um sie kennen zu lernen – ohne einen Gedanken an ihre mögliche Rolle in den Träumen und Visionen, die Sie für sich, diese Leute, die Schifffahrtslinie oder die Welt spinnen könnten.
4. Lassen Sie sich auf Kinder und ihre kunterbunte Welt ein. Sie könnten sich zum Beispiel für die Kunstprojekte Ihrer Kinder oder Enkel interessieren und engagieren (nein, dass Sie sie in irgendeinem Wettkampfsport trainieren sollen, ist hier ausdrücklich nicht gemeint). Sie könnten auch in einem Kindermuseum oder im Streichelzoo als freiwilliger Helfer agieren und an der Pforte stehen oder eine der Reitmöglichkeiten betreuen.
5. Planen Sie einen romantischen Abend mit Ihrem Ehepartner oder jemandem, der Ihnen sehr viel bedeutet. Lassen Sie den anderen alle Entscheidungen treffen; Sie führen nur aus.
6. Verbringen Sie eine Stunde oder eine halbe in einer Kunstgalerie, einem Museum, einem Einkaufszentrum, und halten Sie einfach nur nach dem Schönen und Menschlichen in allen Dingen Ausschau.

Wenn Sie irgendeinen dieser Vorschläge oder mehrere wirklich aufgreifen, wird Ihre cholerische Kraftnatur zum dynamischen Gleichgewicht mit den anderen humoralen Kräften zurückfinden, und das Bewundernswerte an Ihnen kommt wieder zum Vorschein – begeisterte Einsatzfreude, Großmut, Weitblick, Inspiration und verantwortungsbewusste Führerschaft.

Wege zum ausgeglichenen sanguinischen Temperament

Wenn Sie als Sanguiniker vorübergehend aus dem Gleichgewicht kommen, kann es sein, dass Sie plötzlich weinerlich werden oder sich und andere ohne erkennbaren Grund in sinnlose Diskussionen und Erörterungen verwickeln. Vielleicht sind Sie enttäuscht, weil die von Ihnen daheim und bei der Arbeit emsig gepflegten Beziehungen sich doch nicht wie gewünscht entwickeln oder Ihre Bedürfnisse nicht befriedigen.

Was ist dann zu tun?

Hier ein paar Maßnahmen, mit denen Sie Ihr Temperament zufrieden stellen und ihm sanft auf die Sprünge helfen können, damit es nicht in seiner Kehrseite stecken bleibt.

Bei vorübergehenden sanguinischen Störungen

1. Genehmigen Sie sich zur nächsten Mahlzeit etwas Cremiges – Sahnejogurt, eine reichhaltige Salatsoße oder ein Obstkompott. Oder essen Sie etwas gut Gewürztes, zu dem auch Knuspriges gereicht wird, zum Beispiel ein indisches Curry mit Knisterbrot, vielleicht auch Apfel-Zimt-Knusperflocken.
2. Verschaffen Sie sich Bewegung. Strengen Sie sich an, bis Sie dampfen und schwitzen. Sanguiniker lieben sportliche Betätigungen, die Körper und Geist fordern, zum Beispiel fernöstliche Kampfsportarten oder etwas Tänzerisches. Wichtig ist, dass es Muster und Sequenzen aufweist. Vielleicht wollen Sie dabei einfach Ihre ganz eigenen Maßstäbe anlegen und mit sich selbst wetteifern statt mit anderen.
3. Duschen Sie sehr warm und danach kurz kalt. Im Winter können Sie nach der heißen Dusche auch in den Garten gehen und sich im Schnee wälzen. Ganz im Ernst, ich bin selbst Sanguinikerin und tue das mit großem Genuss. Das schnelle Schließen der Poren gibt dem Sanguiniker einen kräftigen sinnlichen Anschub. Bleiben Sie nicht zu lange unter der heißen Dusche; zu viel Hitze und Feuchtigkeit können das San-

guinische überreizen. Eine besonders schnelle Wirkung erzielen Sie, wenn Sie das warme Wasser ein, zwei Minuten lang mit starkem Strahl auf den Nacken lenken. Das ist beim Sanguiniker eine wichtige Eintrittspforte guter und schlechter Energien.

4. Planen Sie den romantischen Abend, nach dem Sie schon lange lechzen, und nehmen Sie sich Zeit. Lassen Sie die Dinge sich nach ihrem eigenen Rhythmus entwickeln; Sie müssen nicht dafür sorgen, dass alles perfekt wird.
5. Halten Sie sich zehn oder fünfzehn Minuten frei, in denen Sie sich auf Ihre Gefühle zu allem, was Sie bedrückt, einlassen. Ein Sanguiniker verfängt sich leicht in seinen eigenen Hirnwindungen und braucht regelmäßig Pausen, um die Regungen seines Herzens wirklich wahrzunehmen – denn sie regieren ihn, ob er es weiß oder nicht.

Jetzt sehen wir uns noch an, was Sie tun können, wenn die negativen Züge des Sanguinischen chronisch werden. Vielleicht baut sich ganz allmählich Stress auf, und Ihre Erwartung, dass andere Sie verstehen und in Ihrem Sinne mitziehen sollen, beschert Ihnen Enttäuschungen. Sie bekommen das Gefühl, Sie tun den ganzen Tag nichts anderes, als anderen zu erklären oder beizubringen, wie sie ihre Probleme lösen und ihre Aufgaben besser bewältigen können, aber das Echo erscheint Ihnen allzu dürftig, Sie vermissen die Anerkennung. Vielleicht zeigt Ihre Haut oder die Verdauung Stressanzeichen, oder die Störung äußert sich über die Hormone, die Sexualität und Schlaf regulieren.

Hier ein paar Vorschläge, wie Sie Ihre sanguinische humorale Kraft wieder neu aufbauen können und zugleich die anderen Säfte wecken und kontinuierlich ernähren.

Bei chronischen sanguinischen Störungen

1. Schlafen Sie ausgiebig. Sanguiniker werden gern am Abend besonders lebendig und bleiben dann noch stundenlang auf den Beinen, weil ihnen alles so leicht von der Hand geht und

sie immer kreativer werden. Aber dann stehen sie vielleicht trotzdem früh auf, weil sie nichts – und das betrifft vor allem anderen Beziehungen – verpassen wollen. Sorgen Sie also unbedingt für ausreichend Schlaf. An Ihrem Schlafplatz sollte es still und dunkel sein, Temperatur und Luftfeuchtigkeit angenehm, aber nicht zu hoch. Sanguiniker schlafen im Allgemeinen gut, aber möglicherweise nicht tief genug, um den Tagesstress abzuschütteln. Investieren Sie in eine hochwertige Matratze. Sie schafft ein entspannendes Kraftfeld, in dem Sie sich leichter von all den komplexen Gedanken lösen können, zu denen ein Sanguiniker neigt.

2. Meiden Sie beim Frühstück cremige und gewürzte Speisen. Das Sanguinische macht einen Frühstart in den Tag, und die übrigen Säfte werden träge, wenn sie zu früh mit anregenden Nahrungsmitteln gefüttert werden. Süßes Gebäck mit Zimt und weicher Zuckerglasur ist ebenfalls nichts fürs Frühstück, wohl aber als Dessert nach einem ordentlichen Mittagessen geeignet. Wählen Sie lieber eine Schale Haferbrei mit Ziegenmilch und etwas Honig, das weckt und ernährt die übrigen Säfte. Um die Nebennieren zu wecken, fügen Sie noch ein paar Sonnenblumenkerne und eine Prise Salz hinzu.
3. Meiden Sie cremige und gewürzte Speisen als Zwischenmahlzeit. Von wirklich scharfen mexikanischen, indischen oder chinesischen Gerichten sehen Sie lieber ganz ab, bis Sie wieder im Gleichgewicht sind.
4. Duschen Sie nicht zu heiß und lieber kurz. Ein Saunagang ab und zu wird Ihnen gut tun.
5. Betätigen Sie sich im Freien, das regt die erdige Seite Ihres Temperaments an. Begegnen Sie der Natur ganz für sich allein. Man muss keineswegs immer alles in einer Gruppe erleben. Ihr Bewegungsprogramm sollte Mannschaftsspiele und Einzeltraining enthalten, damit Sie nicht ständig als Ass oder in der Rolle des Lehrers auftreten.
6. Versuchen Sie sich außer in der Rolle des Lehrers oder Beraters auch in der des Anführers. Betätigen Sie sich handwerk-

lich oder in der Rolle des Helfers. Belegen Sie einen Kurs für irgendeine künstlerische Ausdrucksform, die Ihnen in der Schule Spaß gemacht hat, etwa Bildhauerei oder Töpferei.

7. Trinken Sie häufig kühles Wasser in kleinen Mengen. Das dämpft das Verlangen nach fetten und würzigen Speisen, die das Warme und Feuchte, also Ihr sanguinisches Temperament, überreizen können. Lassen Sie aromatische Aperitifs und Digestifs lieber weg. Die schmecken, gerade für Sie, nach mehr.
8. Nehmen Sie nach dem Abendessen nichts mehr zu sich, vor allem nichts Fettes. Das würde Sie nur wieder auf Touren bringen und die halbe Nacht wach halten – und am nächsten Tag haben Sie noch mehr Hunger! Sanguiniker finden es tröstlich zu sehen, dass es anderen – anderen Sanguinikern natürlich – auch so geht.

Wenn Sie sich irgendetwas von diesen Ihr sanguinisches Temperament ausgleichenden Dingen zur Gewohnheit machen, wird Ihr Hang zu allzu wortreichen Äußerungen, Diskussionen, melodramatischen Ausbrüchen, Sarkasmus oder jämmerlichem Flehen allmählich nachlassen, und an die Stelle treten muntere Gespräche, Mutterwitz, unerschöpfliche Energie und dieses Wissende, Pragmatische und Einfallsreiche, das man an Ihnen so bewundert.

Wege zum ausgeglichenen phlegmatischen Temperament

Die akuten Symptome des phlegmatischen Temperaments sind Tränen, Klagen, Ungeduld und andere Dinge, die für den sonst so freundlichen, verlässlichen und gutmütigen Phlegmatiker gar nicht typisch sind. Weitere Symptome sind: Erkältung, verstopfte Nase, Husten, Wundheitsgefühle, Müdigkeit, anhaltendes Unbehagen und Übellaunigkeit.

Wählen Sie unter den folgenden Möglichkeiten, wenn Sie schnell wieder in Form kommen möchten.

Bei vorübergehenden phlegmatischen Störungen

1. Eine Umarmung. Phlegmatiker wünschen sich Anerkennung, Liebesbezeigungen, Wertschätzung. Sie haben es nicht eilig mit dem Umarmen, aber bei Menschen, denen sie vertrauen, genießen sie es sehr. Bitten Sie jemanden in Ihrer Nähe, dem Sie vertrauen, Ihnen ein wenig Zeit zu schenken und Sie in den Arm zu nehmen, wenn Sie es brauchen.
2. Das Phlegmatische ist von seiner elementaren Zusammensetzung her kühl und feucht, weshalb ein kühles Getränk häufig als wohltuend empfunden wird. Aus diesem Grund kann man Kinder, die ursprünglichen Phlegmatiker, so leicht an gekühlte Limonaden gewöhnen. Noch leichter an kalte Milch mit ihrem hohen Gehalt an Hypophysenhormonen. Hüten Sie sich davor. Sorgen Sie, eventuell durch eine Filteranlage, für sauberes und schmackhaftes Wasser, das Sie gern trinken, vielleicht mit ein paar Eiswürfeln. Geben Sie ein Stück Zitrone oder Limone dazu, oder drücken Sie eine Erdbeere oder Banane hinein oder beides.
3. Begegnen Sie Ihrer Anlage zur Trägheit mit körperlicher Aktivität. Wenn Sie aber ohnehin schon aktiver waren, als Ihnen gut tut – etwa an einem anstrengenden Arbeitstag –, dann gönnen Sie sich einen ganz entspannten Abend mit einem Film, der Ihnen Spaß macht. Aber weichen Sie nicht auf Milch und Käse aus.
4. Ihre Zwischenmahlzeit kann aus Jogurt und Obst bestehen, aber sorgen Sie dafür, dass Ihre nächste Mahlzeit hochwertiges Fett und Eiweiß enthält.
5. Legen Sie eine Lieblingsmusik auf, und lassen Sie sich zum Tanzen animieren, auf Ihre ganz eigene Art.
6. Spielen Sie mit Ihren Kindern oder Enkeln oder Ihrem Haustier am Boden. Sehen Sie zu, dass es etwas zu lachen gibt.

Was für chronische Probleme könnte es bei Ihnen geben? Vor allem Störungen des Immunsystems, Allergien, Fieber, Muskel- und Gelenkschmerzen und schleichende Gewichtszunahme; im seelischen Bereich sind es Trotz, Unberechenbarkeit, Widerstandsgeist, untypische Reaktionen und Selbstmitleidsorgien.

Wählen Sie aus den folgenden Vorschlägen aus, um Ihre dominante humorale Kraft von Grund auf neu aufzubauen und die übrigen drei Säfte anzuregen und zu kräftigen.

Bei chronischen phlegmatischen Störungen

1. Nehmen Sie regelmäßig ein richtiges Frühstück zu sich, und sorgen Sie auch bei den übrigen Mahlzeiten für Regelmäßigkeit. Zwischenmahlzeiten sollten möglichst klein sein, damit Sie dann noch Lust auf die Hauptmahlzeiten haben. Ein eiweißreiches Frühstück ist für Sie am besten. Die meisten Phlegmatiker mögen Eier nicht so gern, aber als Eierspeise mit Milch und Zucker könnten sie Ihnen doch munden. Sie können diese für Phlegmatiker typische Aversion auch dadurch umgehen, dass Sie das Ei in den heißen Haferbrei hineinrühren. Das Ei wird durch seinen Fettgehalt das Sanguinische in Ihnen anregen, und eine Prise Salz weckt die Nebennieren. Etwas Schinken oder ein Würstchen aus ökologischer Erzeugung kann dem Phlegmatiker ebenfalls gut tun. Wenn Sie Vegetarier sind, können Sie Dörrpflaumen oder ungesüßten Pflaumensaft zur Anreicherung des Blutes hinzufügen. Auch Tomaten und Pilze beeinflussen den trägen Stoffwechsel des Phlegmatikers günstig.
2. Schlafen Sie ausgiebig und zu festen Zeiten. Phlegmatiker brauchen überdurchschnittlich viel Schlaf. So hat Ihr Körper mehr Zeit für seine etwas schleppenden Reinigungsprozesse, und Sie werden den Tag über mehr Energie haben. Es entsteht eine positive Rückkopplungsschleife: Gesunde Beanspruchung am Tag weckt den starken Wunsch nach ausgiebiger, erholsamer Nachtruhe, die wiederum für den nächsten Tag die besten Voraussetzungen schafft.

3. Pflegen Sie Beziehungen, die Ihnen Halt geben, in denen Sie Freundlichkeit und Wertschätzung erfahren, in denen Sie Gelegenheit zum Spielen haben und anderen helfen können. In Beziehungen, die nicht von dieser Art sind, müssen Sie Ihren Wünschen und Bedürfnissen besser Geltung verschaffen. An manchen Beziehungen, etwa zu Kollegen, die immer zu viel von Ihnen verlangen, werden Sie vielleicht etwas ändern wollen. Bauen Sie neue Beziehungen auf, die Ihre Kreativität und Ihren Verstand anregen, in denen Ihre Führungsqualitäten, ihre Hilfsbereitschaft und Ihr Können willkommen sind.
4. Sorgen Sie für ein regelmäßiges, aber leichtes körperliches Bewegungsprogramm – schnelles Gehen, Joggen, Schwimmen. Es soll vor allem Spaß machen, also umgeben Sie sich dabei mit Leuten, denen Sie wirklich etwas bedeuten und die Sie interessant finden. Suchen Sie den Gedankenaustausch mit ihnen.
5. Widmen Sie Ihren ganz eigenen Vorlieben mehr Zeit. Das kann eine bestimmte Art von Literatur oder Musik sein, Kunst, Theater, Film und Ähnliches oder Hobbys und geschäftliche Dinge, denen Sie zu Hause nachgehen.
6. Widmen Sie sich regelmäßig Ihrer Familie, und machen Sie klar, dass Sie eine Führungsrolle spielen. Planen Sie Familienereignisse und tun Sie die Dinge so, wie Sie es für richtig halten. Bitten Sie daheim und bei der Arbeit um Hilfe. Delegieren Sie.
7. Machen Sie Urlaub in warmen, trockenen Gegenden, vielleicht auf einer Insel oder in der Wüste, und spielen Sie, spielen Sie.

Nachdem Sie jetzt etliche Maßnahmen kennen gelernt haben, mit denen Sie für ein besseres Gleichgewicht der Säfte sorgen und Ihr natürliches Temperament in Bestform bringen können, wollen wir uns noch einmal die Grundstrategie vergegenwärtigen.

Greifen Sie in akuten Situationen zu einfachen Mitteln, mit

denen Sie Ihre dominante humorale Kraft aufbauen können. Wenn Sie zum Beispiel ein normalerweise ausgeglichener Sanguiniker sind und plötzlich weinerlich werden, versuchen Sie es mit einer Tasse heißen Gewürztees. Der Sanguiniker braucht also einen schnellen warm-feuchten Ausgleich, der Melancholiker einen kühl-trockenen und so weiter.

Meiden Sie jedoch bei chronischem Ungleichgewicht die Nahrungsmittel, Routineabläufe, Umfelder und Menschen, die Ihre dominante humorale Kraft anregen. Ändern Sie Ihre Lebensweise so, dass die übrigen Säfte ebenso aufgebaut werden wie Ihre dominante Seite. Meiden Sie jetzt alle humoralen Akutmaßnahmen, die sonst gute Dienste tun. Überprüfen Sie Ihre Ernährung, und lassen Sie alles weg, was Ihr dominantes Drüsensystem zu sehr anregt; greifen Sie zu vollwertigen Alternativen dessen, wonach es Sie gelüstet.

Achten Sie auch auf die Essenszeiten, auf Ihre Schlafgewohnheiten, auf die richtige Temperatur und Luftfeuchtigkeit Ihrer Umgebung. Schlagen Sie nach, welche Maßnahmen im Einzelfall zu treffen sind. Es ist nicht so wichtig, was das speziell ist, das ist das Schöne an der humoralen Betrachtungsweise. Sie haben es hier mit ätherischen Kräften zu tun, nicht einfach mit bestimmten Vitaminen oder Mineralien. Der Körper wird dann seine eigene Weisheit einsetzen, um Sie wieder ins Lot zu bringen. Machen Sie keinen Druck. Die Säfte brauchen das freie Fließen, keine Gewaltmaßnahmen.

Wie Sie Ihr Wissen weitergeben können

An dieser Stelle wird häufig gefragt, wie man denn Freunden und Angehörigen mit diesen praktischen Kenntnissen helfen könne. Manch einer wird skeptisch sein, das sollte Sie nicht überraschen. In diesem naturwissenschaftlich-technischen Zeitalter fasziniert uns vor allem, wie wir immer mehr in die Feinstruktur der Materie eindringen und sie zu fast allem formen können, was wir wollen. Darüber vergessen wir ganz, wie viel mehr es noch gibt, das wir weder sehen noch berühren, noch unseren Wünschen entsprechend formen können. Erst in jüngster Zeit bekommen wir wieder mehr Sinn für das Unsichtbare, und Sie werden sicher Menschen finden, die aufgeschlossen und wissbegierig sind, wenn Sie von den Temperamenten und Säften erzählen – was ich übrigens hoffe. Hier ein paar Tipps, wie Sie andere, die Ihnen nahe sind, dafür interessieren können, ihre Säfte ins Gleichgewicht zu bringen und so ihr Temperament optimal zu entwickeln:

Wenn es sich um eine cholerische Person handelt, legen Sie am besten dar, inwiefern dieses Buch eine führende Rolle auf dem Gebiet der Selbsthilfe und persönlichen Entwicklung spielen kann und die Menschen auf Erfolgskurs bringt.

Ein Sanguiniker wird wissen wollen, ob dieses Buch den Menschen die Wahrheit über sich selbst sagt und ihnen zu besserer Kommunikation mit anderen und zu mehr Spaß und Abenteuer im Leben verhilft.

Ein Melancholiker aus Ihrem Freundes- oder Familienkreis wird sich dafür interessieren, ob dieses Buch die Menschen produktiver und kreativer machen kann und ob sich mit seiner Hilfe die Sackgassen und Verwicklungen im Leben und in den Beziehungen vermeiden lassen.

Und einem Phlegmatiker werden Sie vielleicht erklären, dass dieses Buch einen neuen Standard setzt, weil es eine bisher wenig genutzte Form der Lebens- und Beziehungshilfe durch gezielten Aufbau von Selbstvertrauen und Energie darstellt.

Kommen wir nun zu der sehr praktischen Frage, was Sie tun können, wenn die Mitglieder Ihrer Familie verschiedenen Temperamenten angehören. Kann man dann überhaupt noch gemeinsame Mahlzeiten planen?

Das, glaube ich, ist die Frage, die uns die Lehre von der »ausgewogenen« Ernährung beschert hat, aus der eigentlich nur die Unwilligkeit spricht, sich mit individuellen Ernährungsbedürfnissen auseinander zu setzen. Wenn bei jeder Mahlzeit gesunde Speisen in ausreichender Menge vorhanden sind, wird jeder am Tisch das für ihn Richtige essen, vorausgesetzt natürlich, er befindet sich in ausgeglichener Verfassung und ist nicht Sklave seiner Gelüste.

Wenn Sie in Ihrer Familie für das Essen zuständig sind, sorgen Sie dafür, dass alle frühstücken (lassen Sie bei Melancholikern und Phlegmatikern nicht zu, dass sie das Frühstück ausfallen lassen) und das Abendessen mindestens zwei Stunden vor dem Zubettgehen stattfindet (lassen Sie Melancholiker und Sanguiniker nicht spät am Abend noch naschen). Jeder fährt am besten, wenn das Mittagessen die Hauptmahlzeit ist, aber bekanntlich können sich daran die meisten Menschen heute nicht halten, weil wir in der Regel nach den Zeitvorgaben und Ansprüchen anderer arbeiten und die Mittagspause kurz ist. Wer jedoch seinen Tagesablauf selbst planen kann – und das gilt natürlich besonders für Eltern, die zu Hause sind und ihren Kindern gute Essgewohnheiten vermitteln möchten –, möge das Mittagessen als ein erfreuliches, reichhaltiges und nahrhaftes Gemeinschaftserlebnis gestalten.

Hierbei müssen wir uns vor Augen halten, dass raffinierte, industriell verarbeitete und fraktionierte Nahrungsmittel, gleich ob Kohlenhydrate oder Fette, niemandem gut tun und die Säfte nur durcheinander bringen. Sehen Sie sich nur die Farben an. Alles tendiert ins Weißliche – weißer Zucker, weißes Mehl, bleiches Brot, Nudeln, geröstete Cerealien, weißes Salz und klare, farblose Öle. Solche Nahrungsmittel verursachen körperliche und seelische Störungen und setzen jeden unter Stress, der alle im Haus bei gutem »Humor« zu halten versucht. Welcher Künstler würde ausschließlich mit Weiß malen oder mit nur einem einzigen Ton und Rhythmus komponieren wollen?

Wer im Haus für die Ernährung zuständig ist, kann diese Nahrungsmittel ganz einfach knapp bevorraten und selten auf den Tisch bringen.

Legen Sie den Schwerpunkt auf hochwertige natürliche Eiweißprodukte und stärkearme Gemüse, möglichst aus ökologischer Erzeugung. Als Ergänzung können Nahrungsmittel dienen, die reich an hochwertigen Fetten sind – Sämereien, Nüs-

Die Temperamente im Kindesalter

Das ist ein zu umfangreiches Thema, als dass wir es hier eingehend behandeln könnten, aber ein paar Hinweise, über die Eltern sich Gedanken machen können, sind vielleicht angebracht. Zunächst einmal: Kinder besitzen beinahe von Anfang an ein voll ausgeformtes Temperament. Der Sinn für ihre Nahrungsvorlieben und alles, was ihnen behagt, ist bei ihnen noch klarer ausgebildet als bei uns Erwachsenen. Eltern sind gut beraten, dieses natürliche Gespür zu berücksichtigen und den Weg der Selbstentdeckung bei ihren Kindern zu unterstützen. Wenn Sie die in diesem Kapitel vorgeschlagenen Ausgleichsmaßnahmen auch bei Ihren Kindern anwenden, können Sie viel für deren Wohl und für ein harmonisches Familienleben tun.

Ich möchte Ihnen die unterschiedlichen Lernvorlieben der einzelnen Temperamente kurz darstellen, denn wo sie berücksichtigt werden, kann man Reibungsverluste vermeiden und dafür sorgen, dass das Lernen Spaß macht.

Bei Kindern von melancholischem Temperament können Sie damit rechnen, dass sie langsam Lesen lernen, aber vielleicht sehr gern zuhören. Sie sind sehr offen für Musik und lieben es, aus Büchern vorgelesen zu bekommen. Das Lesen fällt ihnen leichter, wenn sie vom Zuhören schon wissen, wie es klingen muss, und bereits bildhafte und lautliche Vorstellungen haben.

Kinder, bei denen das Phlegmatische dominiert, möchten alles anfassen. Diese humorale Kraft ist bei Kindern ohnehin von größerem Einfluss als bei Erwachsenen, weil die Hypophysenhormone in der Wachstumsphase eine bedeutende Rolle spielen. Daraus ergibt sich, dass Kinder vielleicht zunächst am besten durch das Berühren der Dinge lernen. Leider verlangen wir von ihnen gerade in dieser Zeit, dass sie still an ihrem Platz sitzen bleiben und durch Zuhören und Lesen lernen.

Sanguinische Kinder können sehr intuitiv sein, weil sie auf Gebieten, die im Allgemeinen nicht so sehr beachtet werden, besonders empfindlich sind. Geruchs- und Geschmackssinn spielen in unserer Gesellschaft keine so große Rolle, außer wenn es um Reklame für Fastfood geht. Sanguiniker empfinden sich häufiger als die übrigen Temperamente als Feinschmecker. Was das Lernen angeht, sind Sanguiniker vielfach wie Schwämme und saugen allerlei Ideen auf, die andere kaum auch nur wahrnehmen. Sie suchen überall die Feinheiten und Verbindungen und Entsprechungen, für die sich sonst niemand interessiert.

Cholerischen Kindern wird es in der Schule leicht langweilig. Lesen lernen sie meist schnell, weil sie überwiegend visuell orientiert sind und gern besonders gut sein möchten. Sie interessieren sich auch brennend für die Machtdynamik auf dem Pausenhof oder probieren aus, wie man Lehrerautorität nachahmt.

Angesichts der großen Bandbreite der Lernvorlieben bei Kindern verdienen gute Lehrer wirklich unsere Hochachtung, aber man kann sich andererseits des Verdachts nicht erwehren, dass Schulen vielleicht nicht der geeignete Ort sind, um alle Kinder optimal zu unterweisen, zum Lernen zu motivieren und auf das Leben vorzubereiten. Ich stelle mir ein individuelleres Lernumfeld vor, das es den Lehrenden erlaubt, auf die besonderen Lernvorlieben jedes Kindes einzugehen und den Lernstoff entsprechend aufzubereiten und zu staffeln.

Im häuslichen Umfeld jedenfalls können Sie als Elternteil, der die Lernfortschritte Ihres Kindes mitverfolgt, sehr viel erreichen, wenn Sie bereit sind, seine besonderen Begabungen und humoralen Stärken zu erforschen, zu erkennen und zu fördern. Toleranz, Verständnis und liebevolle Führung werden – mit der Hilfe Ihres Wissens über die Temperamente – sehr viel zu einem für alle erfreulichen und produktiven Familienleben beitragen.

se, Butter, Oliven. Lassen Sie Ihre Lieben so viel davon essen, wie sie möchten, denn dies kommt unserer ursprünglichen Ernährungsform sehr nahe, die wir vor dem Zeitalter der mechanischen und chemischen Aufbereitung unserer Nahrungsmittel hatten. Unsere Vorlieben und unser Appetit regulieren sich bei dieser an Ballaststoffen und Mikronährstoffen reichen und befeuchtend wirkenden Kost von selbst, und das kommt jedem Temperament entgegen. Versuchen Sie schließlich noch zu erreichen, dass auch bei natürlichen Aromen sowie bei Produkten auf Getreidebasis und bei Obst Zurückhaltung geübt wird. Jedes Mitglied Ihrer Familie sollte als Zwischenmahlzeit nur das zu sich nehmen, was die Säfte im Gleichgewicht hält.

Darüber hinaus bleibt eigentlich nur, Ihre Kinder so früh wie möglich darauf aufmerksam zu machen, was ihnen am besten bekommt, und sie zwischen den Mahlzeiten nicht ihre humoralen Gelüste ausleben zu lassen. Diese sollten den ausgewogenen Hauptmahlzeiten vorbehalten bleiben. In meiner Familie, um das in der Einleitung Angedeutete noch auszuführen, war es so, dass mein Sohn zwischen Mittag- und Abendessen einen Apfel wollte und meine Tochter Lust auf Hartkäse hatte. Danach zankten Sie aber bis zum Abendessen. Wir tauschten die Snacks einfach aus, und siehe da – keine Streitereien mehr. Natürlich bekam jeder zu den Hauptmahlzeiten, was er gern wollte, und auf diese Weise entstand weder Mangel noch humorale Verstimmung.

Soll man sich lieber schrittweise umstellen oder alle Veränderungen auf einmal vornehmen? Das liegt ganz bei Ihnen, vielmehr: Es hängt von Ihrem Temperament ab. Sanguiniker werden alle Vorschläge auf einmal umsetzen wollen. Phlegmatiker werden behutsam experimentieren, immer nur eine Maßnahme auf einmal. Tun Sie das, was Ihnen liegt, folgen Sie Ihrem Temperament. Bleiben Sie aber dran, bis Sie irgendein Ergebnis haben oder merken, dass Sie in die falsche Richtung gehen.

Der Streit der Ernährungslehren aus humoraler Sicht

Ich werde häufig gefragt, was die Humorologie zu den derzeit populären Kontroversen auf dem Ernährungssektor sagt, nämlich ob die kohlenhydratarme oder die kohlenhydratreiche Kost gesünder und besser zum Abnehmen geeignet sei und ob Fleischesser oder Vegetarier besser dran seien.

Körnerdiäten haben viele Fürsprecher, und der Streit um die Kohlenhydrate ist längst noch nicht ausgestanden. Eine ausführliche Erörterung ist hier natürlich nicht möglich. Unter dem Gesichtspunkt der vier Säfte leuchtet jedoch sofort ein, dass konzentrierte Kohlenhydrate jedes Temperament in Schwierigkeiten bringen, wenn auch aus unterschiedlichen Gründen. Melancholiker sollten sie wegen der Instabilität ihres Blutzuckerhaushalts weitgehend meiden. Durch den hohen Zuckergehalt unserer heutigen Ernährung kann jedoch jeder in diesen Zustand geraten.

Choleriker neigen zu unmäßigem Essen, wenn Sie Eiweiß und Fett mit Kohlenhydraten mischen. Auch Sanguiniker können bei cremigen Brotaufstrichen oder Gebäckfüllungen leicht maßlos werden. Und Phlegmatiker werden Symptome entwickeln, wenn Sie sich von Cerealien mit Milch ernähren. Dann ist auch daran zu denken, dass bestimmte Kohlenhydrate die Insulinproduktion in der Bauchspeicheldrüse stark anregen. Sie sind, wie man sagt, von hoher »glykämischer Wirksamkeit«. Dazu gibt es einen Index, nach dem man die Nahrungsmittel auswählen kann, die nicht so stark in den Energiehaushalt eingreifen, und das dürfte heute für Menschen aller Temperamente wichtig sein.

Es heißt auch, jede große Kultur der Welt habe eine in ihrem Lebensraum natürlich vorkommende Getreideart zur Nahrungsgrundlage gehabt, doch bleibt dabei zu bedenken, dass vor allem die armen und arbeitenden Bevölkerungsschichten ihr kurzes Leben mit diesem Getreide (und den daraus gewonnenen alkoholischen Getränken) fristeten, während den Privilegierten eine nahrhaftere, gemischte Kost zur Verfügung stand.

Was nun die vegetarische Lebensweise angeht, so gibt es eine Reihe von Gründen, verschiedene tierische Produkte zu meiden, die wir hier nicht erörtern können. Untersuchungen der Ernährung gesunder Naturvölker zeigen jedoch in allen Fällen, dass Ernährungsformen gefunden wurden, die von praktisch allem Essbaren in der natürlichen Umgebung Gebrauch machen, auch von tierischen Nahrungsmitteln. Man findet in der Natur kein einziges gänzlich ohne tierisches Eiweiß lebendes Volk. Trotzdem bleibt natürlich das hier Gesagte wahr, dass manche Temperamente genauer auf den Fleischverzehr achten müssen als andere. Choleriker und Sanguiniker kommen vielfach mit weniger Fleisch besser zurecht, während Melancholiker und Phlegmatiker ruhig mehr zu sich nehmen könnten. Niemand braucht zur Erhaltung seiner Gesundheit oder seiner humoralen Balance unbedingt rotes Fleisch oder das Fleisch von Huftieren. Alle benötigen jedoch hochwertiges Eiweiß, und wenn Sie Fisch und Geflügel ebenfalls meiden, kann das unter den heutigen Marktbedingungen schon zu Schwierigkeiten führen.

Wer Fleisch isst, sollte sich nach Quellen für Fleisch aus ökologischer Erzeugung umsehen. Informieren Sie sich gut, bevor Sie in den Sojazug einsteigen. So genanntes Sojafleisch stellt auch nichts anderes als einen weiteren Schritt der Nahrungsmittelverarbeitung dar. Dafür stehen in der Kategorie Kohlenhydrate das Weißmehl und der raffinierte Zucker, in der Kategorie Fette sind es raffinierte Öle und gehärtete Fette – mit den raffinierten Sojaprodukten stehen uns jetzt fraktionierte, hoch verarbeitete Eiweißprodukte zur Verfügung. Gut für den Profit, zweifelhaft für die Gesundheit.

Die vielschichtige Wissenschaft und Kunst der Humorologie – aus Beobachtung, Interpretation und Anwendung bestehend – befindet sich noch in der Entwicklung. Mit den Veränderungen unserer Lebensweise und unseres engeren und weiteren Lebensumfelds gehen auch ständige Einflüsse auf den Säftehaushalt bei jedem von uns einher. Betrachten Sie sich also als jemanden, der an der Erforschung der vier Temperamente und ihrer Säfte beteiligt ist.

Nachdem Sie dieses Buch nun fast bis zum Ende gelesen haben, werden Sie zumindest ein wenig besser verstehen, was körperlich, geistig und seelisch in Ihnen vorgeht. Im günstigsten Fall haben Sie jetzt eine hochwirksame Strategie an der Hand, mit der Sie Ihrem Körper seine Gesundheit, Ihrem Geist seine heitere Gelassenheit, Ihrem Herzen die Liebe und Ihrer Seele die Freude erhalten können.

Im nächsten Kapitel werden Sie acht Menschen kennen lernen, die die Temperamente in ihrer harmonischen Ausgeglichenheit verkörpern. Sie werden bei der Beschreibung dieser Menschen all das noch einmal durchgehen können, was Sie während der Lektüre aufgenommen haben. Die einzelnen Charakterzüge werden Ihnen jetzt mehr sagen als je zuvor, und Sie werden Ihre Menschenkenntnis und – hoffentlich – Ihre Selbsterkenntnis vertiefen. Denken Sie daran, dass nur wenige Menschen den hier geschilderten Typen genau entsprechen, denn in jedem mischen sich die Stärken und Schwächen der vier Säfte und viele andere Faktoren auf einmalige Weise. Aber vielleicht bekommen Sie ein Gespür dafür, wie wunderbar sich diese Vielfalt menschlicher Charakteranlagen und Erscheinungsbilder zu einem Gemeinwesen fügt, das für alle lebenswert, gesund und produktiv sein kann, solange wir einander in unserer Verschiedenartigkeit respektieren und schätzen. Sie werden vielleicht auch spüren, wie innig wir durch Erde, Luft, Feuer und Wasser mit der gesamten Natur verbunden sind und wie wichtig jeder Einzelne von uns für die ganze Welt ist.

Eine Krankheit schreitet nie schneller fort, als sie kuriert werden könnte, und wenn die Heilmittel schon beim Beginn des Unwohlseins angewendet werden, darf man mit der Genesung rechnen. Beginnt die Krankheit jedoch verborgen und schleichend im Körper, so sucht der Leidende nicht bei ihrem ersten Einsetzen Hilfe, sondern erst dann, wenn das Übel sich bereits eingenistet hat. (S. 146)

Ein Übel gedeiht und wächst unter seinen gewohnten Umständen, doch es wird ihm die Spitze genommen, sobald eine feindliche Substanz es angreift. Einer, der weiß, wie man durch Ernährung und Lebensweise Trockenheit und Feuchtigkeit, Kühle und Wärme im menschlichen Körper erzeugt, könnte diese Krankheit heilen, sofern er den rechten Augenblick für die Anwendung der Heilmittel zu ermitteln vermag. Er müsste nicht auf Reinigungen und Bannsprüche zurückgreifen. (S. 251)

Wüssten sie die Ursachen ihres Krankseins, sie wüssten auch, wie man ihm vorbeugt. Die Ursachen einer Krankheit und die Methoden zur Verhütung des Krankwerdens zu kennen ist im Ergebnis das Gleiche wie die Fähigkeit, das Übel zu heilen. (S. 145)

HIPPOKRATES, in: *Hippocratic Writings*,
herausgegeben von G. E. R. Lloyd.

10. Kapitel

Ihre humorale Bestform

Wo die Qualitäten gleichmäßig unter den Elementen aufgeteilt sind, herrschen Gesundheit und Gedeihen.

Albertus Magnus (1193–1280), in: Lynn Thorndike, *A History of Magic and Experimental Science*, S. 553.

In diesem Kapitel gehen wir die vier humoralen Temperamente noch einmal durch, diesmal anhand von je einer weiblichen und einer männlichen Verkörperung typischer Züge. Stellen Sie sich beim Lesen Menschen vor, die Sie kennen, und überlegen Sie, inwiefern sie den beschriebenen Gestalten ähneln oder sich von ihnen unterscheiden. Vergegenwärtigen Sie sich auch, was die geschilderten Eigenheiten über den humoralen Haushalt der dargestellten Person sagen. Weiterhin könnten Sie sich fragen, welche Art von Menschen diese Personen sich als Liebespartner, als Kollegen oder als Mentor wünschen würden. Achten Sie schließlich auch darauf, dass sich alle Personen zwar in ihren Vorlieben zu Hause fühlen, aber auch eine Lebensweise gefunden haben, die verhindert, dass diese Vorlieben ihre guten Anlagen ins Gegenteil verkehren.

Jeder von uns ist eine Mischung dieser Archetypen. Keiner ist weniger vollkommen als ein anderer, nur weil er nicht Inbegriff eines der Temperamente ist. Es ist sogar bei besonders attraktiven, ausgeglichenen und flexiblen Menschen häufig sehr schwer, ihre humorale Prägung festzustellen. Nutzen Sie diese Persönlichkeitsprofile also, um mehr über sich und Ihre Beziehungen zu erfahren. Nach diesen acht Begegnungen können Sie am Ende des Kapitels noch mit der »endgültigen Tabelle« spielen. Ich hoffe, sie regt Sie zu weiteren Forschungen mit Ihrem Temperament und den vier Säften an. Die beste Art des Forschens besteht darin, eigene Beobachtungen anzustellen – aus spielerischem und wissbegierigem Entdeckergeist.

Stürmer Carl

Carl ist ein großer Mann mit breiten Schultern und schmalen Hüften. Muskelpakete wirken an ihm ganz natürlich. Er besitzt ein kräftiges Kinn und eine breite, gerade Stirn. Seine Lippen sind schmal, sein Lächeln ist umso breiter. Seine großporige Haut zeigt eine frische Rötung. Er ist für andere von großer Anziehungskraft und liebt es auch, unter Leuten zu sein und ihnen zu vermitteln, wie die Dinge aus seiner Sicht am besten zu regeln wären. Es ist ihm wichtig, sein Leben selbst in der Hand zu haben und Herr der jeweiligen Lage zu sein. Er spornt andere dazu an, sich in seinem Sinne mit aller Kraft einzusetzen, und er selbst drückt sich nie, wenn es kräftig zuzupacken gilt. Körperliche Herausforderungen, die Kraft und Ausdauer verlangen, liegen ihm sehr. Er hält sich gern im Freien auf, besonders wenn es darum geht, seine Einsatzfreude und sein Stehvermögen zu zeigen. Er kann lange aktiv sein, ohne ans Essen zu denken, doch er isst mit Begeisterung, wenn es an der Zeit ist. Fleisch und herzhafte Suppen sind ihm lieber als kleine Leckerbissen. Er fühlt sich für alle, die ihm unterstehen, zutiefst verantwortlich, und er erwartet von anderen, dass sie wie er selbst ihre Pflicht tun. Er lernt leicht und intuitiv und vertraut seiner Eingebung. Er überzeugt sich gern durch persönlichen Augenschein vom Stand der Dinge und spricht am liebsten über verifizierbare Realitäten, hat dabei jedoch immer schon im Auge, was als Nächstes zu geschehen hat. Alles muss klar erkennbar sein und sich deutlich in die angestrebte Richtung bewegen. Seine großen Hände können sehr gezielt und effektiv zupacken. Sein Schritt ist stark und sicher. Sich ein Ziel setzen, einen Plan entwerfen und dieses Ziel erreichen – das begeistert ihn.

Fühlen Sie sich wie Carl oder wären gern wie er? Kennen Sie Menschen, die dieser Beschreibung entsprechen oder ihr entsprechen würden, wenn sie nur mit sich ins Reine kämen? Gibt es an Menschen wie Carl Schattenseiten oder unerfreuliche Verhaltensweisen? Mit was für Fragen können Sie ihn in ein Gespräch verwickeln, wenn Sie ihm begegneten?

Carl ist der klassische Choleriker, in seiner humoralen Bestform, ausgeglichen und sprühend, aber eben doch erkennbar ein Choleriker.

Jake, der Schwungvolle

Eines verlässt ihn nie – sein Humor. So klein er auch ist, mit seinem Witz und umfassenden Wissen vermag er erstaunlich viel Aufmerksamkeit zu erregen. Er erklärt gern. Sein Mund und sein ganzes Gesicht sind klein, und der schon in jungen Jahren zurückweichende Haaransatz lässt ihn nur noch intelligenter aussehen. Er ist romantisch und gar nicht schüchtern bei seinen Annäherungsversuchen. Er besitzt einen wohlgeformten Körper, nicht groß oder muskulös, aber erkennbar sehr agil. Er schätzt Tätigkeiten, mit denen man etwas ausrichtet. Er arbeitet gern effektiv und ohne unnötigen Aufwand. Zu gern findet er heraus, was sein Gespür ihm in der jeweiligen Situation sagt, besonders seine subtileren Sinne wie Geruch und Geschmack. Seine Hände sind klein, aber trainiert und voller Spannkraft. Er gibt sein großes Allgemeinwissen gern weiter, aber noch mehr Freude macht es ihm, wenn er anderen helfen kann, für sich selbst etwas herauszufinden. Es fasziniert ihn, wie Kinder lernen. Der Blick aus seinen tief liegenden Augen verrät etwas Intensives. Er liebt es, Menschen kennen zu lernen und zu verstehen, worum es bei ihnen geht. Ihn interessieren die großen Zusammenhänge, über die er sich dann mit anderen austauscht. Er liebt es, andere so weit aufzubauen, dass sie Selbstvertrauen gewinnen. Er läuft und tanzt und springt gern, aber nicht der Ausdauer wegen, sondern weil es ihn einfach begeistert. Es macht ihm Freude, Menschen zusammenzubringen, und nur gelegentlich braucht er Zeit für sich allein. Er isst so gut wie alles, aber Cremiges und Knuspriges liebt er besonders, zum Beispiel Meeresfrüchte und Gemüse in Kräuter- oder Gewürzsoße. Er liebt auch das Kochen selbst, all die Geruchs- und Geschmackserlebnisse und das Miteinander beim gemeinsamen Kochen.

Kennen Sie einen Jake? Überrascht Sie sein Selbstvertrauen,

oder macht es Sie neidisch? Oder sind Sie selbst ungefähr so wie Jake? Wie könnten er und Carl als Geschäftspartner miteinander auskommen?

Jake ist ein klassischer Sanguiniker. Wenn das Sanguinische bei Jake im dynamischen Gleichgewicht mit den übrigen drei Säften ist, hat er seine Bestform, ist aber deutlich ein Sanguiniker.

Wendy, die Waldnymphe

Wendy ist hoch gewachsen und schlank, mit einem weichen, ovalen Gesicht. Ihre vollen Lippen können ein strahlendes, breites Lächeln in ihr Gesicht zaubern. Ihre schönen Augen, von bezaubernden Lidern geschützt, liegen nicht tief. Alles an ihr ist feingliedrig, die leicht abfallenden Schultern, die Arme und Beine. Sie besitzt eine schlanke Taille und volle Brüste. Sie liebt alles Farbenfrohe und Schöpferische. Sie fertigt gern etwas an und ist besonders einfallsreich und akribisch, wenn es um kreative Vorhaben geht. Sie arbeitet ein, zwei Stunden sehr konzentriert, um dann spontan etwas anderes zu tun, was ihr Spaß macht, bis sie an ihre Arbeit zurückkehrt. Ihre liebste Tageszeit ist der Morgen, aber sie bleibt auch gern lange im Bett und lässt ihrer Phantasie freien Lauf. Sie isst gern gut und probiert immer wieder etwas Neues aus, kehrt jedoch stets zu ihren Favoriten zurück – frisches, schmackhaftes Gemüse, magere Eiweißgerichte wie Garnelen, Lamm oder Hähnchenbrust und süßes Obst wie Erdbeeren oder Orangen. Sie ist gern allein unterwegs und lässt sich vom Zauber der Natur gefangen nehmen. Sie ist romantisch und genießt die Aufmerksamkeit anderer, aber sie liebt auch ihre Freiheit und tut die Dinge gern auf ihre Weise und zu ihrer Zeit. Musik liebt sie sehr, Stimme und Tonfall anderer sagen ihr viel. Bei neuen Bekanntschaften bleibt sie anfangs zurückhaltend, um erst einmal zu sehen, ob man sie so annimmt, wie sie ist. Wenn sie jemanden einmal richtig kennt, zügelt sie sich nicht mehr, und ihr Enthusiasmus kann ansteckend sein. Vor allem möchte sie das Leben genießen und anderen auch dazu verhelfen. Sie liebt die Kreativität der Kinder. Sie möchte

Shakespeare und die Temperamente

Wenn Sie Lust haben, sich ein Bild vom Gebrauch der »humours« in einem von Shakespeares Lustspielen zu machen, haben Sie jetzt Gelegenheit dazu. Wir überlesen bei Shakespeare gern die etwas archaisch wirkenden Ausdrücke und nehmen an, dass sie die Dialoge einfach etwas farbiger gestalten. Tatsächlich verstand das Publikum jener Zeit jedoch all die feinen Anspielungen, die in diesen Ausdrücken liegen – wie der besondere Spaß ja auch bei einer heutigen Comedy im Fernsehen gerade darin besteht, dass wir die Anspielungen auf aktuelle Ereignisse und Personen verstehen.
In den folgenden Auszügen aus Shakespeares *Ende gut, alles gut* habe ich die Ausdrücke hervorgehoben, die auf die Säfte- oder Elementelehre hinzudeuten scheinen oder die damalige öffentliche Debatte, ob wissenschaftliche Heilverfahren der göttlichen Intervention vorzuziehen seien, aufgreifen.

(Das Stück beginnt mit neckischem Geplänkel zwischen Helena und ihrem Freund, der ihr nahe legt:)

> Euer Jungfrauentum … ist ein zu *frostiger* Gefährte: weg damit!

(Helena jedoch liebt Bertram, den Sohn der Gräfin. Von dieser befragt, was ihr die Augen feucht mache, erwidert sie:)

Ich weiß, ich lieb' umsonst, streb' ohne Hoffnung; und doch, in dies unhaltbar lockre Sieb gieß ich beständig meiner Liebe *Flut,* die nimmer doch erschöpft wird: gleich dem Indier, gläubig in frommem Wahne flehend, ruf ich die *Sonne* an, die auf den Beter schaut, ohne von ihm zu wissen.

(Um sich des Geliebten würdig zu zeigen, möchte Helena den an einer schlimmen Krankheit leidenden König heilen.)

Gräfin: Glaubst du wirklich, Helena, wenn du ihm dein vermeintes Mittel böt'st, er werd' es nehmen? *Er und seine Ärzte sind eines Sinns: Er, keiner könn' ihm helfen, sie, keine Hülfe gäb's.* Wie trauten sie 'nem armen Mädchen, wenn die Schule selbst in ihrer Weisheit *Dünkel* die Gefahr sich selber überläßt?

(Helena trägt ihre Absicht dem König vor. Der weist sie erst zurück, lässt sich dann jedoch von ihrer Zuversicht anstecken.)

König: Das hoffst du so gewiß? In wie viel Zeit?
Helena: Wenn mir die höchste Gnade Gnade leiht ... eh zwei Mal in dem *Tau der trüben Feuchte* der Abendstern auslöscht die müde Leuchte ... seid Ihr genesen; *Euer Schmerz entflieht, die Krankheit stirbt, und neue Kraft erblüht.*

(Bertram, den Helena liebt, hört zu, wie zwei Freunde verwundert über die plötzliche Heilung des Königs sprechen.)

Lafeu: Man sagt, es geschehen keine Wunder mehr, und unsere *Philosophen* sind dazu da, die übernatürlichen und unergründlichen Dinge alltäglich und trivial zu machen ... *Aufgegeben von den Kunstverständigen –*
Parolles: Das sage ich eben; von *Galenus und Paracelsus –*

Lafeu: Von allen diesen *gelehrten und weltberühmten Doktoren ...*

Parolles: Da liegt's: das sag' ich auch ...

Lafeu: *[Ein] Schauspiel von der Wirkung himmlischer Gnade in einem irdischen Gefäß.*

William Shakespeare, *Ende gut, alles gut,* I,1; I,3; II,1; II,3, in: *Sämtliche Werke,* übersetzt von August Wilhelm von Schlegel und Ludwig Tieck, Bd. 1, Heidelberg, Schneider 1978, S. 792, 802, 803, 808, 812.

in jeder Situation wissen, wie die Regeln aussehen, aber sie will dann für sich selbst entscheiden, ob sie auch für sie gelten. Sie liebt Geschwindigkeit und Schönheit, Blumen und Vögel. Sie geht gern ins Museum, aber auch Bewegung liegt ihr sehr, Laufen, Tanzen, Phantasieflüge. Die Vision einer schönen, künstlerischen Welt geht von ihr aus.

Kennen Sie jemanden, der eine Wendy sein könnte? Sind Sie selbst so eine Frau oder wären es gern? Oder würden Sie einfach gern einer Frau wie Wendy begegnen? Oder würde es Ihnen schwer fallen, mit einer Frau wie Wendy warm zu werden? Alle Antworten sind in Ordnung. Ihre Antwort hängt einfach von Ihrer humoralen Ausrichtung ab. Von Ihrem Geschlecht natürlich auch.

Vielleicht möchten Sie eine Aufstellung der Wendys oder potentiellen Wendys machen, die Sie kennen. Gibt es darunter Leute, die wie Wendy sein könnten, aber eine dunkle Seite zeigen – gute Anlagen, die aber so überzeichnet sind, dass sie zu störenden Schwächen werden?

Wendy ist die klassische Melancholikerin. Solange die melancholische Kraft bei ihr im richtigen Verhältnis zu den übrigen Säften steht, ist sie einfach hinreißend.

Amanda, die Treue

Amanda ist eher klein und wirkt immer jugendfrisch. Niemand vermag ihr Alter zu schätzen. Sie hat zarte Hände und Füße, einen jung wirkenden, überall sanft gerundeten Körper. Auch die Züge ihres Gesichts sind weich und gerundet, dazu anziehende, gefühlvolle Augen, ein kleiner, immer zum Lächeln bereiter Mund mit ausdrucksvollen Lippen. Ihre Wangen sind voll und von heller Hautfarbe. Die Stirn ist rund und glatt. Sie liebt den freundlichen Umgang mit Menschen und Tieren. Sie übernimmt gern Aufgaben, die sie dann auch bis zum Ende ausführt, einerlei wie lange und geduldig sie dafür arbeiten muss. Teamarbeit bei sauber geplanten und ausgeführten Projekten liegt ihr besonders. Sie geht bei allem beharrlich und stetig vor, sei es Arbeit oder Spiel. Leichte Bewegungsformen sind ihr lieber als anstrengende – Aerobics, Schwimmen, Wandern und ähnliche Dinge, die man ohne großen Aufwand zusammen mit anderen machen kann. Sie kleidet sich bequem und sorgt gern dafür, dass auch andere sich wohl fühlen. Sie ist immer hilfsbereit und lacht sehr gern. Die Fröhlichkeit ist ihr Erkennungszeichen. Loyalität und Treue bedeuten ihr viel, und sie erwartet, dass eine einmal etablierte Beziehung fortgesetzt wird. Sie braucht ihre Zeit, bis sie sich auf etwas Neues einlassen kann, aber sie liebt es, die Dinge anzufassen, um sie wirklich zu erleben. Sie kann mühelos auf Kinder eingehen und zögert keinen Augenblick, sich selbst wie ein Kind zu verhalten. Das Verspielte ist einfach ein Teil von ihr. Wenn Sie sich etwas vornimmt, hat sie die Energie, es auszuführen, aber anschließend genießt sie auch die wohlverdiente Ruhe. Der spätere Vormittag ist ihre liebste Tageszeit, zu der sie auch das meiste schafft. Obst und Milchprodukte liebt sie ganz besonders, aber sie denkt nicht viel ans Essen. Sie greift gern im Vorübergehen nach kleinen Snacks. An wohltuend kühlen Tagen und lauen Sommerabenden geht es ihr besonders gut.

Kennen Sie Menschen, an die Sie sich durch Amanda erinnert fühlen? Fühlen Sie sich manchmal wie sie? Würde Carl sie attraktiv finden oder sie ihn? Wie würde sie mit Wendy zurechtkommen? Haben Sie das Gefühl, Sie kennen diese Leute? Ist Amanda immer fröhlich, immer obenauf? Was könnte ihr wohl die Petersilie verhageln?

Amanda ist die klassische Phlegmatikerin. Wenn das Phlegmatische an ihr im rechten Verhältnis zum Cholerischen, Melancholischen und Sanguinischen steht, ist ihre Seele glücklich.

Ich hoffe, Sie erkennen, dass jeder dieser vier Menschen auf seine Art überaus anziehend ist, so verschieden sie sein mögen. Können Sie sich vorstellen, dass sie gut miteinander auskommen, wenn jeder die Vorlieben und Abneigungen der anderen kennt, dass sie in jeder Lebenslage Spaß miteinander haben und produktiv zusammenarbeiten?

Wendy und Amanda repräsentieren die traditionell als eher weiblich angesehenen Temperamente, Carl und Jake die eher männlichen. Aber natürlich gibt es auch viele Menschen, bei denen es andersherum ist. Sie werden jetzt vier von ihnen kennen lernen. Achten Sie darauf, was sie mit ihrem humoralen Gegenstück vom anderen Geschlecht gemeinsam haben, und überlegen Sie sich auch, wie sich diese Menschen bei einer Gesellschaft begegnen würden, wie sie als Lebenspartner, als Freunde für Spaß und geistigen Austausch oder als Geschäftspartner zusammenpassen.

Vorsitzende Donna

Donna ist eine gestandene Frau, groß und eindrucksvoll, breite Schultern, schmale Hüften, ein üppiger Busen, den sie stolz trägt. Sie nimmt kein Blatt vor den Mund und ist gern in verantwortlicher Position. Sie treibt die Dinge entschlossen voran und erwartet das auch von anderen. Dieser Linie bleibt sie auch im Spiel treu, sei es Golf, Tennis oder Powerwalking. Großes, glattes Gesicht, breite Stirn, starke Kiefer, breites Lächeln. Sie ist von Kopf bis Fuß auf Erfolg eingestellt und ermahnt ihre Leute, mehr von sich zu verlangen. Sie sorgt gern dafür, dass die Dinge vorankommen, und selbst bei Freizeitbeschäftigungen fällt ihr schnell die Führungsrolle zu. Sie folgt bei ihren Aktionen zuerst ihrer Intuition und stellt erst später Fragen. Sie sammelt fähige Leute um sich, von denen sie annehmen kann, dass sie ihr beim Verfolgen ihrer Ziele helfen. Sie wünscht sich bei ihren Kindern Ehrgeiz und Selbständigkeit und versucht ihnen ein Vorbild zu sein. Das Abendessen ist ihr die wichtigste Mahlzeit. Sie kocht sehr effektiv, wenn auch nicht unbedingt raffiniert, und isst schnell. Sie gibt mit ihrer unerschöpflichen Energie die Gangart vor. Sie fühlt mit den Hilfsbedürftigen, möchte dann aber ganz schnell zu Lösungen kommen, mit denen man sie wieder auf die Beine bringt. Ihr Kennzeichen ist das beharrliche Anstreben von Zielen, die ihr lohnend erscheinen.

Sind Sie Donna schon einmal begegnet? Gibt Sie Ihnen das Gefühl, zur eher müden Sorte Mensch zu gehören? Leitet sie irgendeine Gruppe, an der Sie teilnehmen? Sind Sie selbst Donna? Fühlen Sie sich durch sie an Carl erinnert? Wie würde das Gespräch der beiden wohl laufen, wenn sie sich bei einem Selbsterfahrungsseminar begegneten?

Donna ist Cholerikerin. Wie Carl ist sie jemand, der die Dinge vorantreibt, eine Führungsnatur, stark und entscheidungsfreudig.

Charmante Rachel

Wenn es eine Party zu organisieren gilt, ruft man Rachel. Sie liebt es, Umgang mit Menschen zu haben und ihnen etwas bieten zu können. Sie ist klein, schmale Taille, die Hüfte ein wenig üppiger als die Oberweite. An ihrem schmalen Gesicht fallen der kleine Mund, die dunklen, tief liegenden Augen und der Haaransatz auf, der in der Stirnmitte eine kleine Spitze bildet. Ihre Schultern sind nicht breit, aber kräftig. Sie besitzt einen schnellen Verstand und springt in Gesprächen gern vom Kosmischen zum Alltäglichen und wieder zurück. Sie beschäftigt sich mit Beziehungen und regt andere dazu an, es ebenfalls zu tun. Sie hat ein Gespür dafür, wie sie andere dazu bewegen kann, ihre Lebensgeschichte mitzuteilen. Bei körperlicher Betätigung bevorzugt sie Formen, die auch einen geistigen Aspekt haben, etwa Tanzen, Tauchen oder Wandern – alles, was im Ablauf Veränderung und Entwicklung zeigt. Sie liebt es, mit ihrer Stimme oder mit Instrumenten Geräusche, Musik und Rhythmen hervorzubringen. Der Abend ist ihre liebste Tageszeit, und häufig bekommt sie am Ende des Tages noch einmal einen Energieschub. Sie isst nicht viel, liebt jedoch alles Cremige und gut Gewürzte, zum Beispiel exotische Salate oder Dips für Meeresfrüchte. Sie ist gern mitten im Gewühl und braucht nur gelegentlich Zeit für sich allein, vorzugsweise abends unter freiem Himmel mit Mond und Sternen.

Finden Sie einige dieser Züge bei sich selbst wieder? Kennen Sie Menschen, die wie Rachel sind? Können Sie sich vorstellen, dass Rachel sich mit Jake oder Carl herumtreibt? Und Sie, würden Sie sich gern einmal mit ihr herumtreiben?

Rachel ist die weibliche Verkörperung des sanguinischen Temperaments. Ihr männliches Gegenstück, Jake, haben Sie bereits kennen gelernt. Beide finden Kommunikation und Beziehungen besonders spannend und sind geborene Lehrer. Belesenheit und scharfer Verstand bedeuten ihnen viel. Wenn Rachels Säfte im Gleichgewicht sind, ist sie glücklich und zufrieden.

Wackerer Brandon

Brandon liebt seine Unabhängigkeit, ein kantiger Individualist mit hohen Idealen, immer auf der Suche nach der besten Art, die Dinge zu handhaben. Hier setzt er sich voll ein, doch zwischendurch braucht er immer wieder längere Entspannungs- und Freizeitpausen. Zeitweilig hat er gern Leute um sich, aber er mag es nicht so sehr, wenn man etwas von ihm will, und er genießt die Zeit, die er für sich allein hat. Er ist groß und schlank, besitzt ein ovales Gesicht mit wenig tief liegenden Augen und einem breiten Grinsen. Seine regelmäßig stehenden Zähne sind ebenfalls breit. Er liebt den schnellen Spurt, etwa in Spielen wie Squash, Badminton oder Baseball. Das Mitmachen ist ihm allemal lieber als das Zuschauen. Farben und Laute faszinieren ihn. Er isst und schläft sehr gern. Beim Essen schätzt er große Gemüseportionen, herzhafte Suppen und Fleisch, aber auch Fisch mag er gern. Seine leicht abfallenden Schultern, die schlanken Arme und Beine, die feingliedrigen Hände und Füße verleihen ihm geschmeidige Anmut. Er liebt die Freiheit und ist stets bereit, auch anderen bei ihrer Suche nach Freiheit zu helfen. Er ist ein scharfer Beobachter, der seine Wahrnehmungen gern mitteilt. Er ist meist damit beschäftigt, irgendetwas zu analysieren, und wundert sich jedes Mal, wenn sein Kopf nicht mehr mitspielt, weil er Erholung braucht. Sein Sinn für alles Künstlerische lässt ihn Berufe und Freizeitbeschäftigungen suchen, die mit Kunst und Architektur oder hochkomplexen intellektuellen Dingen wie Astronomie, Mathematik und Softwaredesign zu tun haben.

Wer unter Ihren Kollegen, Freunden und Verwandten erinnert Sie an Brandon? Können Sie sich mit ihm identifizieren?

Brandon ist das männliche Gegenstück zu Wendy, unserer Melancholikerin. Wenn Brandon in Bestform ist, wird seine humorale Grundausrichtung, das Melancholische, durch seine cholerischen, sanguinischen und phlegmatischen Anteile ausgeglichen.

Solider Sam

Ein jeder schätzt Sam als treuen Freund. Er liebt es, sich um seine Leute zu kümmern. Loyalität bedeutet ihm viel und prägt seine Beziehungen zu anderen. Er ist eher klein gebaut und von ewig jugendlicher Ausstrahlung, was vor allem für seine Haut und sein jungenhaftes Lächeln gilt. Sein Alter kann kaum jemand schätzen. Anstrengende sportliche Betätigung mag er nicht, aber zu Spielen mit Freunden, zum Beispiel Softball oder Golf, oder zum gemeinsamen Schwimmen und Spazierengehen ist er immer bereit. Er hört gern anderen zu, wenn sie von ihren Erlebnissen sprechen. Was er macht, möchte er gut machen, bis ins letzte Detail, und ein Lob über seine gute Arbeit ist ihm hochwillkommen. Er plant seine Arbeit so, dass er damit den größtmöglichen Nutzen für möglichst viele Beteiligte erreicht. Das Weiterentwickeln von Plänen liegt ihm mehr als das Entwerfen; seine Stärken, das weiß er, sind die Beharrlichkeit, der klare Blick und das bedingungslose Engagement für eine Sache. Er lacht sehr gern und amüsiert sich mit Dingen, die auch Kindern Spaß machen würden; das können Brettspiele, der Besuch eines Freizeitparks oder der Umgang mit Tieren sein. Er ist nicht von besonders kräftigem Knochenbau, doch seine Größe verrät nichts von seiner erstaunlichen Ausdauer, wenn er gute Gründe für seinen Einsatz sieht. Er achtet nicht so sehr auf das Essen, sondern widmet seine Aufmerksamkeit lieber der Arbeit. Er liebt Käse, Obst und kleine Snacks, und er lädt gern zum Essen ein. Er hat festgestellt, dass ihm regelmäßige Mahlzeiten und vollwertige Fleisch- oder Bohnengerichte am besten bekommen, allerdings wäre er aus ethischer Sicht am liebsten Vegetarier.

Kennen Sie jemanden, der Sam ähnelt? Was haben Sie mit

ihm gemeinsam? Erinnert er Sie an Amanda? Was glauben Sie, würde er mit Rachel oder Donna etwas anfangen können?

Sam ist Phlegmatiker wie Amanda. An seine Geradlinigkeit und Treue, aber auch an seinen jugendlichen Überschwang reicht so leicht keiner heran.

Haben Sie diese Menschen als ideale Verkörperungen der vier Temperamente erkannt? Wenn Sie Kuppler gespielt haben, waren es dann Carl und Amanda, Jake und Wendy, Donna und Sam, Rachel und Brandon? Wenn Sie sich zur Auffrischung Ihrer Kenntnisse einen Kurzdurchgang durch die Hauptmerkmale der vier Temperamente wünschen, könnten diese Porträts gerade richtig sein. Natürlich können Sie auch die analytischen Tabellen und Diagramme der zurückliegenden Kapitel noch einmal durchgehen – oder Sie nehmen sich die »endgültige Tabelle« vor, die gleich folgt.

Sie haben jetzt den großen Überblick über die Temperamente und Säfte, von vorn und hinten, innen und außen. Was noch fehlt und was ich Ihnen hier leider nicht vermitteln kann, sind Farbe und Tiefe und unzählige Details. Ich hoffe aber, dass Sie die Beschäftigung mit den Temperamenten fesselnd, aufschlussreich und vergnüglich fanden und vielleicht sogar etwas für Sie persönlich Nützliches entdecken konnten.

Die endgültige Tabelle

Ich finde es besonders unterhaltsam und spannend herauszufinden, welche Ausprägungen bestimmter Merkmale man den vier Temperamenten zuordnen kann. Die Zahl Vier ist, wie wir gesehen haben, in der abendländischen Kultur tief verwurzelt. Spielen Sie ganz ungezwungen mit all den Entsprechungen, die ich in dreißig Jahren des eigenen Spielens zusammengetragen habe, und fügen Sie Ihre eigenen hinzu.

Rachel Pollack benennt in ihrem Buch *Seventy-eight Degrees of Wisdom* nur ein paar der zahlreichen Vierfachentsprechungen, die in der Geschichte des abendländischen Denkens immer eine begleitende Rolle gespielt haben:

Die Zahl Vier spielt eine große Rolle in unseren Bemühungen, das Dasein zu verstehen. Durch unseren Körper – vorn und hinten, links und rechts – liegt uns diese Zahl nahe, so dass wir unsere Wahrnehmung der sich ständig verändernden Welt durch Aufteilung der Dinge in Verergruppen ordnen. Die vier Jahreszeiten hängen natürlich auch mit einer anderen realen Vierzahl zusammen, den beiden Sonnenwenden und den Tagundnachtgleichen. Der Tierkreis umfasst zwölf Konstellationen, dreimal vier ... Die Vier ist auch in den Großen Arkana dargestellt, nämlich auf den Karten »Die Welt« und »Das Glücksrad« als die Tiere in den vier Ecken der Karten ... Sie stehen für den Tierkreis, sind jedoch ganz direkt von den Visionen des alttestamentlichen Propheten Ezechiel abgeleitet, die später in der Offenbarung wieder auftauchen. Mit den Kleinen Arkana hängen zwei Fälle der Viersymbolik besonders direkt zusammen, nämlich die vier Elemente der mittelalterlichen Alchemie und die vier Buchstaben des hebräischen Gottesnamens, das Tetragrammaton.

Einiges davon habe ich neben manchem anderen in die Tabelle aufgenommen. In manchen Zeilen werden Sie humorale Züge wiedererkennen, denen Sie bereits im Fragebogen (Kapitel 2), in den Diagrammen der Kapitel 3 und 4 und in späteren Kapiteln begegnet sind. Andere sind Ihnen vielleicht neu – ein Hinweis darauf, dass es sicher noch viele Verbindungen zu anderen Denksystemen gibt.

Manches werden Sie vielleicht vergeblich suchen. So habe ich in diesem Buch nicht oder nur beiläufig über Farben, Düfte, besonderen Mineralien- und Vitaminbedarf oder etwa das chinesische System der fünf Elemente gesprochen. Mithilfe der in der Bibliografie aufgeführten Werke werden Sie hier so manches selbst nachtragen können.

Wenn wir andere Klassifizierungssysteme zum Vergleich heranziehen, ergibt sich die interessante Frage nach einer möglichen gegenseitigen Befruchtung. Aus meinen Gesprächen mit Kennern solcher anderen Systeme wie etwa dem Ayurveda oder

der Makrobiotik geht für mich hervor, dass dort die gleichen Faktoren eine Rolle spielen wie im Humoralsystem – Ernährung, Tagesablauf, Umweltbedingungen und so weiter. Die Analyse und Deutung der Züge und Symptome irgendeines Menschen wird dort vielleicht ganz anders ablaufen als in der Humoralmedizin, und die Diagnose wird eine gänzlich andere Formulierung erhalten, aber die Empfehlungen, welche Veränderungen der Patient in seinem Leben vornehmen sollte, würden ziemlich ähnlich aussehen.

Vielleicht reizt es Sie, darüber nachzudenken, welche Rolle solche Unterschiede – etwa die Dominanz der Drei im indischen Raum, der Fünf im Fernen Osten und der Vier im Mittelmeerraum und der europäisch geprägten Welt – für die Beziehung zwischen den Kulturen spielen. Mit einem besseren Verständnis der vier humoralen Kräfte werden wir jedenfalls nicht nur unsere eigene so vielgestaltige esoterische Heiltradition besser einschätzen, sondern auch den Dialog mit den östlichen Traditionen besser führen können.

Ich habe in der folgenden Tabelle keine bestimmte Ordnung angestrebt oder die einzelnen Gesichtspunkte zu gruppieren versucht, weil ich glaube, dass sie als abschließende Gesamtschau in dieser eher beliebigen Reihenfolge anregender wirkt. Von Leuten, die sich mit ihr beschäftigen, höre ich immer wieder, sie öffne neue Horizonte. Sie kann auch Ihnen Türen öffnen und ungeahnte Möglichkeiten erschließen.

Sie werden sicherlich mit manchem nicht übereinstimmen oder es bei sich selbst nicht wiederfinden. Ach, wenn das hier vollkommen wäre, dann wüssten wir alles und könnten alles in Ordnung bringen! Aber wir befinden uns alle zusammen auf einer Entdeckungsreise. Also streiten Sie, diskutieren Sie, stellen Sie in Frage – und sehen Sie zu, was Ihnen an neuen Einsichten kommt.

Ich hoffe, dass diese Übersicht über allerlei Korrespondenzen Sie zu weiteren Forschungen, Fragen, Betrachtungen, Spekulationen und Phantasieflügen anregt. So wären Sie eingebunden in die Evolution unseres Verständnisses der vier Säfte, und zugleich

Die endgültige Tabelle der Temperamente

	Cholerisch	**Melancholisch**	**Sanguinisch**	**Phlegmatisch**
Element	Feuer	Erde	Luft	Wasser
Qualität	warm-trocken	kühl-trocken	warm-feucht	kühl-feucht
Wahrnehmungs-schwerpunkt	Augen	Ohren	Nase/Zunge	Hände/Füße
Begabung	Kommando-führer/in	Weise/r	Kenner/in	Meister/in
Ausrichtung	Kontrolle	Analyse	Affinität	Loyalität
Berufswahl	Manager	künstlerisch/ analytisch	Lehrer	sozialer Beruf
Interaktionsstil	Wetteifer	Wetteifer	Kooperation	Kooperation
Formprinzip (Körper/Gesicht)	rechteckig	oval	herzförmig	rund
Stoffwechsel	schnell	schnell	langsam	langsam
Bevorzugte Energienahrung	Fett	Kohlenhydrate	Fett	Kohlenhydrate
Gelüste	Salz/Fleisch	Zucker/Koffein	Fett/Gewürze	Milch/Zucker
Stressreaktions-drüse/n	Nebennieren	Schilddrüse	Keimdrüsen	Hypophyse
Jahreszeit	Sommer	Herbst	Frühjahr	Winter
Himmelsrichtung	Süden	Osten	Westen	Norden
Bei Verstimmung	herrisch	Rückzug	(weinerliche) Diskutierwut	Aufbegehren/ Weinen
Bei guter Stimmung	große Visionen	Kreativität	Party	Spiel
Kinosnacks	keine	Schokolade	Popcorn	Milkshake
Gesunde Zwischenmahlzeit	Gemüse	Eiweiß/Fett	Gemüse	Eiweiß/Fett

	Cholerisch	Melancholisch	Sanguinisch	Phlegmatisch
Lieber einschränken	Fleisch	Kohlenhydrate	Fett	Milch
Lieber mehr	Gemüse	Eiweiß	Gemüse	Eiweiß/ Gemüse
Typisches Schlafmuster	5–6 Std.	unregelmäßig, 5–10	regelmäßig, 7 Std.	8–9 Std.
Schlaflosigkeit	häufig	gelegentlich	selten	gelegentlich
Alkoholische Vorliebe	Hochprozentiges	Bier/Wein	scharf/ aromatisch	keine
Gewichtszunahme	oberhalb d. Taille	Körpermitte	unterhalb d. Taille	gleichmäßig
Mahlzeitenplan	kleines Frühstück	großes Frühstück	nicht spät am Abend	regelmäßig
Hände	groß	lang, sich verjüngend	klein, kurz	klein, zart
Lippen	schmal, breiter Mund	voll, beweglich	klein, geformt	Schmollmund
Achtung!	Arbeitssucht	Alkohol/Tabak	zu viele Hüte	zu viel Entgegenkommen
Arbeitsmotivation	große Resultate	Freiheit	Kooperation	gute Arbeit
Denken	logisch/ intuitiv	linear	rationalistisch	kumulativ
Zähne	groß, rechteckig	mittelgroß, gleichmäßig	mittelgroß, unregelmäßig	breite Schneidezähne
Stirn	breit	hoch	niedrig	groß und rund
Esoterischer Geschlechtsbezug	männlich	weiblich	männlich	weiblich
Yin/Yang	Yang	Yin	Yang	Yin
Ayurvedisch (etwa)	Pitta	Kapha	Vata	Kapha
Morphologisch (etwa)	endomorph	ektomorph	mesomorph	mesomorph
Libido	stetig	wechselhaft	stark	schwach

	Cholerisch	Melancholisch	Sanguinisch	Phlegmatisch
Lieblings-mahlzeit	Abendessen	Zwischen-mahlzeiten	Frühstück	keine
Lieblingsspeisen	Fleisch	Gemüse, Nudeln	Schellfisch	Milch, Obst
Beste Ernährungs-form	wenig Kalorien	wenig Kohlen-hydrate	kleine Portionen	wenig Milch u. Zucker
Gewichts-abnahme	schnell	schnell	langsam	langsam
Lieblingsspiele	Wettkampf	schnell, abwechslungs-reich	mit geistigem Anteil	nicht zu an-strengend, stetig
Lieblingssport	Tennis, Golf	Squash, Trackball	Turnen, Schwimmen	Wandern, Radfahren
Schwitzen	stark	wechselnd	mäßig	wenig
Verdauungs-störungen	selten	häufig	selten	häufig
Kopfschmerz	selten	häufig	selten	häufig
Prämenstruelles Syndrom/Krämpfe	selten	stark	einen Tag	wenig
Erkältung/Allergie	selten	häufig	wenn erschöpft	häufig
Geschmack (Paracelsus)	bitter	sauer	salzig	süß
Lebenshaltung	optimistisch	pessimistisch	optimistisch	pessimistisch
Soziale Haltung	vertrauens-voll	skeptisch	vertrauens-voll	skeptisch
Hierarchische Ebene	Körper	Verstand	Geist	Herz/Seele
Nach Wilhelm Reich	Sympathikus	Para-sympathikus	Sympathikus	Para-sympathikus
Altägyptisches Symbol	Löwe	Adler	Stier	Mensch
Sonnenphase	Sommer-sonnen-wende	Winter-Tag-undnacht-gleiche	Frühlings-Tag-undnacht-gleiche	Winter-sonnen-wende
Mittelalterliches Evangeliensymbol	Matthäus	Johannes	Lukas	Markus

	Cholerisch	Melancholisch	Sanguinisch	Phlegmatisch
Schwangerschaft	problemlos	schwierig	angenehm	beschwerlich
Fünf Sinne	sehen	hören	riechen/ schmecken	berühren
Ausrichtung	Tat	Gefühl	Denken	Glaube
Informations-umsetzung	Einfluss-bewertung	Analyse	Prozess	Anleitung
Besondere Begabung	Führen	Kreativität	Kommunikation	Loyalität
Stärke für Partnerschaft/ Gruppe	Vision	Begeisterung	Leidenschaft	Engagement
Krankheits-tendenz	akut	akut	chronisch	chronisch
Hingezogen zu	Phlegmatiker	Sanguiniker	Melancholiker	Choleriker
Lernverhalten	konkurrierend	schnell überdrüssig	eifrig	gewissenhaft
Vereinigung/ Verzeihen	langsam/ langsam	schnell/ langsam	schnell/ schnell	langsam/ schnell
Energie in der Gruppe	attraktiv	schüchtern/ lebhaft	geistreich	freundlich
Gesprächsthema	Karriere	Projekt	Kosmos	Familie
Nach C. G. Jung	extravertiert	introvertiert	extravertiert	introvertiert
Auch nach C. G. Jung	intuitiv	sensorisch	intuitiv	sensorisch
Koffein	zu den Mahlzeiten	massenhaft	gelegentlich	selten
Aktivste Zeit	Vormittag	2-stündlich wechselnd	Abend	tagsüber
Lernverfahren	Beispiel	analytisch	experimentell	Mentor
Kommunikation	treibt voran	intellektuell	umgänglich	akzeptierend
Begriffs-vermögen	»Ich sehe«	»Ich erkenne«	»Ich verstehe«	»Ich glaube«
Seinsweise	tun	fühlen	denken	glauben

wird es sicherlich eine Bereicherung dieser Welt sein, wenn Sie und die Menschen in Ihrer Umgebung ihr Temperament, ihre Gesundheit und ihren Charakter zur bestmöglichen Form entwickeln und alle ihre Träume wahr werden lassen.

Ein Blick in die Zukunft

Bitte nehmen Sie die in dieser Tabelle mit den vier Temperamenten verknüpften Merkmale und Eigenschaften nicht als endgültig festgeschrieben und alle anderen Möglichkeiten ausschließend.

Die Zukunft der Temperamente und der humoralen Sicht von Gesundheit und Charakter liegt jetzt in Ihren Händen. Wie stehen die Chancen für eine Rückkehr der Humorologie als ein von vielen angewendetes Heilsystem?

In den letzten zwanzig Jahren hat das Interesse an altem Wissen deutlich zugenommen. Am Ende des zwanzigsten Jahrhunderts hatten wir uns ein paar Dinge einzugestehen: dass es das blutigste Jahrhundert der Geschichte war, dass die Technik unsere Probleme nicht löst, ja sogar neue schafft, die der technischen Entwicklung immer gerade ein Stückchen voraus sind, und dass das Mystische, das Spirituelle wohl doch irgendwie ein Teil des Gesamtbildes sein muss und für das Überleben und Wohlergehen des Einzelnen, der Familie und der Gesellschaft wichtig ist. Jede Jahrhundertwende ist Anlass zur Besinnung und führt meist zu einem erneuerten Interesse an Spiritualität und unveränderlichem menschlichem Empfinden – im Unterschied zu »größer ist besser« und »wir brauchen mehr« und dem Irrtum, menschlicher Erfindergeist sei das Maß aller Dinge. An dieser Jahrtausendwende war es nicht anders. Da es uns noch gibt, fragen wir: Wozu ist das alles gut?

Selbst in unserer naturwissenschaftlich ausgerichteten Medizin, einem der technisch und wissenschaftlich fortschrittlichsten und mit den höchsten Etats ausgestatteten Forschungsgebiete überhaupt, gibt es bestens ausgebildete Experten, die der

Meinung sind, dass es noch etwas anderes gibt. Deepak Chopra, Michio Kushi und andere haben dafür gesorgt, dass eine Hinwendung zu überlieferten Formen des Selbst- und Weltverständnisses um sich greift. Der Multikulturalismus sorgt außerdem dafür, dass jede Tradition sich der Überprüfung durch andere stellen muss, und das gibt uns Anlass, unsere jeweils eigene Tradition zu überdenken und ihre Reichtümer neu zu entdecken. Die Viersäftelehre ist eine Kulturleistung des Abendlandes, auf die wir stolz sein können. Sie dient uns auch in internationalen Gesprächen über Fragen der Gesundheit und des Wohlbefindens, über Toleranz, Mitgefühl und Frieden zwischen den Völkern.

Ein Kreis schließt sich, und dafür sorgt nicht zuletzt die Naturwissenschaft. Es gibt Quantenphysiker, die sagen, letzten Endes seien alle Dinge nichts anderes als Energie in Bewegung und wenn man das weiter untersuche, finde man Schwingungsbeziehungen und sonst nichts. Geht es darum nicht auch in der Humorologie, um die Beziehungen zwischen den Dingen? »Feucht« und »trocken« als absolute Größen gibt es nicht; nur die Feststellung, dass dies feuchter oder trockener als jenes ist. Die alten Meister der Humorologie wussten das. Beziehungen, nicht Dinge regieren die Welt.

In der Medizin sind unzählige Mittel ersonnen worden, mit denen man Feinde im Körper abtöten und Funktionen des Körpers manipulieren kann, doch die meisten Ärzte sind heute bereit einzuräumen, dass sie wenig darüber wissen, wie der Körper es schafft, sich gegen Mikroben zu schützen oder seine Funktionen so aufrechtzuerhalten, dass sie gar nicht manipuliert werden müssen. Hier sind offenbar die Prinzipien »alternativer« Gesundheitslehren sowie alte und neuere spirituelle Ansätze wichtig, wenn wir das Funktionieren des körperlich-geistig-spirituellen Gesamtorganismus verstehen wollen.

Immer mehr Menschen wollen nicht mehr in der Abhängigkeit von unserer hochinvasiven Medizin bleiben, sondern lieber rechtzeitig etwas für die Erhaltung ihrer Gesundheit tun. Sie sind zunehmend bereit, all das zu lernen und zu praktizieren, was notwendig ist, um weiterhin ein gesundes, erfülltes Leben zu führen.

In dieser Aufgeschlossenheit kann die Humorologie natürlich ihren Platz finden, und die allgemeine Wissbegier wird für ihre weite Verbreitung sorgen. Wenn Sie heute jemanden kennen lernen und eine unmittelbare Resonanz spüren, fragen Sie vielleicht, um sich einen schnellen Eindruck von diesem Menschen zu verschaffen, nach seinem Sternzeichen. Wäre es nicht denkbar, dass Sie sich eines Tages nach dem Temperament erkundigen?

Schreiben Sie mir doch, erzählen Sie mir, wie Sie die Säftelehre anwenden, wie Sie die Temperamente sehen und worüber Sie gern mehr wissen würden. Infos und Adressen finden Sie unter www.instituteforcreativesolutions.com. Bis dahin wünsche ich Ihnen viel Humor – und mögen die »Humores« auf Ihrer Seite stehen!

Hier ein altes irisches Abschiedslied, das man auch als Wunsch für ein gutes Mischungsverhältnis der elementaren Kräfte lesen kann:

Möge die Erde sich dir entgegen heben,
mögest du stets Rückenwind haben,
möge die Sonne dir warm ins Gesicht scheinen,
möge der Regen sanft auf deine Felder fallen –
und möge Gott dich, bis wir uns wiedersehen,
in seiner Hand halten.

Leben Sie wohl!

Und wer Ebenbild Gottes zu werden trachtet, wird die Sterne erobern.

PARACELSUS

Dank

Vielen Menschen habe ich zu danken, die meiner Passion – das Studium der Temperamente und Säfte – entgegenkamen und sie förderten. Ich kann hier nur einige wenige der Menschen namentlich erwähnen, von denen ich lernen konnte.

Da ist zuerst meine Englischlehrerin Marianne Riely, durch die ich 1962 auf die vier Temperamente aufmerksam wurde.

Dann Dr. Jody Rubin Pinault für ein Seminar über »Das Leben in der Welt der griechisch-römischen Antike«, in dem sie ihre Sicht der Viersäftelehre darlegte. Sie bestärkte mich in dem Wunsch, diese Spur weiter zu verfolgen und nach Anwendungsmöglichkeiten dieser uralten Denkweise im modernen Leben zu forschen.

Sehr viel verdanke ich Dr. Kenneth Fordham, der mir seit 1980 ein Mentor ist und durch dessen über dreißigjährige Tätigkeit an der Fordham-Page Clinic mir wichtige Informationen über den Stoffwechsel und den Einfluss der Drüsen und Hormone zugänglich wurden – ein entscheidendes Bindeglied zwischen der alten Temperamentelehre und heutigen Forschungen auf dem Gebiet der Gesundheit und der Persönlichkeitstypen.

Danken möchte ich auch Dr. Robert Jenkins, der die Arbeit des visionären Dr. Swinburne Clymer fortsetzte und mich über die komplexen Beziehungen zwischen Konstitution und Ernährungsweise unterrichtete. Durch Dr. Clymers Arbeiten über Metaphysik und antike Philosophie wurde ich auf die mystischen Aspekte der humoralen Typologie aufmerksam, insbesondere auf Paracelsus und seinen späteren Bewunderer Carl Gustav Jung.

Nicht unerwähnt bleiben darf auch die Leistung meiner Großtante und meines Großonkels, Helen und Scott Nearing, dieser großartigen Pioniere des einfachen Lebens und der natürlichen Gesundheitspflege. Ihr Leben zeigte beispielhaft das Vertrauen auf die Weisheit des eigenen Körpers, sich mit dem zu erhalten, was die Natur bietet – unterstützt durch Arbeit und unerschütterlichen Glauben an den Menschengeist.

Weiterhin danke ich Dr. Ross Hume Hall, einem äußerst engagierten Nahrungsmittelbiochemiker, dessen Interesse an meiner Arbeit mich in meinen eigenen Forschungen bestätigte. Er sagte schon in den siebziger Jahren die Gesundheitsprobleme unserer Zeit voraus, indem er einfach die damals erkennbar werdenden technischen Verfahren der Nahrungsmittelverarbeitung und die Veränderungen unserer Lebens- und Ernährungsweise beobachtete.

Meine dankbare Anerkennung gilt auch Dr. Michael Scanlon, Theologieprofessor an der Villanova University, an der ich 1973 und 1998 meine Abschlüsse in Jura und Theologie machte. Prof. Scanlon war von ganz besonderer Bedeutung für mein Bemühen um ein tieferes Verständnis des antiken Denkens, und durch ihn schloss sich auch der Kreis zu meiner Ausgangsposition von 1962: zu zeigen, dass uraltes Wissen um die Natur des Menschen uns heute noch manches zu sagen hat.

Tausende andere haben im Laufe der letzten fünfundzwanzig Jahre als meine Schüler, Klienten und Workshopteilnehmer mein Leben bereichert und meinem Bemühen um die alte Säftelehre einen Sinn gegeben – ihnen allen gilt mein Dank.

Besonderer Dank und Liebe für meinen Ehemann Jay, meinen Sohn Jason und meine Tochter Tara, die mit großer Bereitschaft und Geduld die Tests über sich ergehen ließen, mit denen ich – um sie so gesund und lebenslustig wie möglich zu erhalten – meine Theorien an ihnen ausprobierte. Ich danke auch meinem Vater und meiner Mutter, die mir – er als Arzt und Philosoph, sie als Soziologin und Anthropologin – liebevoll ihre

Weltanschauung vermittelten und mich auf Reisen durch neunundzwanzig Länder mitnahmen, auf denen ich meinen Horizont erweitern und mein Verständnis vertiefen konnte. Sie machten mir deutlich, dass ich alles erreichen konnte, was ich mir vornahm, dass die Beziehungen zwischen den Dingen viel über die Dinge selbst aussagen, dass die Natur weise ist und man ihr vertrauen kann, dass der Menschheit aufgetragen ist, Frieden und Freude zu schaffen.

Robert Rayevsky danke ich für seine Zeichnungen, mit denen er den vier Temperamenten in ihren Erscheinungsformen so viel Leben eingehaucht hat. Außerdem habe ich vielen Freunden und Angehörigen zu danken, die verschiedene Fassungen dieses Buchs durchsahen und nicht mit nützlichen Kommentaren sparten.

Dank auch an all die Lehrer, die ich nicht persönlich, sondern nur durch ihre (im Literaturverzeichnis aufgeführten) Bücher kenne. Mit ihrer Hilfe konnte ich Wissen und Gewissheit über die vier Temperamente und ihre Säfte gewinnen, die, wie ich hoffe, meinen Lesern zugute kommen. Für eventuelle Fehler bin ich natürlich allein verantwortlich.

Zuletzt möchte ich meinem Literaturagenten Jeff Herman danken, der mich schon so viele Jahre fördert, sowie meinem Lektor und Verleger Matthew Lore, durch dessen Begeisterung und Können sich in diesem Buch ein Traum verwirklicht hat.

LITERATUR

Abravanel, Elliot D., und Elizabeth A. King. *Dr. Abravanel's Body Type Diet and Lifetime Nutrition Plan*. New York: Bantam, 1984.

Albala, Ken. *Eating Right in the Renaissance*. Los Angeles: University of California Press, 2002.

Atkins, Robert C. *Dr. Atkins' Vita-Nutrient Solution: Nature's Answer to Drugs*. New York: Fireside, 1998.

Bieler, Henry G. *Richtige Ernährung – deine beste Medizin*. Freiburg im Breisgau: Bauer, 1969.

Chaucer, Geoffrey. *Canterbury-Geschichten*, übersetzt von Wilhelm Hertzberg. Hildburghausen: Verlag des Bibliographischen Instituts, 1870.

Cheraskin, E., und W. M. Ringsdorf, mit Arline Brecher. *Psychodietetics: Foods as the Key to Emotional Health*. New York: Bantam, 1978.

Chishti, Hakim G. M. *The Traditional Healer's Handbook: A Classic Guide to the Medicine of Avicenna*. Rochester, Vermont: Healing Arts Press, 1991.

Chopra, Deepak. *Die Körperseele: Grundlage und praktische Übungen der Ayurveda-Medizin*. Bergisch Gladbach: Lübbe, 1992.

Cleave, Thomas L. *Krank durch Zucker und Mehl*. Hopferau: Bioverlag Gesundleben, 1983.

Clymer, Reuben Swinburne. *Diet: A Key to Health*. Philadelphia: Franklin, 1966.

ders. *The Mysteries of Osiris or Ancient Egyptian Initiation*.

Quakertown, Pennsylvania: The Philosophical Publishing Co., 1951.
Coulter, Catherine R. *Portraits homöopathischer Arzneimittel: zur Psychosomatik ausgewählter Konstitutionstypen*, Bd. 1–3. Heidelberg: Haug, 1998, 2002.
Crook, William G. *Help for the Hyperactive Child*. Jackson, Tennessee: Professional Books, 1991.
D'Adamo, Peter J., und Catharine Whitney. *4 Blutgruppen – 4 Strategien für ein gesundes Leben*. München; Zürich: Piper, 1997.
Donovan, Maria K. *Astrologie in der Küche*. München: Hahn, 1985.
Dossey, Larry. *Reinventing Medicine: Beyond Mind-Body to a New Era of Healing*. New York: Harper Collins, 1999.
Dutton, Richard. *Ben Jonson: To the First Folio*. Cambridge: Cambridge University Press, 1983.
Eaton, S. Boyd, Marjorie Shostak und Melvin Konner. *The Paleolithic Prescription: A Programm of Diet and Exercise and a Design for Living*. New York: Harper & Row, 1988.
Fallon, Sally. *Nourishment Traditions: The Cookbook that Challenges Politically Correct Nutrition and the Diet Dictocrats*. Washington, D. C.: ProMotion Publishing, 1995.
Flanagan, Sabina. *Secrets of God: Writings of Hildegard of Bingen*. Boston: Shambhala, 1996.
Fukuoka, Masanobu. *Der große Weg hat kein Tor: Nahrung, Anbau, Leben*. Schaafheim: Pala, ca. 1987.
Garvy, John. *Yin and Yang: Two Hands Clapping*. Newtonville, Massachusetts: Wellbeing Books, 1985.
Gerber, Richard. *Vibrational Medicine for the 21st Century*. New York: Harper Collins, 2000.
Greer, Mary. *Tarot Mirrors: Reflections of Personal Meaning*. North Hollywood, California: Newcastle, 1988.
ders. und Rachel Pollack (Hg.). *New Thoughts on Tarot*. North Hollywood, California: Newcastle, 1988.
Hall, Ross Hume. *Food for Thought: The Decline of Nutrition*. New York: Vintage Books, 1974.

Hauschka, Rudolf. *Ernährungslehre*. Frankfurt am Main: Klostermann, 1999.
Hildegard von Bingen. *Heilkunde: das Buch von dem Grund und Wesen und der Heilung der Krankheiten*, übersetzt von Heinrich Schipperges. Salzburg: Otto Müller, 1957.
Hippokrates. *Hippocratic Writings*, übersetzt von J. Chadwick und W. N. Mann, eingeleitet von G. E. R. Lloyd. New York: Penguin, 1978.
ders. *Die Werke des Hippokrates*, übersetzt von Richard Kapfer. Stuttgart: Hippokrates, 1933–40. Teil 7, »Die Natur des Menschen«.
Hoff, Linda Kay. *Hamlet's Choice: Hamlet – A Reformation Allegory*. Lewiston, New York: Edwin Mellen, 1988.
Horgan, John. *The End of Science: Facing the Limits of Knowledge in the Twilight of the Scientific Age*. New York: Helix Books, 1996. (*An den Grenzen des Wissens: Siegeszug und Dilemma der Naturwissenschaften*. München: Luchterhand Literaturverlag, 1997.)
Howell, Edward. *Enzyme Nutrition: The Food Enzyme Concept*. Wayne, New Jersey: Avery, 1985.
Jung, Carl Gustav, Marie-Louise von Franz, Joseph L. Henderson, Jolande Jacobi und Aniela Jaffé. *Der Mensch und seine Symbole*. Düsseldorf: Patmos GmbH & Co. KG, Walter, 1968.
Kadans, Joseph M. *Encyclopedia of Fruits, Vegetables, Nuts and Seeds for Healthful Living*. West Nyack, New York: Parker, 1973.
Kroeger, Otto, und Janet M. Thuesen. *Type Talk: The 16 Personality Types That Determine How We Live, Love, and Work – Based on the Myers-Briggs Type Indicator*. New York: Dell, 1988.
Kushi, Michio. *Das große Buch der Makrobiotik: ein universaler Weg zu Gesundheit, Glück und Frieden*. München: Droemer Knaur, 1995.
Larsen, Robin (Hg.). *Emanuel Swedenborg: A Continuing Vision*. New York: Swedenborg Foundation, 1988.
Mackenzie, Linda. *Inner Insights: The Book of Charts: Alter-*

native Medicine and Awareness Charts. Manhattan Beach, California: Creative Health & Spirit, 1996.

Monte, Thomas J. *Die fünf Wege der Heilung: chinesische Medizin, Ayurveda, westliche Schulmedizin, Homöopathie und Naturheilkunde*. München: Droemer Knaur, 1995.

Nearing, Helen. *Kochbuch des guten Lebens: eine Sammlung vegetarischer Rezepte für Menschen, die das Einfache lieben*. Darmstadt: Pala, 2001.

Newman, Barbara. *Hildegard von Bingen: Schwester der Weisheit*. Freiburg im Breisgau; Basel; Wien: Herder, 1995.

Ni, Maoshing. *Der Gelbe Kaiser: das Grundlagenwerk der chinesischen Medizin*. Bern; München; Wien: Scherz/O.W. Barth, 2002.

Page, Melvin. *Degeneration – Regeneration*. St. Petersburg Beach, Florida: Nutritional Development, 1949, 1980.

Paracelsus, Theophrastus. *Lebendiges Erbe: eine Auslese aus seinen sämtlichen Schriften*, herausgegeben von Jolande Jacobi. Zürich; Leipzig: Rascher, 1942.

Pernoud Régine. *Hildegard von Bingen: ihre Welt – ihr Wirken – ihre Visionen*. Freiburg im Breisgau; Basel; Wien: Herder, 1999.

Poesnecker, G. E. *The Clymer Health Clinic: It's Only Natural*. Landsale, Pennsylvania: Ad Ventures, 1975.

Pollack, Rachel. *Seventy-eight Degrees of Wisdom: A Book of Tarot*, Teil 2, »The Minor Arcana and Readings«. Hammersmith, London: Aquarian/Thorsons, 1983. (*Tarot: achtundsiebzig Stufen der Weisheit*. München: Droemer Knaur, 1985.)

Price, Weston A. *Nutrition and Physical Degeneration*. New York: Paul B. Hoeber, 1938.

Reich, Wilhelm. *Die Entdeckung des Orgons*, Bd 1, *Die Funktion des Orgasmus*, Bd. 2, *Der Krebs*. Berlin: Kiepenheuer & Witsch, 1970, 1974.

Rohe, Fred. *The Complete Book of Natural Foods*. Boulder: Shambhala, 1983.

Rolfe, Randy. »Loosening the Grip of Cravings: The Four-Humor Concept of the Ancient West«, in: *Macromuse* (Aug./Sept.) 1988, S. 18–22.

dies. »Medieval Science in the Time of Chaucer« (Aufzeichnungen, unveröffentlicht), 1962.
dies. *The Seven Secrets of Successful Parents*. Chicago: Contemporary Books, 1997.
Shakespeare, William. *The Complete Works*, herausgegeben von G. B. Harrison. New York: Harcourt, Brace & World, 1952.
ders. *The Complete Works of William Shakespeare*, herausgegeben von Hardin Craig. Chicago: Scott, Foresman and Co., 1961.
ders. *Sämtliche Werke*. Berlin: Aufbau, 2000.
Thorndike, Lynn. *A History of Magic and Experimental Science*, Bd. 3, *Fourteenth Century*. New York: Columbia University Press, 1934.
Tintera, John W. »Hypoadrenocorticism«. In: *New York State Journal of Medicine* 55, 1955, S. 13.
Veith, Ilza (Übers.). *The Yellow Emperor's Classic of Internal Medicine*. Berkeley: University of California Press, 1949, 1972. (Eine deutsche Ausgabe, siehe Ni.)
Walker, N. W. *Raw Vegetable Juices*. New Yorke: Jove, 1977.
Watson, George. *Nutrition and Your Mind: The Psychochemical Response*. New York: Bantam, 1974.

Über die Autorin

Randy Rolfe, Master of Arts und Doktor der Rechtswissenschaft, beschäftigt sich seit über dreißig Jahren mit der Erforschung, Anwendung und Verbreitung der alten Säfte- und Temperamentelehre. Sie war als Anwältin und Familienberaterin tätig, hat vielerorts im In- und Ausland Vorträge gehalten und widmet sich intensiv der Ernährungswissenschaft, Physiologie und Biochemie. Vier weitere Bücher sind von ihr erschienen, darunter *You Can Postpone Anything But Love* und *The Seven Secrets of Successful Parents*. Sie lebt mit ihrem Mann, mit dem sie seit zweiunddreißig Jahren verheiratet ist, in West Chester, Pennsylvania.